探究教学的
文化生态研究

TANJIU JIAOXUE DE
WENHUA SHENGTAI YANJIU

胥 炜 著

西南财经大学出版社
Southwestern University of Finance & Economics Press
中国·成都

图书在版编目(CIP)数据

探究教学的文化生态研究/胥炜著.—成都:西南财经大学出版社,2021.12
ISBN 978-7-5504-4632-8

Ⅰ.①探… Ⅱ.①胥… Ⅲ.①高等学校—教学评估—研究—中国
Ⅳ.①G649.21

中国版本图书馆 CIP 数据核字(2020)第 219420 号

探究教学的文化生态研究
TANJIU JIAOXUE DE WENHUA SHENGTAI YANJIU
胥炜　著

责任编辑:李晓嵩
责任校对:王甜甜
封面设计:何东琳设计工作室
责任印制:朱曼丽

出版发行	西南财经大学出版社(四川省成都市光华村街 55 号)
网　　址	http://cbs.swufe.edu.cn
电子邮件	bookcj@ swufe.edu.cn
邮政编码	610074
电　　话	028-87353785
照　　排	四川胜翔数码印务设计有限公司
印　　刷	成都市火炬印务有限公司
成品尺寸	170mm×240mm
印　　张	13
字　　数	240 千字
版　　次	2021 年 12 月第 1 版
印　　次	2021 年 12 月第 1 次印刷
书　　号	ISBN 978-7-5504-4632-8
定　　价	88.00 元

序

探究教学既是一种教学方式，又是一种教学理念。作为教学方式的探究体现如何做，作为教学理念的探究揭示为什么要这样做。新课程改革以来，探究教学被作为一种教学方式而得到广泛推广，但对其理念缺乏深入认识和反思，因而导致探究教学实践出现泛化现象。20世纪中期美国之所以大力倡导和开展探究教学，与当时的社会背景密不可分，探究教学也呈现出相应的价值取向。1957年，苏联发射人类第一颗人造地球卫星，人们认识到科学的巨大作用，如何通过教育培养优秀的科学技术人才，遂成为当时发达国家共同关注的问题，于是掀起了探究教学研究与实践的热潮，以适应科技竞争的需要。为此，美国科学家施瓦布首次提出了探究的概念，并要求把作为探究的教学与作为探究的科学相结合，避免科学方法与科学内容分离而导致科学方法在其他学科被滥用。考虑到时代的发展、国情的不同，作为导师，我建议胥炜以"探究教学的文化生态研究"作为博士论文选题开展专门研究。该书是在其博士论文的基础上修改扩充而成的。

探究教学文化生态问题的提出具有重要的现实意义。新课程改革以来，中小学教师积极尝试、勇于探索，取得了大量的教育教学一线研究成果，但遗憾的是很多研究成果对探究教学的理解仅仅停留在表层，从而导致研究成果虽然丰硕，但真正能促进教学方式转变与学生素质发展的成果较少。众所周知，在素质教育日益深入课堂教学的今天，如何做到既让学生全面发展，又不增加学生过重的课业负担，是当下教育教学实施与方法探究的重要目标。此外，《中共中央 国务院关于深化教育教学改革 全面提高义务教育质量的意见》也明确指出要"优化教学方式""探索基于学科的课程综合化教学，开展研究型、项目化、合作式学习"。研究探究教学文化生态问题，无疑将有助于深化探究教育教学改革，提高教学质量，对推动国家教育方针的顺利实施尤其具有重大意义。

该书首先探析探究教学的历史源流，从历史维度寻求探究教学的源流，并梳理了探究教学的文化属性，分别从探究教学的价值取向、思维方式、行为方式三个方面详细论述。在此基础上，该书分析了探究教学文化失调的表现，并从文化因素进行追因，探寻文化失调的深层次原因。为进一步证实探究教学文化生态构建内在机理，胥炜开展了实证研究，通过案例分析和调查研究，提出探究教学的内部本体——课堂文化生态构建，探究教学的外部保障——家庭、学校、社区文化生态共同构成探究教学文化生态圈。该书最后指出，学区生态是保障探究教学有效实施的外部支撑，学校文化生态是探究教学有效实施的重要保障，课堂文化生态是探究教学获得实际成效的重要方式。总体而言，该书体现出内容丰富、方法科学、结论可靠等学术价值，是一项值得推广的研究。其不仅仅对丰富教学理论具有重要价值，同时也是值得广大中小学教师一读的学术著作。

当然，这一研究并非尽善尽美，还存在一些值得进一步探讨的地方。例如，从哲学维度深入揭示探究教学的价值取向，探究教学对学生探究思维、探究能力发展的实际效果，所构建的探究教学文化生态圈的适切性等。当然，著作的出版本身即是完善研究成果的一种途径，是引发同行思考和批评、接受更多宝贵意见的过程，而这正是学术研究的要旨所在。

胥炜随我学习课程与教学论多年，从硕士到博士都是我的学生，硕士和博士毕业论文都围绕探究教学开展研究，我为她的著作出版感到高兴。著作出版既是她在探究教学方面探索成果的展示，也是对她个人研究的一种激励。我希望她不断进取，为我国的教育研究做出贡献。

是以为序。

徐学福

2021 年 9 月 25 日于重庆北碚

目　录

导　言

　　探究教学自 20 世纪初被提出以来，一直受到西方教育界的重视，尤其是近二三十年来的大量研究表明，探究教学已成为当今世界各国普遍认同和推崇的一种创新教学模式和有效学习方式①。探究教学在我国实施近 20 年，仍然存在诸多亟待解决的问题。从表面上看，探究教学是一种教学方式和教学行为，但从深层次分析，探究教学的实施离不开与之相适应的观念文化和制度文化的支撑与涵养。探究教学作为一种"舶来品"在中国发展，必然会与我国社会的观念文化与制度文化产生碰撞。因此，在探究教学本土化的过程中，只有构建相应的探究文化，才能促进探究教学的有效实施。

　　由于探究教学在价值追求、思维方式与行为习惯等方面不同于接受教学，因此其实施不仅体现为某种方法、技术或程序的应用，更表现为师生价值观、思维方式与行为习惯的转变，而建立相应的价值观、思维方式与行为习惯，就需要有相应的文化生态环境。探究教学的价值观、思维方式与行为习惯构成的探究文化，既是一种文化存在，又与周围的其他文化相互作用，共同构成了探究教学的文化生态。简言之，探究教学的文化生态是指探究教学的构成要素以价值观为核心，在与周围文化的相互作用、相互影响、相互制约中形成的具有自我生长、自我修复和自我平衡功能的有机系统。

一、研究背景

　　美国于 2013 年颁布的新一代《科学教育标准》将工程实践融入探究过程中，赋予科学探究更深入的实践性。我国于 2016 年发布的"中国学生发展核心素养"指出"科学精神"的基本要点包括"勇于探究"，"社会参与"的具

---

① LORD B. Teachers'professional development：Critical colleagueship and the role of professional communities [J]. Research Gate，1994：175-204.

体要点包括"问题解决"①。各个国家都持续关注科学探究能力的培养。《基础教育课程改革纲要（试行）》的目标中提到，倡导学生积极主动参与教学活动、乐于探究、勤于动手，培养学生搜集资料和处理信息的能力，让学生学会分析问题、解决问题以及在解决问题中学会与他人合作和交流的能力；在教学过程中，要求教师要与学生积极互动、共同发展，要注重培养学生的独立性和自主性，引导学生学会提问、学会调查研究、学会探究②。我国新课程改革也提倡新的教学方式，分别是自主学习、探究学习和合作学习。教育部颁布的各门学科的课程标准也要求开展探究教学。《国家中长期教育改革和发展规划纲要（2010—2020年）》提倡启发式、探究式、讨论式、参与式教学。可见，在我国教育教学中，改革教学方式是时代所趋，探究教学的重要性也能从这些文件中看到。随着新课程改革的推进，探究教学已经逐渐被人们接受，并影响着当今的教学实践和教学研究。

探究教学是新课程改革倡导的核心理念，探究几乎成为新课程改革的代名词。新课程改革实施接近20年，探究教学已经被广大的大中小学教师接受，但是在实践中仍然存在诸多问题。美国理科教育改革的历史告诉我们，预设的探究教学概念在学校课堂教学实践中会受到政治、经济和文化等因素的影响，通常会在课堂教学中呈现出异化的课堂探究③。探究教学在我国的实施也同样受到文化因素的影响，在探究教学目标、探究教学设计、探究教学内容选择、探究教学过程和探究教学评价等方面存在一些亟待解决的问题。新课程改革虽然已倡导了十余年，但是通过调查可以获知，我国中小学在本质上还是以传统教育为主，受升学压力的影响，探究教学的运行受到阻碍。中小学的课堂看似"热闹"，教师也重视让学生动手操作，但是这些仍然没有触及探究的本质，教师对探究教学的理解仍然停留在表层。

探究教学属于舶来品，被移植到我国以后失去了赖以生存的文化环境，面临"水土不服"的问题。国内关于探究教学的理论研究较为丰富，有从哲学层面探讨的，有从心理学方面探讨的，这些视角都没有解决探究教学的关键问题，笔者从文化生态的视角揭示探究教学的文化属性，以此为分析框架解决探究教学"水土不服"的问题，使探究教学摆脱现实中面临的各种困境。

---

① 林崇德. 21世纪学生发展核心素养研究 [M]. 北京：北京师范大学出版社，2016.
② 教育部. 基础教育课程改革纲要（试行）[N]. 中国教育报，2001-07-27（2）.
③ 倪娟，沈建. 理科"探究教学"实践问题的理论思考 [J]. 教育学报，2009（2）：26-33，67.

（一）理论自觉：呼唤探究教学本土原创理论

探究教学研究迎来了时代发展带来的历史机遇，同时也面临着挑战。探究教学的出现，无论是在思想上还是在教学实践上，对于教育理论工作者、学科教学专家以及一线教师都是一次严峻的挑战，需要三者发挥各自的特长，通力合作，加强对探究教学各环节的操作性和实证性的研究。在广大的农村中学和高校，探究教学还没有真正走进课堂①。可见，当前我国急需构建富有特色的本土探究教学理论，切实深化课堂教学改革。我国广大的教育教学一线还需要探究教学的介入。探究教学的介入，首先需要从理论方面突破。国外的探究理论虽然新颖，但是不适合中国的国情和文化土壤。因此，一线教学呼唤本土原创的探究教学理论，广大的教育理论工作者需要深入一线教学，不能单纯研究国外的理论。

我国探究教学研究成果丰富，而且不乏力作，但大多数是关于探究教学研究成果的借鉴、移植，基于本土化原创的相对较少。关于探究教学的专著虽然较多，但是大多是借鉴国外的理论，有的专著以一线的教学案例为主，但理论深度不够。关于探究教学相关学术论文，早期以翻译介绍为主，新课程改革倡导十年有余，至今仍有不少学者以翻译国外的最新成果为己任，没有形成自己的探究理论。造成探究教学研究成果过多借鉴国外的原因主要有两个：第一，我国关于探究教学的研究起步较晚。美国从 20 世纪初就开始倡导探究教学，到 20 世纪中期学科结构运动以及 20 世纪末国家科学教育标准中持续倡导探究教学，为探究教学的发展带来了契机。我国从新课程改革起开始提倡探究教学，无论是在理论方面还是在实践方面都尚需时日来发展。因此，探究教学实施初期我国教育研究者主要借鉴国外的研究成果，情有可原。第二，教育研究者认为国外研究更新较快，论文借鉴最新成果易于在国内高水平期刊发表。但是，国外探究教学的最新研究成果未必适合国内的探究教学。个别教育研究者抱着急功近利的思想，希望能够高效产出科研成果。长此以往，这样的教育理论研究就成为工具性的研究，遗失自我，更谈不上本土原创研究理论。教育理论研究工作者需要反省自身的研究，不能不顾国内教学现状，过分依赖国外最新的探究教学成果，而要注重将国外理论与国内教学现状相结合，增强自身发现问题和解决问题的探究本能。

（二）实践困境：文化土壤贫瘠致使探究教学无法在实践中深入

探究教学被引入我国后失去了赖以生存的文化基础，与我国文化不符，造

---

① 杨承印，马艳芝. 我国"探究教学"研究十年 [J]. 教育学报，2007 (2)：46-49，61.

成探究教学在实践中无法继续深入推进。在实践中，教育者的哲学理念不清晰、不明确，甚至与探究教学的本质观念背道而驰，必然导致实践中的种种误区。例如，探究教学的目标意识匮乏，表现为把探究教学的目标混同于接受教学的目标，或者把探究教学等同于天马行空的自由活动，忽略了探究教学的理智训练价值；探究教学"泛化"，表现为极端地将探究教学与接受教学对立起来，否认接受教学的意义和价值，回到粗浅的"从做中学"的老路上；探究过程的程序机械化，忽略探究过程的不确定性、偶然性和探索性，通过预先设计固定的答案限制了探究教学的可能性；探究教学的评价仍以机械的总结性评价为主，没有真正建立与探究教学相适应的形成性评价。近年来，教育改革不断深入发展，然而探究教学的问题似乎并没有得到真正的解决。因此，要解决探究教学"水土不服"的问题，可以从文化视角出发，探寻现象背后的真实原因。探究教学文化和接受教学文化是两种基于不同哲学基础的教学文化，因此它们的教学价值观、思维方式和教学行为方式迥异。中国传统文化对探究教学的有效实施产生阻抗，表现在教学目的上重视"君子"的培养，在师生观上强调"师道尊严"，在评价观上强调"学而优则仕"。

在中国古代，受"学而优则仕"观念影响的广大知识分子，为了获取功名利禄义无反顾地踏上科举之路。他们读书不是为了求得知识和真理，而是将自己的人格失落在功名利禄的追逐中①。这种功名化的价值取向对今天教育的影响表现在教育目的和人才选拔上。教育目的主要是为了培养尖子生，提高升学率；在人才选拔上，以分数论英雄。这就导致基础教育过分重视学生的基础知识和基本技能，忽视情感、态度、价值观的培养。这些价值取向都严重阻碍了探究教学的实施，探究教学的教育目的是注重学生知、情、意的发展，探究教学更加注重学生动手操作能力培养，而传统文化则更多注重学生知识的获得。"唯古""唯老"的权威化价值取向严重影响师生关系。在中国传统文化影响下，"师道尊严""一日为师，终身为父"这样的思想导致教师地位的绝对权威，师生关系严重失衡。探究教学强调师生平等的关系，师生之间的关系是人与人之间的关系、你与我之间的关系、促进者与被促进者之间的关系。中国传统文化中的"师道尊严"思想不利于探究教学师生关系的构建。

我国传统思维的一个显著特点是重视人伦、关心社会，不是把外在的自然

---

① 肖正德. 教学改革中的文化阻滞力：我国传统教学文化特质及对当代教学改革的牵制[J]. 社会科学战线，2010（3）：200-204.

界作为一个客观的认识对象来研究，而是把自然作为一个伦理情感的整体来体会①。传统思维重视整体这一特点在教学上表现为重视全班学生整体成绩的提升，而忽视学生个性化的发展，抑制了个体的创新性。探究教学方式的倡导有利于培养学生创新思维，有利于创新性人才的培养。

中国传统文化精神强调"对不可更改的行动规范的精神适应与信仰"②。这种"不可更改的行动规范"导致在教学上强调学生的整齐划一，比如在小学课堂中学习绘画，教师做示范，其他同学都跟着教师画，换言之，学生是模仿，而不是发挥自己的想象去创作。这与探究教学所强调的创新性原则相违背，这样的机械训练不利于学生反省思维的培养。

（三）时代趋势：创新人才培养的应然需求

教育部出台了《国家中长期教育改革和发展规划纲要（2010—2020 年）》，其中第三部分"体制改革"中第十一章"人才培养体制改革"指出："适应国家和社会发展需要，遵循教育规律和人才成长规律，深化教育教学改革，创新教育教学方法，探索多种培养方式，形成各类人才辈出、拔尖创新人才不断涌现的局面。"从中可以看出，教育主管部门希望通过创新改变教育教学方式，培养创新型人才。知识经济时代，创新能力是一个民族、一个国家成功的关键因素。2018 年 5 月 20 日，习近平总书记在中国科学院第十九次院士大会、中国工程院第十四次院七大会上讲话时提到："创新决胜未来，改革关乎国运。创新是知识经济时代发展的动力，只有培养大量的创新人才，才能有效地推动知识经济时代的发展。国家与国家之间的竞争可以说就是人才之间的竞争。在知识经济时代，创新能力是核心竞争力。因此，现代国家最需要的就是具有创新精神和实践能力、全面发展的人才。教育要培养学生的创新意识、激发学生的创新思维、提高学生的创新能力。培养创新人才需要从学校教育抓起，学校是一个人成长的摇篮。教育不能只满足于传授已有知识，更应当将重点放在提高学生适应未来社会的创新能力上的培养。学生在学校学习可以说就是在课堂上学习，教师去学校教书可以说就是去教室教书，学生去学校上学可以说就是去教室上学。课堂是教师教学、学生听课的地方③。可见，学生在学校的收获主要来自课堂。课堂上教师的一言一行、一举一动，对学生而言都是学习的榜

---

① 郝翔，钟兴锦. 进化论与中国近代社会观念的变革［M］. 武汉：武汉水利电力大学出版社，2000：163.

② 马克斯·韦伯. 儒教与道教［M］. 王容芬，译. 北京：商务印书馆，1995：35.

③ 古德，布罗菲. 透视课堂［M］. 10 版. 陶志琼，译. 北京：中国轻工业出版社，2009：3.

样，教师采取的教学方式，对学生也是至关重要的。党的十九届六中全会提倡坚持开拓创新，提倡探究学习是对时代的回应。创新教育就是要求学生要学会提问，学会质疑，学会用不同的眼光看待问题，用不同的方式解决问题。教育必须从人的现实生活出发，对人的生活世界、生活问题、生活关系、生活意义进行理解，形成对现实的价值透视或意义洞察，探询教育有效的引导方式，这样才能对学生进行意义引导①。探究教学的重要特质就是培养学生动脑思考、学会思维的技能，从而增强他们开展探究的信心②。所以说选择探究教学，是时代的趋势，是实现创新人才培养的应然需求。探究教学的过程就是发现问题、提出问题、分析问题和解决问题的过程，探究教学可以培养学生的合作精神、批判精神、求证精神以及乐于探索、追根究底的好奇心，所有这些都是创新性人才必不可少的基本素质③。探究教学对于基础教育改革、创新人才培养、素质教育推进具有重要的价值。

二、研究综述

本部分将结合研究目的围绕三个主题展开文献回顾，即关于"探究"的研究、探究教学的研究以及探究教学与文化的关系。其中，前两个主题关乎探究教学研究进展问题，后一个主题关乎研究的指向问题。

（一）关于"探究"的研究

1. 国外对"探究"的理解

英文"inquiry"一词源于拉丁文的"in"或"inward"（在……之中）和"quaerered"（质询、寻找）。《牛津高阶英汉双解词典》（第四版）中对探究的解释为"请求帮助，询问；问询，调查，查询；查究之意"④。《牛津高阶英语词典》（第六版）对探究的解释有四层含义：第一层含义大致为发现原因的过程或找出信息的过程；第二层含义大致为询问某人信息；第三层含义大致为问题的事实或收集关于某人某事的信息；第四层含义大致为在某个地方你可以

---

① 金生鈜. 理解与教育 走向哲学解释学的教育哲学导论 [M]. 北京：教育科学出版社，1997：72.
② 靳玉乐. 探究教学论 [M]. 重庆：西南师范大学出版社，2000：229.
③ 刘诚杰. 论合作探究学习的意义和策略 [J]. 课程·教材·教法，2007, 27 (3)：22-24.
④ 霍恩比. 牛津高阶英汉双解词典 [M]. 4 版. 北京：商务印书馆，1997：770.

得到信息。按照《牛津英语词典》中的定义，探究是求取知识或信息，特别是求真的活动，是搜寻、研究、调查、检验的活动，是提问和质疑的活动。《韦氏高阶美语英汉双解词典》中对探究的解释为"inquiry 也作 enquiry，有探求，探究，询问，调查和打听，质询之意"①。《朗文当代高级英语辞典》对探究的解释是"询问，打听；查问，探究；调查，查究"②。美国学者韦尔奇认为，探究是人类寻求信息和理解的一般过程。从广义上说，探究是一种思维方式③。以上对"探究"的解释主要包括四个方面的涵义：第一，寻求信息；第二，询问某人；第三，调查研究；第四，质疑的活动。

在美国，没有哪个观点像"探究"或"探究教学"那样受到科学教育界如此广泛的关注。正如有人所说：如果非要用一个词语来描述近几十年来科学教育工作者所努力追求的目的，这个词一定是"探究"④。这说明探究在科学教育界具有重要的地位。

从哲学视角来看，探究有两种解释：第一，作为有机体行为的探究。生物都需要不断适应变化着的环境。为了自身的持续存在，它们需要重叠及相互贯穿的稳定样式，但从根本上及长远的角度来看，它们的生活是高度不稳定的⑤。探究是一种有机活动，并且因为有机体不仅会遇到便利，还会遇到限制，所以断言必须接受持续的检验，根据也必须得到时常的更新。成功的生活需要对经验的情景进行积极和持续的重构⑥。第二，作为工具的探究。探究的工具不是先验给定的。它们是在已被证明为成功的探究过程中发展出来的工具。探究也因此成为反思性的活动，在该活动中，现在的工具和材料（它们可能是切实的，也可能只是概念上的）得到新颖的和创造性的重新安排，以便生产出某种新的东西⑦。

---

① 达尔吉什. 韦氏高阶美语英汉双解词典［M］. 北京：外语教学与研究出版社，2006：1015.

② 英国培生教育出版亚洲有限公司. 朗文当代高级英语辞典［M］. 北京：外语教学与研究出版社，2006：1178.

③ WELCH W W, KLOPFER L E, AIKENHEAD O, et al. The role of inquiry in science education: Analysis and recommendations［J］. Science Education, 1981, 65（1）：33-50.

④ 徐学福. 美国"探究教学"研究30年［J］. 全球教育展望，2001（8）：57-63.

⑤ 王成兵. 一位真正的美国哲学家：美国学者杜威［M］. 北京：中国社会科学出版社，2007：116.

⑥ 王成兵. 一位真正的美国哲学家：美国学者杜威［M］. 北京：中国社会科学出版社，2007：116.

⑦ 王成兵. 一位真正的美国哲学家：美国学者杜威［M］. 北京：中国社会科学出版社，2007：116.

2. 国内对"探究"的理解

按照《新华字典》（1993 年版）中的定义，"探"有寻求、探索和探源之意①。按照《辞海》的解释，探究有五个意思：一是摸取；二是探测，寻求；三是侦查；四是向前伸出；五是预先②。按照《辞海》的解释，探究是指深入探讨，反复研究③。按照《汉语大辞典》的解释，探究是指探索研究，即努力找寻答案、解决问题。探究的本质内涵应该是寻找（寻求、探寻、试图发现、仔细推求）问题的答案，其核心行为或动作是寻找（发现）。这是一个寻找的过程、一个试图发现的过程。寻找（发现）什么，不是寻找（发现）一样具体的物体或实物，而是寻找（发现）隐藏着的问题的答案，寻找（揭示、发现）现象背后隐藏的真相、性质、规律等④。因此，从其最原初的含义上讲，探究就是"寻找"：寻找所需的信息，寻找目标物体，寻找对某种现象或对某一疑问的解释，寻找解决问题的答案，寻找符合要求的设计。

探究是一种研究，一种要发现真相的努力。探究使得感觉具有深度，它具有渗透事物、挖掘事物的品质。通过探究，人们可以看到之前闻所未闻的东西，可以打开视觉的另一扇窗户。当人们开始一项探究的时候，其实际上是在有目的地探索想知道的东西。这个探索活动如何展开、相关的规则如何去制定、得出结论的逻辑如何被引用、收集信息需要借用什么样的技术——所有的这一切都需要有一个实践的科学家共同体形成以及由科学哲学家来描述。

（二）关于探究教学的研究

1. 国外探究教学研究

探究是教育学自古就有的研究课题。回顾广义的教育史不难发现，古希腊著名的哲学家苏格拉底在教学中采用了"产婆术"，强调知识不是教师直接教给学生，而是通过有技巧地提问、争辩，帮助学生探求知识。西方早期的教育学家昆体良提供了一套教学程序。近代法国教育学家卢梭等人倡导的"自然教育"，可谓是探究教学的思想源头。

从 19 世纪中期开始，欧洲与美国的科学家开始鼓吹科学的理智价值，自此科学开始成为学校课程的一部分。英国生物学家赫胥黎对于在学校教育中进行科学训练发表了这样的观点：科学训练的独特价值在于将心灵直接与事实接

---

① 中国科学院语言研究所. 新华字典 [M]. 8 版. 北京：商务印书馆，1993：454.
② 夏征农，陈至立. 辞海（第六版彩图本）[M]. 上海：上海辞书出版社，2009：2211.
③ 夏征农，陈至立. 辞海（第六版彩图本）[M]. 上海：上海辞书出版社，2009：2212.
④ 任长松. "探究"概念辨析 [J]. 全球教育展望，2014（8）：3-11.

触，通过完整的归纳形式来训练人的理智。也就是说，通过个别的事实得出普遍的结论。英国科学家斯宾塞在《什么知识最有价值》一文中认为，学校课程应将科学纳入进来。在斯宾塞看来，实验室应该提供一种机会使得学生可以形成对于自然现象的清晰的认识，而这种认识是无法通过书本的学习获得的。斯宾塞认为，在学校当中进行科学教学有很多"好处"，通过探究得出的一般结论可以被学生更为长久地牢记；同时，探究的过程可以使学生独立于教师的权威之外。对于实现这样的过程，斯宾塞认为，学生应该独立地调查，得出结论；学生应该尽可能少地被告知，而应该尽可能多地被引导以发现①。

20 世纪上半叶，杜威认为，在一个民主社会中，公民应该成为社会问题的探究者以及社会改造的积极参与者，他们应该提出问题，并借助一定的方式和手段解决问题，解决问题的过程应独立于任何权威之外。杜威将探究教学应用到科学领域以外的其他社会领域，基于其实用主义哲学论述生长、社区、民主与探究的关系，为探究教学奠定了理论基础。

20 世纪 50 年代末 60 年代初，教育界爆发了一场世界性的以理科教学改革为中心的课程改造运动。振兴科学技术、培养科学技术的工作者成为各国共同关注的课题。要求改革中小学课程的呼声发源于美国，继而响遍全球。1964年，芝加哥大学的教育学教授施瓦布与纽约市立大学教育心理学奥苏贝尔在讨论中率先采用了"探究学习"这一术语。布鲁纳的《教育过程》一书强调新的学校课程注重"结构"与"直觉"，并且要有不断更新的"机制"。几乎在同一时期，施瓦布试图以"科学的结构"和"科学的结构是不断变化的"为前提，揭示探究过程的本质及其特征，并力图在教学中引进现代科学的成果，使学生把握学科的结构，进行"探究"学习。20 世纪 60 年代，伊利诺伊大学探究训练研究所所长萨奇曼从事旨在培养探究能力的小学理科课程的研究。经过三年研究，他在 1960 年提出了"探究训练模式"的主张。"探究学习"理论的一位代表人物是美国著名教育心理学家罗伯特·米尔斯·加涅，其为探究学习的实践研究奠定了理论基础。他认为，传统的理科教学的特点是大量地灌输权威性的事实或有关科学原则的教条，教科书只是记载一系列的科学结论，而学生学习理科就是了解这些科学事实和结论。他提出，从学习阶段理论出发，设计相应的科学方法课程，用以培养小学生的科学过程技能，并使探究教学在解决教什么、学什么方面更具体、实用，从而更受到人们的重视②。

---

① FLICK L B, LEDERMAN N G. Scientific inquiry and nature of science [M]. London：Kluwer Academic Publisher，2006：22.

② 刘儒德. 探究学习与课堂教学 [M]. 北京：人民教育出版社，2005：9.

在美国，到了 20 世纪 70 年代，探究教学的实施遭遇失败，这时候有人主张回归基础教育，如同当今的"传统教育"与"现代教育"之争。1981 年，美国自然科学基金会委托哈姆斯（Harms）和雅戈（Yeager）等人对当时的科学教育情况和探究教学的实施情况进行综合研究。在该项研究中，研究者从学生的学习内容以及教师帮助学生学习科学的策略两个维度对科学探究进行了研究，把探究分为科学方法技能、科学探究的本质、一般探究的过程三类。研究发现，科学教师并不愿意采用科学探究教学，而导致科学教师不愿意采用科学探究教学的原因包括时间不足、缺失有效材料、缺乏支持、教育当局只强调科学内容的教学等①。随着 20 世纪 80 年代第三次科学教育改革浪潮的兴起，在科学教育中进行探究教学已经成为超出美国国界在全球都广为熟知和实践的一个理念②。弗莱雷认为，灌输教育麻痹、抑制创造力，而提问式教育却不断地揭示现实。前者试图维持意识的淹没状态，后者则尽力促使意识脱颖而出，并对现实进行批判性干预③。从弗莱雷的思想观点可以看出，他支持探究教学，反对灌输式教育。

从搜索到的外文文献来看，关于探究教学的研究，国外研究者的研究文献数量呈现上升趋势，说明探究教学的研究在国外仍然属于热点问题。探究教学的研究主要集中在学科应用上。例如，探究教学在中学科学课堂中的应用。该研究以中学科学教师的调查为基础，为科学课堂探究教学提出了项目评估程序④。又如，探究教学在英语学科中的应用。探究式英语教学，让学生沉浸在文学和生活作品中。研究者认为，英语课程有必要改变，摒弃以教师为中心的观点，在英语教学中应该强调教学风格的多元，教师必须注意其他元素，如学生的学习风格、个别化教育计划等。在这些变化的背景下，研究者在英语探究教学中提出了重新审视周围的英语课程⑤。又如，探究教学在音乐学科中的应

① WELCH W W, KLOPFER L E, AIKENHEAD O, et al. The role of inquiry in science education：Analysis and recommendation ［J］. Science Education, 1981, 65 (1)：33-50.

② BOUJAOUDE S, DUSCHI R, LEDERMAN N G, et al. Inquiry in science education：International perspectives ［J］. Science Education, 2004, 88 (3)：397-419.

③ 保罗·弗莱雷. 被压迫者教育学 ［M］. 顾建新, 赵友华, 何曙荣, 译. 上海：华东师范大学出版社, 2014：4.

④ GEJDA L M, LAROCCO D J, Inquiry-based instruction in secondary science classrooms：A survey of teacher practice ［D］. Hartford：University of Hartford, 2006：1.

⑤ BEACH R, MYERS J. Inquiry-based english instruction：engaging students in life and literature ［J］. Journal of Adolescent & Adult Literacy, 2001 (11)：369-372.

用，开发基于探究立场的音乐教育①。再如，探究教学在农业教育中的应用。研究证明，在农业教育方面，运用复杂探究教学，可以取得高水平的学术成就②。此外，探究教学还有在心理学中的应用，如比较探究教学的认知结果③。

有研究通过实证方法来探讨如何提升探究教学质量。例如，通过 5 年的相关数据分析，探讨如何有效、持续地推动科学探究教学水平的提高。该研究分析，探究教学在专业发展项目使用过程中，旨在促进教师转变观念，提高探究教学的质量。这 5 年的研究包括了 11 所学校、74 名中学教师，来自不同地区的 9 981 名学生④。该研究试图比较两个观察协议——电子调查质量协议和改革教师观察协议（RTOP）对可靠性、有效性和实用性与探究教学的关联性⑤。协助教师做好探究准备，有效促进探究教学的开展⑥。一项干预研究运用批判性思维整合传授式教学方式和探究教学方式。该研究试图整合传授式教学方式和探究教学方式，提高中学学生的批判性思维。该研究共有 651 名 12 年级的学生参与进行了长达 18 个小时的干预实验⑦。

探究教学在其他方面研究，如探究教学与学校环境内容之间的关系研究。该研究试图揭示学校环境因素如何影响科学的探究教学。该研究表明，人类、社会文化、设计这三类环境因素以某种方式影响探究教学⑧。有研究者在小学和中学的教室挑战复杂的科学探究教学，有效地设计科学探究教学需要课堂管理方式的改变。研究者描述了五个需要解决的相互关联的区域。研究者引入一

① SCOTT S J. Exploring an inquiry-based stance for planning and instruction in general music education [J]. General Music Today, 2008, 21 (3): 13-17.

② MICHAEL C, JOHN C E, DANIEL D F. Inquiry based instruction in agricultural education programs: How it can be done! [J]. The Agricultural Education Magazine, 2011, 83, (6): 14-16.

③ LEHRER R, GUCKENBERG T, LEE O. Comparative study of the cognitive consequences of inquiry-based logo instruction [J]. Journal of Educational Psychology, 1988 (4): 543-553.

④ MARSHALL J C, ALSTON D M. Effective, sustained inquiry-based instruction promotes higher science proficiency among all groups: A 5-year analysis [J]. Journal of Science Teacher Education, 2014 (11): 807-821.

⑤ MARSHALL J C, SMART J, LOTTER C, et al. Comparative analysis of two inquiry observational protocols: Striving to better understand the quality of teacher-facilitated inquiry-based instruction [J]. School Science and Mathematics, 2011, 111 (6): 306-315.

⑥ SMITH B. Promoting inquiry-based instruction and collaboration in a teacher preparation program [J]. The Mathematics Teacher, 2007 (4): 559-564.

⑦ KU K Y L, HO I T F, LAI E C M, et al. Integrating direct and inquiry-based instruction in the teaching of critical thinking: An intervention study [J]. Instructional Science, 2014 (2): 251-269.

⑧ PEA C H. Inquiry-based instruction: Does school environmental context matter? [J]. Science Educator, 2012 (21): 37-43.

个金字塔模型作为一个分析框架思考这些管理领域，认为探究教学课堂管理需要一种不同的方法①。

2. 国内探究教学的研究

自从新课程改革以来，关于探究教学的研究，学习科学研究领域经历了一个从内隐到外显进而聚焦的过程，探究教学不仅作为学理性的概念框架，同时作为实践性的发展战略，日益焕发独特的魅力。对国内探究教学的研究文献进行梳理，可以归结出四个向度的研究焦点：什么是探究教学，即探究教学的概念化脉络；为什么要进行探究教学，即探究教学的价值机制；如何开展探究教学，即探究教学的过程模式；探究教学的效果怎么样，即探究教学的影响因素。

（1）探究教学的概念化脉络。探究教学的历史可以追溯到我国的战国时期，如《论语》中记载的"学而不思则罔，思而不学则殆""不愤不启，不悱不发"等教诲，非常注意鼓励、引导、启发学生独立思考、大胆提问，在问题导向下开展探究，获得知识和取得进步。孔子之后的一些教育家、思想家在此基础上进一步进行探讨，如孟子提出"尽信书，不如无书"，韩愈指出"行成于思毁于随"，均强调独立思考、探究学习的重要性②。《礼记·学记》中关于"道而弗牵，强而弗抑，开而弗达"的论述，讲的也是通过启发教学以开启智慧之门。我国真正的探究教学研究始于改革开放后，随着21世纪初期新课程改革的推行，探究教学研究迅猛发展，涌现出大量研究成果，内容涵盖较广。

对于"什么是探究教学"这个问题，不同的人有不同的解释，概括而言包括探究教学的内涵、本质和特点。新课程改革提倡实施探究教学已有十余年之久，但至今仍有不少教育实践者对探究教学的概念不明确，因此厘清探究教学的含义至关重要。研究探究教学的含义的文章主要从三个方面来界定探究教学：第一个方面是从思想层面和具体操作层面两个维度来界定，如徐学福（2002）在《探究学习的内涵辨析》中提到在思想层面，应把探究学习看成一种学习观念或指导思想；在具体层面，应把探究学习看成一种操作模式或方法，反映探究学习是如何进行的，以便人们能从实践中去把握它③。第二个方

---

① HARRIS C J, ROOKS D L. Managing inquiry-based science: Challenges in enacting complex science instruction in elementary and middle school classrooms [J]. Journal of Science Teacher Education, 2010, 21 (2): 227-240.

② 靳玉乐. 新课程下的教学方式转变 [M]. 重庆：西南师范大学出版社, 2012: 33.

③ 徐学福. 探究学习的内涵辨析 [J]. 教育科学, 2002, 18 (3): 33-37.

面是用探究教学与其他学习方式做比较来界定探究教学的含义。例如，熊士荣、徐进（2005）在《发现学习、接受学习、探究学习比较研究》中通过发现学习与接受学习的关系、探究学习与接受学习的关系、发现学习与探究学习的关系比较来界定探究学习的含义①。邓永才（2003）在《试论探究学习与接受学习的融合》中通过比较探究学习与接受学习来界定探究学习②。第三个方面是以分析框架来界定，如张杰艺、郭玉英、范佳午（2011）在《美国对科学探究教学的界定及分析框架简介》中用框架的形式对探究教学进行界定③。

关于探究教学的本质的研究主要有以下观点：李黔蜀（2002）认为，探究教学就是把科学领域或社会生活中的探究引入课堂，在教师的指导和启发下，通过学生独立、自主的探索活动，有效感知和理解知识，构建知识，获得情感体验，掌握解决问题的方法，发展探索精神和创新能力的学习方式④。刘儒德（2005）认为，探究教学在实践过程中已经呈现出多种多样的表现形式，但本质是学生具有自主性，参与解决问题，发展操作能力和更高级的认知能力⑤。布鲁纳认为，探究学习有一种"自我奖赏"的功能，它容易引起学生发现的兴奋感，学生可以将发现作为奖赏而自行学习。正是这种"自我奖赏"促使学生深入探究，真正做到想学、能学、会学和坚持学⑥。有研究者认为，探究教学是指教师在课堂中巧妙地组织教学，引导学生自主地参与教学，获取知识，促使学生加深对知识的体验，帮助学生逐步形成科学研究的积极态度，掌握科学研究的基本方法，提倡科学研究所必需的探究能力⑦。

关于探究教学的特征的研究主要有以下观点：徐学福（2002）认为，探究教学的特征包括以下两方面：一是科学探究的基本程序，二是科学探究的基本精神。科学探究的基本程序表明科学探究要第一步需要做什么，第二步需要做什么，第三步需要做什么，它是从各种不同的科学探究活动过程中概括出来的，实际上是科学探究的操作性定义。与抽象定义相比，它给人的印象更加直观、具体，有利于从实践上去把握或在实践中运用。科学探究的基本精神是推

① 熊士荣，徐进. 发现学习、接受学习、探究学习比较研究［J］. 教师教育科学，2005（2）：5-9.

② 邓永财. 试论探究学习与接受学习的融合［J］. 中国教育学刊，2003（11）：37-40.

③ 张杰艺，郭玉英，范佳午. 美国对科学探究教学的界定及分析框架简介[J]. 课程·教材·教法，2011（7）：97-100.

④ 李黔蜀. 试析探究教学的本质、特征及实施策略［J］. 山东教育科研，2002（8）：31-32.

⑤ 刘儒德. 探究学习与课堂教学［M］. 北京：人民教育出版社，2005：9.

⑥ 郅庭瑾. 教会学生思维［M］. 北京：教育科学出版社，2001：162.

⑦ 北京未来新世纪教育科学研究所. 探究教育新理念［M］. 呼和浩特：远方出版社，2006：282.

动科学活动的动力，是科学活动永无止境的精神源泉，它主要包括求知精神、进取精神、求实精神①。李黔蜀（2002）认为，探究教学的特征包括通过探究活动，培养学生的科学素养；重视学生的主体性和教师的主导作用；重视全体参与，合作学习；重视探究教学的评价②。丁邦平（2010）认为，探究教学的特征是培养学生的科学态度和科学精神；提高学生的科学探究能力和创新能力；提高学生的科学素质，促使学生理解科学本质③。有研究者认为，探究教学的特征包括主动性、问题性、过程性、开放性、综合性④。有研究者认为，探究教学的特征主要有三点：问题性、开放性、批判性⑤。这一观点与靳玉乐的观点十分类似。科学教育中的探究有如下关键特征：学习者被科学问题所吸引；学习者寻找证据以解释科学问题；学习者基于证据将对科学问题的解释体系化；学习者对其形成的解释进行评价，以获得更恰当的解释；学习者对其提出的解释加以确切地证实和交流⑥。柴西琴（2001）认为，探究教学的特征有如下五点：学生通过探究活动获得新知和培养创新能力，探究教学注重从学生的已有经验出发，探究教学重视证据在探究中的作用，探究教学重视合作式学习，探究教学重视形成性评价和学生的自我评价⑦。有研究者认为，从数学认识的过程出发，结合数学认识的特点，数学探究教学具有问题的导向性、数学世界与生活世界的整合、过程与结果的统一等主要特征⑧。

上述关于"什么是探究教学"的论述各有差异，但每个概念都提供了不同研究者思考探究教学时所采取的视角及观点，也揭示了探究教学某一方面的属性。在以上文献研究的基础上，笔者概括出探究教学的内涵：探究教学是指学生在教师的指导下，为获得学科素养采用类似学科专业探究的方式而开展的一种学习活动。由于探究教学在价值追求、思维方式与行为习惯等方面不同于授受教学，因此它的实施不只是某种方式、技术或程序的采用，更是要求师生转变其价值观、思维方式与行为习惯，而要发生这种转变，就需要有相应的文

① 徐学福. 科学探究与探究教学 [J]. 课程·教材·教法, 2002, 12（12）：20-23.

② 李黔蜀. 试析探究教学的本质、特征及实施策略 [J]. 山东教育科研, 2002（8）：31-32.

③ 丁邦平. 探究式科学教学：类型与特征 [J]. 教育研究, 2010（10）：81-85.

④ 靳玉乐. 新课程下的教学方式转变 [M]. 重庆：西南师范大学出版社, 2012：35.

⑤ 林众, 冯瑞琴, 罗良. 自主学习合作学习探究学习的实质及其关系 [J]. 北京师范大学学报（社会科学版）, 2011（6）：30-36.

⑥ NATIONAL RESEARCH COUNCIL. Inquiry and the national science education standards [M]. Washington, D. C: National Academies Press, 2000：24-27.

⑦ 柴西琴. 对探究教学的认识与思考 [J]. 课程·教材·教法, 2001, 21（8）：16-19.

⑧ 朱福胜. 数学探究教学的主要特征与局限性 [J]. 西南农业大学学报（社会科学版）, 2009（2）：212-215.

化生态环境。

（2）探究教学的价值机制。探究教学的价值机制，即"为什么要进行探究教学"，包括的主题有探究教学的意义和作用。这个主题的文章作者采用多种方式来论及探究教学的作用和意义。例如，左秀兰（1994）通过教学实验实证分析探究教学的作用，即使儿童的数学能力和个性品质得到发展，减轻了学生的课业负担，有效提高了教师的素质①。靳玉乐（2001）认为，探究教学的重要意义就在于它对于素质教育、创新教育以及科教兴国战略的实施都将具有重要的促进作用②。徐学福、宋乃庆（2001）在探究教学的模拟问题研究中提到模拟的必要性，其实就是在讲述探究教学的意义③。李森、于泽元（2002）通过理论思辨总结探究学习的意义如下：打破对知识纯粹客观性的盲目迷信，将教学作为帮助学生构建知识的动态过程；在教学过程中谋求科学世界与生活世界的整合；建立互助合作的新型师生关系；关注学生的个体差异，满足不同的学习需要，使每个学生都能得到充分自由的发展④。廖伯琴（2008）通过具体的案例来讲述探究教学的作用⑤。吕世虎、巩增泰（2006）从学生的角度给探究学习做出以下价值定位：有利于学生保持独立的持续探究的兴趣，有利于丰富学生的学习体验，有利于学生养成合作与共享的个性品质，有利于增进学生独立思考的能力，有利于学生建立合理的知识结构，有利于学生养成尊重事实的科学态度⑥。闫梅红、马燕（2010）认为，探究学习能够较好地促进学生对相关知识的记忆，促进学生知识技能的迁移，提升学生的直觉思维水平，切实调动学生参与学习的积极性⑦。刘诚杰（2007）认为，探究教学是人才成长的必由之路⑧。何善亮（2009）认为，探究学习的认识发生学价值是个人知识的源头之一；探究学习的人类发展价值是人类经验缺乏性的克服⑨。有研究者认为，借助于科学探究学习，学生可以学习如何学习科学的本质以及学习科学内容等⑩。

---

① 左秀兰. 小学数学探究教育的研究 [J]. 教育科学研究, 1994 (2)：41-43, 36.
② 靳玉乐. 探究教学论 [M]. 重庆：西南师范大学出版社, 2001：16.
③ 徐学福, 宋乃庆. 探究教学的模拟问题研究 [J]. 中国教育学刊, 2001 (4)：45-48.
④ 李森, 于泽元. 对探究教学几个理论问题的认识 [J]. 教育研究, 2002, 23 (2)：83-88.
⑤ 廖伯琴. 例析课程改革中探究式教学的功能 [J]. 中国教育学刊, 2008 (1)：65-66.
⑥ 吕世虎, 巩增泰. 新课程学习方式的变革 [M]. 北京：中国人民大学出版社, 2006：111-112.
⑦ 闫梅红, 马燕. 教师的教法阐释 [M]. 长春：东北师范大学出版社, 2010：244.
⑧ 刘诚杰. 论合作探究学习的意义及策略 [J]. 课程·教材·教法, 2007, 27 (3)：22-24.
⑨ 何善亮. 探究学习的存在价值及其实践限度 [J]. 教育科学研究, 2009 (9)：14-18.
⑩ National Research Council. Inquiry and the national science education standards [M]. Washington, D. C.：National Academies Press, 2000：223.

（3）探究教学的过程模式。探究教学的过程模式，即"如何开展探究教学"，包括探究教学的实施、探究教学的策略、探究教学的评价、探究教学的模式四个主题。

①探究教学的实施。关于探究教学的实施从收集的文献看，主要有三个方面。

第一，关于探究教学实施的现状问题。有研究者探讨探究教学实施过程中存在的问题并探讨了相应的解决之策。例如，陈峰（2005）分别从探究目标、探究过程、探究内容、探究活动形式等方面进行分析，并从探究的目标制定、内容选择、学习情境创设和教师引导等方面，对新课程物理课堂探究教学存在的问题提出了一些解决方法[①]。陈刚（2011）提出，只有课题中存在的问题需要运用分析、综合等较复杂的思维活动，且存在比较清晰的解决策略，才有可能设计为探究教学。其基于探究教学条件的分析，对教学实施中存在的误区提出应对方案[②]。有部分学者通过实证研究调查探究教学实施的现状，这一主题的研究内容包括对探究学习中提出假设的研究、学生问题意识的调查研究、验证性探究学习与探索性探究学习的比较研究以及探究教学中教师行为改善的研究等[③]。有研究者认为，在探究教学中，教师要善于点燃孩子们心灵的智慧火花，要不失时机地创设情境，为学生提供充分发挥创造探究能力的时间和空间，使学生有所创见、有所发现。长此以往，必将有利于开发学生的探究能力，提高学生探究学习的兴趣，培养和发展学生的整体素质[④]。

第二，关于探究教学实施的策略。探究教学的实施策略有精心设计探究问题，激起学生探究兴趣；引导学生学习教材和相关资料；解释问题，合作探究；总结评价，深入探究[⑤]。有研究者提出探究教学的三个基本要诀——精心设计探究性问题、详细编制探究导向图、灵活运用元认知提问。这三个基本要诀可以促进探究教学理论更好地走向教学实践[⑥]。但也有研究者认为，在科学探究教学的实施过程中，教学操作方法的单一化与模式化不利于学生理解科学

---

① 陈峰. 新课程物理课堂探究教学实施中的问题解决 [J]. 课程·教材·教法, 2005 (11): 52-55.

② 陈刚. 论探究式教学实施的误区及应对方案 [J]. 上海教育科研, 2011 (9): 56-60.

③ 许应华. 高中生提出假设的质量水平的调查研究 [J]. 上海教育科研, 2007 (7): 45-47.

④ 付庆红. 初中物理教学中有效探究教学的实施 [J]. 现代教育科学（中学教师）, 2013 (5): 108.

⑤ 李黔蜀. 试析探究教学的本质、特征及实施策略 [J]. 山东教育科研, 2002 (8): 31-32.

⑥ 钟志华, 涂荣豹. 探究教学三要诀 [J]. 中国教育学刊, 2006 (5): 61-64.

的本质①。还有研究者认为，对高中数学课堂实施探究教学策略应注意为学生而设计，体现过程，强调"有模式而不唯模式"，充分体现学生的主体地位②。有研究者认为，数学探究教学在具体实施中存在诸多问题，而且教学效果不理想，部分原因在于教师实施探究教学的强烈愿望与运用探究教学方法之间存在着矛盾，建立一套行之有效且操作性强的实施策略以解决这一矛盾是十分必要的③。

第三，关于探究教学实施的原则问题。有研究者认为，探究教学实施的原则包括发挥学生的主体作用、关注知识经验的整合、创设和谐宽松的环境、选择科学有效的形式、强调讨论方法的运用、重视学习方法的指导、开展对过程的反思性评价④。有研究者认为，初中数学探究教学以数学问题探究为主的教学方式，根据数学发展规律和学生的认知结构，除了要遵循理论联系实际、循序渐进、可接受性、直观性等一般的实施原则外，还要遵循一些特殊原则⑤。

②探究教学的策略。关于探究教学的策略的研究，从中国知网（CNKI）上面搜索到的相关文献来看，主要可以分为两类。

第一类是从实施探究教学需要创设的条件来探讨。例如，原东生（2008）认为，进行科学探究教学的策略有选择适当内容进行重点探究；合理规划突显要素，全面发展探究能力；研读课程目标，细化能力目标；把握收放尺度，适时点拨；精心预设，提高效率⑥。和学新、袁树娟（2010）认为，探究教学实现的策略有创设适宜探究的教学制度和氛围；注重学生问题意识和探究习惯的培养；灵活运用各种探究教学方式；融合接受教学，发挥教学的整体效益⑦。

第二类是以具体的教学案例为依托，探讨探究教学实施的策略。例如，方军、苏铁梅（2012）在《高中政治单元综合探究教学策略探析》一文中提到，普通高中思想政治教材（人教版）新增了"综合探究课"，在理解单元综合探究课程的基础上，将单元综合探究专题分为热点理论探究型、主题活动体验型和价值观引导型三类，每个类型又分别提出具体的实施方法，并以此为载体，

---

① 袁维新. 科学探究教学模式的反思与批判 [J]. 教育学报, 2006 (4)：13-17, 30.
② 臧永建. 高中数学课堂诱思探究教学实施策略 [J]. 现代中小学教育, 2009 (7)：49-51.
③ 陈亮, 朱德全. 数学探究教学的实施策略 [J]. 数学教育学报, 2003 (3)：20-23.
④ 崔雪梅. 探究性教学的实施原则 [J]. 山东教育科研, 2002 (10)：28, 30.
⑤ 姜宏伟. 浅析初中数学探究教学的实施原则 [J]. 数理化学习, 2013 (1)：27-28.
⑥ 原东生. 初中物理科学探究教学现状与策略 [J]. 课程·教材·教法, 2008 (5)：60-64.
⑦ 和学新, 袁树娟. 教学的探究本性及其实现策略 [J]. 课程·教材·教法, 2010 (3)：15-21.

力求实现高中政治课学生学习方式的变革，有效实现三维教学目标①。薛颖（2012）以大学"图形图像处理"课程为基础，基于课堂教学进行的教学和学习活动方案的设计与实施等一系列教学实践工作，为协作探究教学策略在大学课堂教学中的实施提供了具有借鉴意义的建议和措施②。

③探究教学的评价。关于探究教学的评价的研究主要有三类：

第一类，关于探究教学评价标准的研究。例如，张亦飞、陈秉初（2006）通过对教学设计、探究过程和教学效果的分析制定反映课堂探究教学本质特征的评价标准③。

第二类，关于科学探究能力评价的研究，例如，罗国忠（2007）运用引导式评价来评价科学探究能力，给学生提供每一个探究步骤的范本答案，引导学生进行探究，学生同时把过程和结果写在工作单上，之后教师根据工作单评价学生各个探究要素的能力④。罗国忠（2013）认为，在国际上，中小学生科学探究能力的评价方法呈多样化的整合趋势，主流评价方法有观测、框架性引导工作单、无引导工作单、充分引导工作单和纸笔考试等，它们对整体探究能力的评价效度依次降低，其中纸笔考试对整体探究能力的评价效度最低⑤。

第三类，关于探究教学评价体系的构建与实践的研究。有研究者研究科学探究教学评价体系的构建与实践，指出科学探究教学评价的基本理念是评价目的个性化、评价内容全面化、评价方法多样化、评价实施过程化；对科学探究教学评价体系的指标进行了设计；构建了科学探究教学评价体系并将科学探究教学评价体系在实践中运用与实验⑥。

④探究教学的模式。为了使教师在进行教学时有一个可依据的模式，中外学者进行了大量的研究，提出了众多探究教学的模式。其中，具有代表性的有萨奇曼的探究训练模式、施瓦布的生物科学探究模式、卡普拉斯的学习环模式、兰本达的"探究-研讨教学法"以及马希尔斯和考克斯的社会探究模式⑦。

---

① 方军，苏铁梅. 高中政治单元综合探究教学策略探析 [J]. 现代中小学教育，2012 (1)：24-26.

② 薛颖. 协作探究学习策略在大学课堂教学中的实践探索 [J]. 教育与职业，2012 (26)：147-148.

③ 张亦飞，陈秉初. 科学探究性学习的课堂教学评价标准 [J]. 教育科学研究，2004 (4)：24-26.

④ 罗国忠. 对科学探究能力引导式评价的研究 [J]. 上海教育科研，2007 (1)：61-64.

⑤ 罗国忠. 科学探究能力的评价及其效度比较 [J]. 教育科学，2013 (1)：10-13.

⑥ 蒋永贵，项红专，金鹏. 科学探究教学评价体系的建构与实践 [J]. 课程·教材·教法，2005 (12)：60-64.

⑦ 徐学福. 模块课程与主题探究 [M]. 成都：四川教育出版社，2013：11.

我国在探究教学的研究与实践方面起步虽然较晚，但是教育工作者对探究教学模式的研究最为集中。郑春和（2001）认为，探究教学作为现代教学的一种模式，其在处理理论与实践、结构与功能以及教学要素之间的关系方面具有许多其他教学模式所不能显示的特征，如探究是一种能动的过程，探究是一种有多侧面的活动，探究旨在获取知识和认识世界，探究要求师生都以学习者的身份参与教学过程[①]。袁维新（2006）认为，人们对探究教学模式的认识倾向于简单化，对科学教学产生负面的影响[②]。邓峰、钱扬义、刘丽明等（2007）探讨了基于手持技术的"6S"化学实验探究教学模式的构建与特点，并分析该模式对帮助学习者正确理解化学概念与增强探究技能的作用[③]。牟琴、谭良（2010）将探究教学模式形式化，之后结合探究教学模式的特点构建基于计算思维的探究教学模型，将教学分为教师活动、学生活动以及教学过程三个部分，教师和学生之间通过一系列的基于计算思维的探究教学活动连接起来。他们运用实例验证了该模型的可行性和高效性[④]。姜涛、廖伯琴（2012）探讨了方法与建模两种探究教学模式在科学探究内涵理解及探究教学实践中的核心关注不同，启发科学教育者认识到真正的探究教学是在"活动"与"思维"的连续体中寻求平衡的过程，并在科学方法和模型中心模式各自的应用时机、师生关系构建及探究教学有效性认识等方面给予我国探究教学以有益的启发[⑤]。此外，还有研究者对国外学习模式进行介绍，如有研究者指出，探究教学的模式有"5E"教学模式、学习环模式、萨奇曼探究训练模式、施瓦布的生物科学探究模式、社会探究模式等[⑥]，在对这些国外学习模式进行介绍的基础上，提出对我国探究教学实施的借鉴作用。也有研究者指出，探究教学的典型模式是形成问题、建立假设、设计验证、表达交流、推广应用，探究教学常用的几种模式有探究-研讨模式、学习环模式和探究训练模式[⑦]。高潇怡（2007）介绍了萨奇曼探究教学模式、有结构的探究模式、指导型探究模式、自由探究模式与学习环模式及其发展产物"5E"教学模式[⑧]。王晶莹（2010）在《美国

---

① 郑春和. 中学生物学探究教学模式的研讨 [J]. 课程·教材·教法，2001（11）：39-44.

② 袁维新. 科学探究教学模式的反思与批判 [J]. 教育学报，2006（4）：13-17，30.

③ 邓峰，钱扬义，刘丽明，等. 基于手持技术的"6S"化学实验探究教学模式 [J]. 中国电化教育，2007（11）：75-79.

④ 牟琴，谭良. 基于计算思维的探究教学模式研究 [J]. 中国远程教育，2010（11）：40-45.

⑤ 姜涛，廖伯琴. "方法与建模"两种竞争的探究教学模式评析 [J]. 课程·教材·教法，2012（10）：89-94.

⑥ 靳玉乐. 探究教学论 [M]. 重庆：西南师范大学出版社，2001：95-153.

⑦ 徐学福. 模拟视角下的探究教学研究 [D]. 重庆：西南师范大学，2003.

⑧ 高潇怡. 科学教育中的探究教学模式发展述评 [J]. 外国教育研究，2007，34（3）：76-80.

探究教学模式述评》一文中介绍了基本的探究教学模式，并重点探讨了探究教学模式与教师角色的关系①。

（4）探究教学的影响因素。这类研究主要提出了影响探究教学的因素并对其进行分析。从中国知网（CNKI）总库搜索的文献资料来看，探究教学的影响因素主要有三个方面：教师、学生、课程资源。有研究者指出，教师的教学理念、教师的科学素养、教师对探究的理解差异这些因素都会影响探究教学的实施；学生的探究知识、探究习惯、探究倾向对探究教学也有影响；课程资源方面的影响包括教材的版本、教学资源的选择、课堂时间②。有研究者指出，影响探究教学的教师因素包括教学效能感、教师控制点、教学观念、教学情绪、知识储备、教学能力③。有研究者指出，在课程资源方面，教学实施严重不足也是影响探究教学实施的重要因素④。还有研究者认为，当前数学探究教学实施中的制约因素主要表现在教师、学生、教学实践环节和教学环境四个方面⑤。布鲁纳认为，对可能性的探究可以从三个方面考虑，其中每个方面都涉及行为的调整。这三个方面包括激发、维持和引导。在某些任务中，激发探究产生最主要的条件是设置适宜的不确定性（这一点跟杜威的观点极为相似）。探究欲望激发以后，要想维持，就必须使探究活动有所收益或回报，并尽量减少失败的可能性。对探究的正确引导取决于两个相互影响的因素：对任务目标的理解和检验目标达成程度的相关知识⑥。

（5）文献评析的发现与启示。关于探究教学的探讨，笔者通过文献回顾并以研究主题为取向进行分类比较，可以总结出其主要研究焦点集中在四个方面：一是关于"什么是探究教学"的探讨。研究者们基于不同的取向对探究教学进行了不同角度的概念界定。尽管研究者们并没有达成共识，但在探究教学概念化的过程中，一个中心概念始终不变，这就是探究教学是指学生在教师的指导下，为获得学科素养采用类似学科专业探究的方式而开展的一种学习活动。二是关于"为什么要进行探究教学"的探讨。研究者们主要从探究教学的意义和作用进行探讨。三是关于"如何开展探究教学"的探讨。这是学者们研究的重点内容之一。研究者们围绕探究教学的实施、探究教学的策略、探

① 王晶莹. 美国探究教学模式述评 [J]. 上海教育科研, 2010 (4)：61-63, 51.

② 耿健. 高中物理探究教学的影响因素 [J]. 教育理论与实践, 2010, 30 (11)：11-13.

③ 邱佳. 教师因素对探究教学的影响 [J]. 现代教育科学, 2010 (2)：95-96.

④ 韩志安. 对"科学探究"教学的反思 [J]. 中国教育学刊, 2006 (3)：68-69.

⑤ 王文鹏. 数学探究教学实施中的制约因素分析 [J]. 教学与管理, 2011 (9)：86-87.

⑥ 布鲁纳. 教学论 [M]. 姚梅林, 郭安, 译. 北京：中国轻工业出版社, 2008：38.

究教学的评价和探究教学的模式展开探讨。四是关于"探究教学的效果怎么样"的探讨。研究者们以教师、学生和课程资源对探究教学的影响来展开探讨。

从以上主题探讨来看，如果说早期的研究集中在理论构建与实践运用上，那么随着理论研究与实践运用的深入，反思与批评的研究逐渐增多。例如，周仕东、孙景霞、郑长龙（2006）提出探究教学在实践中存在的问题①。董素静（2010）也在反思探究教学实践中存在的问题②。徐学福（2009）探讨探究教学的失范与规范问题③。还有一些学者探讨探究教学的种种误区。例如，宁连华（2006）谈及探究教学实施过程中的"滑过现象"④。姜涛、廖伯琴（2012）探讨探究教学在实施过程中的误区现象⑤。由于实际需要，国内许多探究教学研究集中在学科应用上，如科学、语文、数学、化学、物理等。其中，对科学学科的应用的研究较多，占据了文献的1/3，这一状况与探究教学产生于科学学科有关。我国把探究教学当成普遍的教学方式来倡导，由于学科有不同的文化特性，再加上探究教学不同于授受教学，因此探究教学的文化及生态问题显得格外突出。

（三）探究教学与文化的关系

1. 国内探究教学与文化的关系研究

以"文化""探究教学""文化生态""探究教学""探究教学的文化研究"等为检索词，在中国知网（CNKI）总库进行检索，能找到的相关文献寥寥无几。笔者概括有以下几种观点：

第一，探讨研究性学习的文化特征。例如，何李来（2003）认为，研究性学习的文化特征如下：研究性学习的提出本身具有文化性、研究性学习的选择和传递文化的功能、研究性学习提供了个性化发展的文化空间、民主的师生关系⑥。研究者探讨了探究教学的文化特征，分析了研究性学习进展缓慢的原

---

① 周仕东，孙景霞，郑长龙. 在连堂课的科学探究教学实践与反思 [J]. 中国教育学刊，2006（11）：48-50.

② 董素静. 科学探究教学存在的问题与建议 [J]. 中国教育学刊，2010（4）：54-56.

③ 徐学福. 论探究学习的失范与规范 [J]. 教育学报，2009（2）：21-25.

④ 宁连华. 数学探究教学中的"滑过现象"及其预防策略 [J]. 中国教育学刊，2006（9）：47-48，58.

⑤ 姜涛，廖伯琴. 方法与建模：两种竞争的探究教学模式评析 [J]. 课程·教材·教法，2012（10）：89-94.

⑥ 何李来. 研究性学习的文化学分析 [J]. 贵州师范大学学报（社会科学版），2003（6）：112-117.

因，把探究教学放在社会文化这一文化大背景下探讨，没有谈及探究教学本身也是一种文化存在方式。

第二，探究教学是一种文化存在。例如，陈天洪（2009）分析了文化视野中的概念不仅仅是知识，也是一种文化、一种符号，更是一种思维方式，概念的意义是随时间和空间不断变化而发展的。研究者同时反思了传统的概念教学，发现教师通常忽视了知识与文化的关系，仅仅把概念当作知识，而忽视了概念也是一种文化①。研究者重点探讨的是概念这样一种文化对探究教学的影响，其重点不是在探究教学本身的文化上。许应华（2010）指出，应转变当前控制性教学文化为化学探究共同体文化的现状，帮助教师形成合理的科学观，教学中应注意协调学生日常文化与化学文化的冲突和体现化学学科特征②。胡绪、徐学福（2012）认为，探究教学实际上是一种文化存在，因此在基础教育实践中，需要注意调适文化冲突，让探究的理念进入教师的教学世界③。

第三，探究教学在我国缺乏本土化的理论指导。例如，严文法、李彦花（2010）认为，在我国中小学课堂教学中应用与开展科学探究教学，既缺乏相应的教学文化与教学习惯的支持，也缺乏比较明了的本土化理论的指导，科学教师如何组织管理科学探究活动、选择什么内容进行探究、采用何种探究模式、如何培养科学探究能力等问题急需相应的理论指导④。阚仁镇、杨玉辉、张剑平（2013）认为，探究学习是一种课程形态，也是一种主动运用相关知识解决实际问题的学习方式。西湖文化数字博物馆探究教学的实践值得我们反思：一是如果将教学目标停留在技术与资源本身，即便学生信息素养有所提高，但教育目标还是难以实现，这种本末倒置的行为不利于学生成长；二是强调利用数字博物馆资料，实现知识的自我构建，但决不能排斥教师的帮助和指导；三是信息技术与历史学科教学深层次整合的关键在于对教学做出结构性调整，这种整合性课程形态，能够为学生的创新活动提供时空环境⑤。

第四，探讨传统文化对探究教学实施的阻抗。杨丽蓉（2014）认为，我国文化传统价值取向中群体本位的道德哲学，崇官求官的功利化倾向，唯古、

---

① 陈天洪. 文化视野中的概念的探究教学研究 [D]. 重庆：西南大学，2009：1.

② 许应华. 文化视角下化学探究教学案例的反思 [J]. 化学教育，2010（11）：25-27.

③ 胡绪，徐学福. 实用主义探究教学价值取向研究 [J]. 当代教育科学，2012（19）：23-27.

④ 严文法，李彦花. 美国科学探究教学的历史回顾与启示 [J]. 课程·教材·教法，2010，30（8）：107-112.

⑤ 阚仁镇，杨玉辉，张剑平. 基于数字博物馆的历史文化探究教学：以西湖文化数字博物馆为例 [J]. 现代远程教育研究，2013（5）：34-42.

唯老的权威化倾向以及传统等级观念影响了我国教育传统在教育目的、人才选拔、教学方法、师生关系等方面的价值取向。思维方式重整体综合轻细节分析、重具体形象轻抽象逻辑的特点以及教学制度中控制性、统一性的教学管理制度和以考试为主的教学评价制度，都与探究教学倡导的理念有所冲突，阻碍了探究教学在我国的发展①。

2. 国外探究教学与文化的关系研究

国外关于探究教学与文化之间关系的研究，最有代表性的是，杜威基于实用主义论述了生长、社区、民主与探究的关系，为探究教学奠定了理论基础。杜威在他晚年的著作《逻辑：探究的理论》中明确提出探究教学需要一定的文化生态。杜威认为，人类生活、行动和探究的环境，并非简单的物理环境，也是一种文化环境。问题产生于人与人之间的相处，处理这些问题不仅仅运用眼睛和耳朵这些器官，需要兼顾在制度、艺术的形成过程中同时也在传播传统的信念，这些都是在生活过程中产生的②。布鲁纳认为，不同的社会阶层、不同性别、不同年龄以及不同种族的群体对心智活动抱有不同的态度。这些以文化为载体的态度也影响着心智活动的方式。教学理论关注怎样最有效地利用既定的文化模式来达到某种教学目的③。布鲁纳的这些观点就是认为探究教学是需要考虑一定文化因素的。

（四）文献评析的发现与启示

1. 研究视角方面，需要探寻从其他视角审视探究教学

从研究主题来看，"什么是探究教学""为什么要研究探究教学""怎样做好探究教学"这类基础性研究成果已经较为丰富，探寻从其他学科、其他视角来审视探究教学，或许会有另一番天地。例如，从脑科学的视角来审视探究教学、从生存论视角来审视探究教学等。新课程改革以来，探究教学轰轰烈烈地开展了十余年，但是探究教学在各个学科的应用中仍然存在着一些误区。出现误区的原因很多，如果从文化生态的视角来审视探究教学，或许会找到一些本质上的原因。

2. 研究深度方面，需要彰显学科特色

探究教学是产生于美国的科学学科，对我国来说，探究教学是舶来品。新课程改革以来，我国引入并不断地将探究教学推广，探究教学在人文学科中也

---

① 杨丽蓉. 我国探究性教学实施的文化阻抗研究［D］. 沈阳：沈阳师范大学，2014：1.
② DEWEY J. Logic：The theory of inquiry［M］. New York：Henry Holt and Company，1938：42.
③ 布鲁纳. 教学论［M］. 姚梅林，郭安，译. 北京：中国轻工业出版社，2008：37-38.

逐步开展起来。由于国内外探究教学的研究大多局限于自然科学，社会科学的教师没有可以直接借鉴的案例，因此很多教师机械地模仿自然科学探究教学的程序，如创设情境、提出问题、形成假设、验证假设、分析与交流结果这样几个步骤。这样机械地模仿不能充分体现学科的特色，学科性不强。最典型的例子莫过于语文课上学生文理不分，置语文的特性于不顾，基于常识或经验一味地求真，结果课上的语文不像语文，科学不像科学①。众所周知，不同的学科价值取向、思维方式与行为方式都存在很大的差异性。因此，在深入开展各学科的探究教学过程中，教师和课程设计者应明确本学科的学科结构和特性，并在课程实施过程中有意识地引导学生。

3. 研究主体方面，需要构建探究共同体

在我国现阶段的文化教育土壤之下，"独立作者"被倍加推崇，然而一个人的思维能力毕竟有限，想法可能比较狭隘，加强作者之间的合作可以避免这样的狭隘。对于探究教学研究者而言，可以构建探究共同体，探究共同体的成员可以包括一线教师、高校教育理论研究者。一线教师可以得到高校教育理论研究者的理论支持，同时高校教育理论研究者可以从一线教师处获得一手资料。探究教学理论研究者对一线教师的支持，不能仅仅停留在时空分离的理论文章上，而应深入一线，特别是到广大的农村中小学，从教学设计、教学活动过程、教学反思与评价等环节介入，进行专业支持，使一线教师亲身感受到探究教学如何从理论走向实践②。一线教师可以通过高校教育理论研究者了解最前沿的理论知识，从而实现自我提升。如果两者能很好地协同合作，不仅能解决教育一线的具体教学问题，弥补一线教师的理论欠缺，而且能让教育理论研究者了解最真实的课堂情况，避免空谈理论的情况。更为重要的是，两个群体之间形成一个探究共同体，有助于探究教学的深入开展。

在任何社会与国家的文化生态中，总有一种对社会秩序与个体生命秩序进行自我组织、自我调节的文化结构，也总有一种以善的价值对人的行为进行导向的文化结构，这样的结构要么是宗教，要么是伦理③。那么在探究教学的文化生态中，是什么文化结构在对其进行自我组织、自我调节？这就是本书想解决的关键问题。库恩的相关研究事实上也就可以被看成关于科学的一种文化研究，即提供了关于科学本质的一种文化理解，因此，这正是所谓的"文化研

---

① 徐学福. 论探究学习的失范与规范 [J]. 教育学报，2009（2）：21-25.

② 杨承印，赵彦美. 在中西部农村科学课堂实施有效教学的策略 [J]. 教育理论与实践，2006，26（1）：32-35.

③ 胡斌武. 教学伦理探究 [M]. 成都：四川教育出版社，2005：105.

究"的一个基本立场，即着眼于由某种因素（居住地域、民族性、职业等）联系起来的各个群体所特有的行为方式或工作方式①。关于探究教学的文化研究，也可以借鉴库恩的这一思想。探究教学的文化生态研究，要着眼于探究共同体所特有的行为方式和工作方式，进一步挖掘探究教学的本质。

在生态学研究日益成为一门显学的今天，把探究教学置于文化生态背景之下进行透视，不仅有助于人们对这一颇有争议的教学方式增添新的理性认知，而且可以帮助我们去发现探究教学与社会文化之间彼此生发、制约、协调、共生的复杂关系。

三、概念界定

（一）探究教学

探究教学本身具有两重含义，以探究为方法的教学和以探究为内容的教学。前者指以科学探究为主要模式的教学方法，也就是我们通常所说的探究教学（teaching as inquiry）。它是将科学探究作为一种教学方式来进行科学知识的教学，它的教学目标是科学知识和科学探究施瓦布，类似于基于探究的教学（inquiry-based teaehing）。后者是以科学探究的技能和过程以及本质作为教学内容和目标，并采用探究的方式来讲授，可以说是以探究作为内容的教学（teaching of inquiry）。它以科学探究为教学目标，并不关注科学知识，或者不涉及可以结构化的知识，而是强调探究的方法和步骤及其本质，可以看成以探究作为课程内容②。在我国，探究教学更多地被看成一种教学方式，与接受教学相对立。

探究教学是以问题为导向的一种教学形式，是以主体探究为特征的发现问题、探索问题、获得结论的教学过程。具体来说，探究教学过程是在教师的启发诱导下，以学习者独立自主学习和合作讨论为前提，以问题为基本探究内容，以学习者生活经验为参照对象，为学习者提供充分自由表达、质疑、探究、讨论问题的机会，让学习者通过个人、小组、集体等多种解难释疑尝试活动，将自己所学知识应用于解决实际问题的一种教学形式。

---

① 郑毓信. 科学教育哲学 [M]. 成都：四川教育出版社，2006：99.
② 王晶莹. 中美理科教师对科学探究及其对教学的认识 [D]. 上海：华东师范大学，2009：12-13.

本书的探究教学是指学生在教师指导下，为获得学科素养采用类似学科专业探究的方式而开展的一种学习活动。由于探究教学在价值追求、思维方式与行为习惯等方面不同于授受教学，因此它的实施不只是某种方法、技术或程序的采用，更是师生价值观、思维方式与行为习惯的转变，而要发生这种转变，就需要有相应的文化生态环境。

（二）文化生态

文化生态是文化和生态组合而成的词语，文化生态旨在研究文化与生态环境的相互关系，它是生态学产生并发展到一定阶段后与文化嫁接的一个新概念。从文化生态学的角度来看，一定的社会团体、社会组织都是一个生态圈，任何事物都无法从事物本身来理解和认识，而只能从它与所处的生态圈之间的关系来整体的认识。任何事物都不可能从它所处的生态圈中单独地分离出来。"现实中的一切单位都是内在地相互联系着的，所有单位或个体都是由关系构成的。"①

本书将文化与生态进行类比，从生态视角来理解文化。那么，一种文化现象既作为一定社会文化的重要组成部分而存在，同时也存在于特定的文化环境之中。据此，由探究教学的价值观、思维方式与行为习惯构成的探究文化，既是一种文化存在，同时也与周围的各种文化相互作用，由此构成了探究教学的文化生态。概言之，探究教学的文化生态是指探究教学的构成要素以"价值观"为核心，在与周围文化的相互作用、相互影响、相互制约中形成的具有自我生长、自我修复和自我平衡功能的有机系统。

（三）相关概念

探究教学在我国现有研究中容易与发现学习和研究性学习混淆使用。这里有必要对它们进行分析，厘清探究教学的界限。

1. 发现学习

20世纪60年代，美国心理学家布鲁纳首次提出"发现学习"的概念。他认为，发现学习是在学校条件下，引导儿童从所见事物的表面现象探索具有规律性的潜在结构的一种学习途径。发现学习一般指学习者内部的学习过程，与

---

① 大卫·雷·格里芬. 后现代科学：科学魅力的再现［M］. 马季方，译. 北京：中央编译出版社，1995：151.

接受学习相区别。发现学习具有以下基本特征：一是从学习者所要达到的目标来看，发现学习的重要目标是使学生通过体验所学概念和原理，来发展其归纳、推理的思维能力以及掌握探究思维的方法；二是从学生要掌握的客体来说，发现学习的内容是学科的基本结构，要求把学科的基本概念、原理以及该学科所特有的研究方法纳入教材；三是从学习者掌握知识的方法来看，发现学习是学习者自己主动发现问题和解决问题的过程；四是从学生学习的过程来说，发现学习不仅重视教师的讲授，而且重视学生的独立发现①。

2. 研究性学习

研究性学习在我国可以追溯到 20 世纪 80 年代，当时美国的兰本达教授在北京举办探究-研讨教学法讲座，并在 1983 年出版《小学科学教育的"探究-研讨"教学法》一书的中文版本。苏联教育家苏霍姆林斯基的《给教师的建议》一书对研究性学习进行界定，即学生在教师指导下的一种主体性的独立认知、表达和操作过程。研究性学习可以被看成一种教学方式，也可以被看成一门课程。探究性学习如果被认为是一种教学方式，跟探究教学的意义并没有本质区别，研究性学习就是通过寻找解决问题的方法来发展问题解决能力的一种学习形态。这种问题解决学习的特质是开放式问题、真实性情境、渐进式解决、发展性评价②。研究性学习如果被看成一门课程，通常被认为是一种综合实践活动课程。研究性学习是一种跨学科的综合实践活动，其最大的特质是跨学科性。

四、研究设计

（一）研究目的与意义

1. 研究目的

本书研究的根本目的是要揭示探究教学的文化属性，以此为理论分析框架，将此理论运用到具体的教学实践中，探索富有本土特色的探究教学理论与实践，进而提出落实新课程改革所倡导的探究教学的有效路径。

（1）揭示探究教学的文化属性，探索富有本土特色的探究教学理论与实

---

① 靳玉乐. 探究教学论 [M]. 重庆：西南师范大学出版社，2000：169-170.
② 钟启泉. 研究性学习："课程文化"的革命 [J]. 教育研究，2003，24（5）：71-76.

践。本问题涉及"探究教学的价值取向是什么""探究教学的思维方式是什么""探究教学的行为习惯是什么"三个子问题。该部分的研究通过揭示探究教学的性质问题，试图解决探究教学的根本问题，为后续研究作铺垫。

（2）构建探究教学文化生态圈。本问题涉及探究教学课堂文化生态、探究教学学校文化生态、探究教学所在学区文化生态的设计三个子问题。该部分的研究旨在通过探究教学文化生态圈的构建提升探究教学的有效性。

2. 研究意义

2001 年 6 月，我国出台《基础教育课程改革纲要（试行）》，倡导学生"主动参与、乐于探究"，要求教师注重引导学生"质疑、调查、探究"。2010年出台的《国家中长期教育改革和发展规划纲要（2010—2020 年）》也提倡"启发式、探究式、讨论式、参与式教学"。新课程改革启动以来，探究教学实践似乎仍然举步维艰，难以落到实处。因此，本书的研究契合我国教育改革的需要，具有强烈的时代紧迫性和重大的现实意义。

（1）理论意义。本书的研究有助于补充和完善我国当代探究教学理论，拓展探究教学研究的理论视野，揭示探究教学的文化特性及其赖以存在的文化生态，构建具有本土特色的探究教学理论。

（2）实践意义。本书的研究有助于教师、学生、教育行政人员深化对探究教学的认识，构建探究教学的文化生态，形成有利于开展探究教学的环境，促进新课程改革的深入与推广；有助于建设民主、开放、安全和谐的班风、校风和社会风气；有助于优化师生关系，促使师生生存方式的转变；有助于提高教学质量。

（二）研究问题与假设

1. 研究问题

探究教学在我国所面临和需要解决的问题有很多，对于我国的教师和学生而言，其最关心的问题是如何运用探究教学方式，让学生学得更好，如何引导学生进行探究教学。探究教学属于新课程改革中提到的重要的教学方式，同时也是改革的重点之一。新课程改革的本质，换言之，也是课堂教学改革。正如迈克尔·富兰所言，教师不能置身于学校改革之外；学校不能置身于地区改革之外；地区改革不能置身于州的改革之外；州的改革不能置身于全球改革之外①。通过这句话，我们不难看出，要让教师、学生、课堂真正接纳探究教学不是一朝一夕之事，也不是一个人的事情、一个学校的事情，这需要全员共同参与。

对于不同的学科而言，探究教学的方式是不同的。探究活动因学科不同而存在差异，不同学科传授知识的方式差异非常大。在数学课上，全班课堂讨论问题过程中通常可以进行探究活动；在其他历史学科中，探究更为个别化或小组化，如学生查阅历史资料，对某个历史事件形成综合看法，讨论恰当的来源，也许会对解决一个社会问题提供一些新信息②。不同学科有不同的逻辑结构和教学组织形式，要求探究学习方式也与此相适应，因此不同的学科探究基本程序是不同的。不同学科探究技能也是不同的。不同的学科，有不同的文化背景、不同的价值追求、不同的思维方式，开展探究教学的方式方法、思维手段自然也会不同。在进行探究教学时，教师运用本学科特有的思维方式和教学手段，学生学习本学科独特的对话风格。学科探究教学是教师把学科知识转化为适合学生年龄阶段特征和个性发展特点的探究问题，学生在解决问题的过程中探究并运用知识与技能，产生自己的学科理解与观点，教师在与学生合作探究问题的过程中指导学生③。在学科探究教学中，教师不仅促进学生学业发展，同时也促进自我提升。教师通过学科探究教学发展研究学生的能力、研究学科的能力和研究社会的能力，在教学过程中持续发展学科教学知识，践行教学即研究、教师即研究者的基本理念④。

本书的研究试图解决以下几个问题：

问题一：探究教学文化属性问题。本书主要从价值取向、思维方式、行为方式三个维度出发，阐释包括科学、数学、语文等学科探究教学的价值取向、思维方式、行为方式之间的关系，并在此基础上论述价值取向、思维方式和行为方式对探究教学的文化制约。

问题二：探究教学在实践过程中"水土不服"或"形似而神不似"的问

① 迈克尔·富兰.教育变革的新意义：第四版［M］.武云斐，译.上海：华东师范大学出版社，2010：236.

② 托马斯·L.古德，杰尔·E.布罗菲.透视课堂：第十版［M］.陶志琼，译.北京：中国轻工业出版社，2013：254.

③ 张华.论学科探究教学［J］.教育发展研究，2014（12）：22.

④ DUCKWORTH E. The having of wonderful ideas and other essays on teaching and learning［M］. 2th ed. New York：Teachers College Press，1996：150-168.

题。本书针对当前探究教学实施的低效、失范问题，以实践教学模式通过探寻探究教学与授受教学在价值取向、思维方式和行为等方面的本质不同，真正解决探究教学不能深入的问题。

问题三：探究教学在学校运行机制中的问题。本书通过机制创新，突出探究教学的文化生态，从而使探究教学内部要素之间相互依存与外部环境动态关联。其中，相互依存性确保探究教学文化的整体性与独特性，动态关联性确保探究教学文化的开放性、发展性与平衡性。

问题四：教师的专业成长问题。本书不仅着重解决探究教学的实践问题，同时关注教师的专业成长，为中小学教师接触高校教育教学专家学者、高深理论知识和教育科研提供了天然平台。

2. 研究假设

研究假设是根据经验事实和科学理论对所研究问题的规律或原因做出的一种推测性论断和假定性解释，是在进行研究之前预先设想的、暂定的理论。本书依据研究的问题和内容，揭示探究教学受到文化的影响，因为探究教学是舶来品，涉及解决探究教学本土化的问题。本书对以下四个假设予以论证：

假设1：探究教学是一种文化存在，而非单一的技术或方法。很多学者都把探究当成一种教学方法或模式来研究，特别关注操作流程或步骤，以便教师模仿应用。探究教学与授受教学在价值取向、思维方式与行为方式等方面不同，不能把它当成方法或技术进行简单移植应用。该假设能够有效解释新课程改革中探究教学出现的"水土不服"或"形似而神不似"等现象。

假设2：探究教学需要相应的文化生态。探究教学的开展、延续与发展需要相应的文化生态环境。该假设是第一个假设的自然延伸，表明探究教学能否落实以及落实程度如何，关键要看它与周围文化环境的关系如何。探究教学的文化生态突出表现在探究教学内部要素之间的相互依存与外部环境的动态关联。其中，相互依存性确保探究教学文化的整体性与独特性，动态关联性确保探究教学文化的开放性、发展性与平衡性。

假设3：当前我国探究教学的文化生态还未形成。我国探究教学已实施十余年，仍有许多亟待解决的问题，这与探究教学的文化生态还未建立有关。

假设4：探究教学所需要的民主、和谐的文化生态，有助于促进师生关系的改善，同时有利于学生人格的发展。传统文化影响下的师生关系以教师为主导，如果探究教学所需要的民主、和谐的文化生态一旦形成，师生关系将以学生为主体、教师为主导，学生的地位将大大提升，有利于学生的发展。

（三）研究思路与方法

1. 研究思路

本书首先采用生态学的基本理论，对探究教学的文化特性及其与周围其他文化的关系进行分析，构建探究教学文化生态的理论框架；其次运用该理论框架作为指导，分析和解释中小学探究教学的现实境遇与文化失调，揭示制约探究教学的文化机制；最后结合现实情况，分析实施探究教学的有利文化因素与不利文化因素，打造探究教学的文化生态圈，促进探究教学的文化机制形成。本书的研究思路及框架结构如图1-1所示。

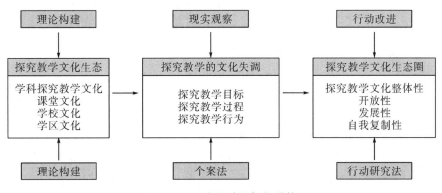

图1-1 研究思路及框架结构

本书各章主要内容如下：

（1）"导言"。主要内容是提出问题并给出问题解决的方案。首先，在剖析当前知识经济时代呼唤创新型人才、探究教学属于舶来品而在我国尚未形成本土特色的原创理论以及由于缺乏相应的文化土壤使得探究教学在实践中无法继续深入三大背景的基础上，指出创建探究教学的文化生态的有效途径。其次，对国内外研究现状进行了详细梳理，指出了该领域研究对本书的启示及其未来走向。再次，对探究教学、文化生态等进行了概念界定和关系逻辑梳理。最后，阐明了本书所要达成的研究目标和解决的核心问题以及问题解决的思路、方法，并介绍了本书的研究价值。

第一章"探究教学的历史源流探析"。从探究教学历史发展脉络来看，探究教学主要经历了三个不同的历史阶段：20世纪初期以解决社会问题为导向的探究教学、20世纪中期以培养学生科学能力为导向的探究教学、20世纪末期以培养学生科学素养为导向的探究教学。该章分析了探究文化产生的历史背景以及当时的代表人物，并对这些代表人物关于探究教学的理解以及相应的影响进行了阐述。

第二章"探究教学的文化属性"。关于文化的定义，本书采用泰勒的狭义定义，即文化包括价值取向、思维方式和行为方式这三个方面。因此，探究教学的文化属性，从探究教学的价值取向、思维方式和行为方式分别探讨。探究教学的价值取向是民主作为生活方式，探究教学的思维方式是反省思维，探究教学的行为方式则从教师探究行为和学生探究行为分别探讨。在此基础上，该章论述价值取向、思维方式和行为方式对探究教学的文化制约，为后续各章的研究提供了一个分析框架。

第三章"探究教学的文化失调"。该章分析了探究教学目前在教育教学过程中存在的误区，如缺乏明确的探究目标、探究内容缺失"探究性"、探究教学过程形式化、教学方法过于偏重探究教学、探究评价标准有待完善。在此基础上，该章进一步分析了探究教学文化失调的表现，之后对探究教学误区进行归因。

第四章"探究教学的文化生态圈"。该章的主要内容包括探究教学的内部本体和探究教学的外部保障。探究教学的内部本体，即课堂探究文化生态。探究教学的外部保障包括家庭、学校和社区的文化生态的应然状态。探究教学的学校文化生态主要探讨探究教学所在学校所需要的文化要素，内容依次为学校文化生态构建、学校如何与学区联系、联系程度如何、课程资源开发、学校教研共同体情况、探究教学的学区文化生态。

第五章"探究教学文化生态圈的构建"。该章通过实证研究考察个案学校探究教学实施情况，发现其中阻碍探究教学实施的情境要素，用探究教学文化生态理论予以解释，并在此基础上提出探究教学文化生态构建策略。

"结语"。主要探讨探究教学文化生态研究的结论，反省研究过程中存在的不足，并进一步提出深化研究的方向，探索探究教学革新的新意义。

2. 研究方法

本书的研究在遵循理论与实践相结合、质性研究与量化研究相统一的原则的基础上，一方面通过文献研究着眼于探究教学的概念化工作和分析框架构建，另一方面扎根于探究教学实践开展实证研究和探究教学的文化生态设计研究。本书的研究中具体运用的研究方法如下：

（1）文献研究法。文献研究法贯穿研究的始终，是本书的研究的基础性方法。本书通过文献研究法主要解决四个层面的问题：第一，本书通过文献研究法全面地搜集、挖掘关于探究教学、文化生态领域的已有文献资料，在对文献资料进行全景把握的基础上对相关研究进行述评，在文献回顾的基础之上确立起研究的起点和方向、研究的思路和研究框架。第二，本书通过文献研究法构建探究教学的理论基础，从而确定独特的研究视角和打下坚实的理论基础。第三，本书通过文献研究法探讨探究教学文化生态独特的意蕴特征、运行过程。第四，本书通过文献研究法揭示探究教学的课堂文化生态、学校文化生态和学区文化生态，提出合理的构建探究教学文化生态圈的策略。

（2）案例研究法。通过中国知网（CNKI）搜索关于探究教学的重点案例，通过观察探究教学开展得较好的学校，在听课过程中选取重点案例，运用所构建的探究教学文化生态理论及基本观点对案例进行解释。

（3）观察法。实地观察并听课24节，通过录像的形式全程记录，之后通过反复观看录像，发现课堂中探究教学实施的亮点所在和不足之处，为后续研究做准备。

（4）访谈法。主要以××市的小学作为样本进行研究，选择三所不同层次的学校进行深入调查。从××市内选择若干名教师进行访谈，访谈涉及上课教师针对自己课堂教学设计及教学体验的课后访谈、对课程内容的访谈以及对探究教学实施所出现的一系列问题的原因的访谈。

（四）研究的创新点

本书从文化生态的视角研究探究教学，创新点主要表现在以下两个方面：

1. 研究视角新

从文化的视角思考与研究探究教学，把探究当成一种教师和学生的生活或存在方式，凸显探究的价值、思维与行为，属于本体论层面的探索，是对技术理性探究教学观的超越。

2. 研究内容新

文化的核心是价值观，价值观支配人的思维与行为，因而体现价值观的探究态度必然成为探究教学文化生态研究的一个重要内容，这是以往研究中被忽视的课题。

第一章　探究教学的历史源流探析

从探究教学历史发展脉络来看，其主要经历了三个不同的历史阶段：20世纪初期以解决社会问题为导向的探究教学、20世纪中期以培养学生科学能力为导向的探究教学、20世纪末期以培养学生科学素养为导向的探究教学。每个历史阶段探究教学所处的文化背景都有区别。从探究教学的发展历史来看，虽然美国教育家杜威、施瓦布、布鲁纳等都提出了大同小异的探究教学程序，但是他们所倡导的探究教学在根本目的、理论基础、指导思想以及具体做法上是不相同的，主要原因在于时代背景与文化的差异。

一、20世纪初期以解决社会问题为导向的探究教学

在19世纪后半叶，科学教育的主要目标体现为个人理智的发展，这些目标主要包括对于客观事实以及与生活密切相关的科学原理的熟悉，形成通过归纳能力得出理智结论的心智能力等。心智能力对于一个民主社会的公民而言至关重要，这意味着个体是依据事实而不是依赖权威做出判断。20世纪上半叶，由于层出不穷的社会问题，科学教育的个体发展功能逐渐弱化，而科学教育作为一种解决社会问题的手段，其价值功能开始凸显。科学教育功能的转化基于这样的背景——教育的实用化倾向的出现。教育的实用化倾向表现为教育要回应这个时代提出的问题，如移民、城市化、公共健康以及其他社会问题等。同时，杜威的儿童中心的教学方法对于教育的影响开始显现①。

在这种情况下，探究教学被认为是一种发展解决实际问题的能力，而不是通过归纳逻辑能力训练培养学生的心智能力。在20世纪上半叶，杜威认为，民主社会的公民应该成为社会问题的探究者以及改造社会的积极参与者，他们

---

① FLICK L B, LEDERMAN N G. Scientific inquiry and nature of science：Implications for teaching, learning, and teacher education ［M］. London：Kluwer Academic Publisher，2006：25.

应该提出问题并借助一定的方式和手段解决问题，解决问题的过程独立于任何权威之外。

（一）以实用主义哲学思想为指导

1. 美国实用主义的背景

实用主义在美国出现并得以蓬勃发展。美国实用主义产生于19世纪70年代，受到教育者的广泛关注，直到20世纪40年代，仍积极活跃在美国哲学舞台上，深刻影响着美国经济、文化、政治等各个方面。实用主义被认为是美国各民族精神和生活方式的理论象征，在当时的美国享有很高的地位，主要原因在于它能体现美国资本主义的发展和美国社会生活的特点①。曾有人说，要想了解美国，首先需要了解美国实用主义。

美国实用主义的产生与美国的政治、经济、文化、自然环境密不可分。美国实用主义产生的背景主要如下：

首先，美国独特的人文、地理环境塑造了美国实用主义。美国是一个移民国家，是由以欧洲各国移民为主的世界各地移民组成的国家。这些移民带去了不同的文化传统。美国人在征服蛮荒、组建自己国家的过程中，形成了务实精神。美国人在征服自然界的过程中，不仅开辟了美国的国土，而且也塑造了美国人民的性格。美国的历史环境与其他国家截然不同，其他国家拥有自己固定的疆土，可以慢慢适应周围的环境，而美国人需要面临很多新问题，有的问题甚至难以解决。这个历史特征也塑造了美国人强大的集体创造力②。美国目前还有大量国土面积没有被开发和利用，居住面积只占了较少部分，美国人无时无刻不在与自然地理环境进行最密切的接触。这说明地理环境对美国人的影响一直存在。

其次，美国的经济生活和政治制度对美国实用主义的影响。美国原来是英国的殖民地，美国人通过独立战争打败了英国殖民者，实现国家独立。独立后，美国重点发展经济，特别是在内战以后，美国工业化迅速发展。1894年，美国经济总量居世界第一。美国在经济发展过程中注重讲实际、讲利益、讲手段。在政治方面，美国独立后建立了共和国和法治政府。美国建立初期，一批杰出的政治家为美国的"政府哲学"奠定了良好的基础，这样的"政府哲学"为美国实用主义的产生起到了重要的促进作用。

---

① 刘放桐. 新编现代西方哲学 [M]. 北京：人民出版社，2000：176.

② 李其荣. 美国文化解读：美国文化的多样性 [M]. 济南：济南出版社，2005：85.

最后，追求实际利益的新教伦理培养了美国人的务实精神。新教产生于资本主义、服务于资本主义，它主张用成功衡量人的行为。在新教徒看来，只有获得成功、获取财富，才能与上帝沟通，这对美国人务实精神的培养具有重要意义①。新教伦理鼓励人们追求现实的物质财富，具有浓烈的宗教色彩，人们一直沉浸在追求成功的理想憧憬中，而理想是鼓舞人们积极前进的不竭的精神动力。

2. 美国实用主义的内涵

"实用主义"一词来源于希腊文"Pragma"，本义是行动、行为。实用主义者大多强调行动、行为、实践，在哲学中具有决定性的意义。他们认为，哲学应当立足于现实生活之上，主张把确定的信念作为出发点，把采取的行动看成手段，把获得的成效看成最高目标。因此，美国的实用主义有时候也被叫做"实践哲学""行动哲学""生活哲学"②。美国实用主义的代表人物有皮尔士、詹姆斯和杜威。皮尔士是美国实用主义的创始人，詹姆斯将美国实用主义进一步发展，杜威是美国实用主义的集大成者。

3. 美国实用主义的特点

这里概括的美国实用主义的特点重点是指古典实用主义的特点，也就是以皮尔士、詹姆斯和杜威为代表的美国实用主义的特点。美国实用主义主要有以下几个特点：

第一，实用主义强调经验的连续性和交互作用。实用主义者认为，经验是检验一切知识的标准，一切知识都来源于经验，并通过经验进一步验证。经验就是人们在不断的行动和经历中进行探索，试图摆脱困境。实用主义者受达尔文进化论的影响，强调经验的连续性。他们认为，有机体与环境之间的相互作用产生了经验。经验的连续性是指经验要起到一个承前启后的作用，不仅要考虑满足学生或儿童前面已有的经验基础，而且要考虑他们日后经验的生长性。经验的交互作用原则是为了解释教育作用和力量。经验的交互作用是指内部条件和客观条件的交互作用。经验就是人与其当时所处的环境相互作用的结果。环境就是那些同个人的需要、愿望、目的和能力发生交互作用，以创造经验的种种情况③。经验的连续性和交互作用是经验的两个重要方面，相当于经验的经和纬的关系，两者相辅相成。

---

① 李其荣. 美国文化解读：美国文化的多样性 [M]. 济南：济南出版社，2005：86.
② 涂纪亮. 美国哲学史 上 涂纪亮哲学论著选 第4卷 [M]. 武汉：武汉大学出版社，2007：487.
③ 约翰·杜威. 经验与教育 [M]. 姜文闵，译. 北京：人民教育出版社，2005：262.

第二，实用主义的显著特点是更加强调哲学应该立足现实生活。实用主义最大的特点就是将高深的哲学思想转向面对现实生活，实用主义的宗旨在于指引人们如何去面对现实生活世界，解决面临的各种困境①。实用主义主张把确定信念作为出发点，把采取行动作为主要手段，把获得成效作为最高目的。实用主义者认为，哲学应该为现实服务，要以现实的问题为基本导向，以解决现实社会问题。美国哲学家莫里斯说："对于实用主义者而言，人类行为是他们所关注的核心议题。"② 解决社会问题以探究行动为指南，探究的思想贯穿整个问题解决的过程。

第三，实用主义强调科学的实验方法。实用主义者试图把科学实验方法从科学领域推广应用到人类其他研究领域，包括人文学科领域甚至哲学领域。他们认为，要想了解一个命题、假说或理论的意义，只有在一定条件下通过实验的方法，观察这种实验产生的效果③，才是检验真理的标准。

（二）探究是解决社会问题的重要方式

19 世纪末 20 世纪初，工业化迅猛发展的同时引起了极大的社会混乱。城市化进程与工业大生产的兴起使人们摆脱了传统生产方式，破坏了长期形成的社会组织，改变了社会组织之间的相互作用方式。从前，人们总是相信科学推动社会进步，但是在战争面前，人们的这种信念被动摇了，科学不仅使战争机器更加致命，也增强了抵抗战争和拖延战争的力量。战争显示出技术进步对人类社会带来的巨大破坏力，但是杜威认为要减轻这种破坏力不是抛弃科学，而是敞开怀抱拥抱科学，换言之，需要把科学思维从自然领域拓展到更为广阔的社会领域。这也就是要将探究作为解决社会问题的重要方式。

关于科学教学，杜威认为，应给予学生科学的材料，通过日常的社会应用来形成对于事实和原理的认识。坚持这个办法不但有利于学生形成对于科学的直接的认识，同时还有利于学生形成对于当今社会经济与社会问题的认识④。

一个人的思想无论多么伟大，都离不开滋养它的文化环境。探究教学的代表人物杜威为什么能够提出探究的思想？他当时所处的社会环境和家庭背景怎

---

① 王成兵. 一位真正的美国哲学家：美国学者杜威 [M]. 北京：中国社会科学出版社，2007：14-15.

② C. 莫里斯，孙思. 美国哲学中的实用主义运动 [J]. 世界哲学，2003（5）：92-100.

③ 涂纪亮. 美国哲学史 上 涂纪亮哲学论著选 第 4 卷 [M]. 武汉：武汉大学出版社，2007：491.

④ DEWEY J. Logic：The theory of inquiry [M]. New York：Henry Holt And Company，1938：80.

样？这对他思想的提出有什么影响呢？

1. 家庭环境的影响

1859 年，杜威出生在伯灵顿的一个普通的小杂货商家庭，尽管家庭并不富有，但是一家人相处融洽、生活其乐融融。杜威提出，探究教学需要在一种民主、融洽的氛围中开展，这种教育思想与他和谐的家庭环境有着密不可分的联系。

2. 社会变迁的影响

在杜威少年时代，伯灵顿小镇正在发生着社会变迁，杜威意识到在家乡存在着紧张的阶级关系①。19 世纪下半叶的美国正处于工业化初期，随着工业化和城市化的快速发展，不同信仰和不同习惯的移民大量涌入伯灵顿这个保守的小镇。伯灵顿小镇已经显现的社会的阶级分化和文化的多元化趋势与古老的共和主义、民主传统之间的紧张关系日益加剧②。1894 年 7 月，杜威应邀赴芝加哥大学担任哲学系主任。这个时期的芝加哥与杜威的故乡伯灵顿一样正以惊人的速度扩张。在十年之内，芝加哥的人口急剧膨胀，导致城市化和工业化也迅速加快，各种丑恶的行为开始出现，闹得人心惶惶，美国社会变得动荡不安，芝加哥便是工业化影响下整个美国的一个缩影③。杜威在《我的教育信条》和《学校与社会》中提到工业化社会已经悄然来到，人们的生产、生活关系正在发生着巨大的变化。他在《学校与社会·明日之学校》中曾经提到：人们难以相信，在整个历史上有过这么迅速、广泛和彻底的革命。经历了这个革命，世界的面貌，甚至它的自然形状都在改变。政治的疆界被抹掉了，似乎它们只是绘在地图上的线条一样。人口从世界的各个角落匆匆汇聚到城市。各种生活方式也在发生着彻底的惊人的改变④。杜威曾指出要认识到社会变迁带来的好处。杜威认为，好处之一是宽容精神的增长、社会见识的扩大，从外在表现识别人的性格和判断社会状况的敏锐性增强，学会与不同的人打交道，接触更多的商业活动⑤。

3. 民主社会的改造

在杜威生活的年代，资本主义民主已经发展了一段时间，自由、平等、博

---

① GOOD J A. A search for unity in diversity：The "permanent hegelian deposit" in the philosophy of john dewey［D］. Houston：Rice University，2001：77.

② 孙有中. 美国精神的象征：杜威社会思想研究［M］. 上海：上海人民出版社，2002：5.

③ 丁永为. 世界著名教育思想家丛书 杜威［M］. 北京：北京师范大学出版社，2012：11.

④ 约翰·杜威. 学校与社会·明日之学校［M］. 赵祥麟，译. 北京：人民教育出版社，1994：28-29.

⑤ 丁永为. 世界著名教育思想家丛书 杜威［M］. 北京：北京师范大学出版社，2012：13.

爱、民主面临很多问题。换言之，就是当时的社会陷入了资本主义民主的困惑中。因此，杜威提倡民主社会的改造。杜威的社会理想不是为了维护现存的资本主义，而是希望建立一种能保障社会成员具有民主和自由的权利、使其受到平等和公正的对待，从而获得全面发展机会的"伟大共同体"①。杜威强调作为生活方式的民主是有别于政治民主的，因为作为生活方式的民主是一种相互沟通的经验模式的民主。杜威希望向广大人民普及民主，让民主成为人们生活方式中的一部分。杜威所讲的民主不仅仅是政治民主，也包括经济民主、文化民主，也就是一个广义的民主，涵盖生活的方方面面。杜威认为作为生活方式的民主，甚至可以延伸到人们每天的日常工作中，这就是所谓的基层民主。一方面，工人应该积极参与到民主管理中来，而不仅仅是作为一名被动的流水线上的工人；另一方面，工人在工作中要意识到自己工作的审美意义和自己工作的社会意义。民主广泛的普及，就如同人们的呼吸一样自然，从而不再去思考民主的问题，只有这样社会问题才能得到根本的解决。

民主社会的判别标准首先是社会成员共同享有的利益多寡。在专制国家，少数人享有特权，因此特权阶级和被压迫阶级之间就没有平等的交流空间，他们之间相互不理解，用敌视的眼光看待彼此。如果是民主社会就截然不同，民主社会拥有大量共享的利益，因此人人能够互相依赖、互相信任、互相关爱、自由交往，结果就是能够促进社会不断往前发展②。平等相待、荣辱与共可以促使一个人胸怀变得宽广，保障自由思想，从而能够促进新思想、新观念的产生，推动历史滚滚向前。

民主社会是开放型的社会，个体之间的互动和交流是关键。杜威受实用主义理论的影响，认为社会由互动的个人组成，他们的行动不只是反应，而且还是领悟、解释、行动与创造。个人不是一组确定的态度，而是有活力的并不断变化着的行动者，一直处在生成中但永远不会彻底完成。社会环境不是某种外在的静止的东西，它一直在影响和塑造着人们，但这本质上是一个互动的过程，因为环境正是互动的产物③。杜威认为，社会就是因为个体之间的互动和交流形成的共同体。社会是由一些遵循着共同路线、具有共同精神，并参照共同的目的而活动的个人聚集在一起而形成的，这种共同的需要和目的，要求日

---

① 王成兵. 一位真正的美国哲学家：美国学者杜威 [M]. 北京：中国社会科学出版社，2007：16.

② 约翰·杜威. 民主主义与教育 [M]. 王承绪，译. 北京：人民教育出版社，2001：10.

③ 于海. 西方社会思想史 [M]. 上海：复旦大学出版社，1993：7-8.

益加强思想交流和感情的和谐一致①。

4. 学校是微型的合作化社会

学校是微型的合作化社会，能为儿童的未来生活做准备。杜威在《我的教育信条》中提到："我认为学校是一种社会组织，如果教育是一种社会过程，学校便是社会生活的一种形式，在这种社会生活的形式里，凡是最有效培养儿童分享人类所继承以及为社会目的而运用自己的能力的一切手段，都被集中起来。"② 按照这种形式组织的学校，是促进社会进步的一种最有效的方式，同时也是促进社会民主实现的重要手段和工具。

如果学校是社会改良的重要场所，那么学校教育就应该以经验为基础组成一个社会共同体。在学校里的教师和学生是社会共同体的重要组成成员。教师和学生在社会共同体中平等、自由地相互沟通、相互交往，从而促进教师和学生的经验改造。这是民主社会的基本特征，同时也是交换作用经验的基本特征③。杜威在《经验与教育》一书中写到：当学生们组成一个班级，而不是一个社会团体时，教师大部分是在外部发挥作用，而不是作为一个指导者的身份出现，如果教育以经验作为基础，那么教育过程就是社会改造的过程，教师此时的身份就发生了彻底的改变，教师就会成为共同体中的一员，与学生是平等的关系，是学生学习的引路人④。

学校要培养学生的责任感，在学校尽可能给学生自由，并且给予他们一定的任务。比如在学校，每个高年级的学生都要求照顾低年级的学生。在操场上，高年级的学生要尽可能地给予低年级的学生一定的机会，让他们能够自由玩耍。在学习上，高年级的学生在必要的时候对于低年级的学生提出的疑问予以解答。这样的导航制度，让高年级的学生从小养成良好的责任感，懂得如何照顾低年级的学生。这样的责任感可以延伸到家庭，甚至延伸到社会中。学生组织的各种义工协会不仅在学校开展工作，而且将这些工作延伸到社区，试图让当地的公民也加入他们的行列。例如，某义工协会的学生负责街道的打扫工作，他们轮流每天对该街道进行清扫，同时他们试图让当地的部分居民也对此活动感兴趣。又如，某义工协会定期为当地的残疾儿童开展免费的教学活动，

①　约翰·杜威. 学校与社会·明日之学校［M］. 赵祥麟，译. 北京：人民教育出版社，2005：29.

②　约翰·杜威. 学校与社会·明日之学校［M］. 赵祥麟，译. 北京：人民教育出版社，2005：5-6.

③　单丁. 课程流派研究［M］. 济南：山东教育出版社，2000：43.

④　约翰·杜威. 学校与社会·明日之学校［M］. 赵祥麟，译. 北京：人民教育出版社，2005：279.

他们利用每年的残疾人保护日在当地进行宣传，希望得到更多人的帮助，让更多人加入他们的行列。这些义工活动无形中也增强了他们的责任感。

学校通过调查周围社区作为学生家长的居民们最迫切想要的，然后改进学校的设施，为当地的人民群众服务。让学校成为地区人民的财产，这样可以有效地拉近社区、家长、学生与学校之间的关系。学生在学校的学习是为了给未来的生活打下基础，因此家长也乐意送学生上学。这样的学校就是为民主而存在、为公民的利益而存在的。学校这样的做法就会得到社会的回报，得到当地的支持和协助。这样的学校开展探究教学，会时时处处得到协助。培养学生科学探究的习惯、态度与方法不仅可以使他们从机械的程序、偏见、教条、未经审察的传统及自私自利中摆脱出来，而且赋予学生通过建立在经验材料基础上的假设、检验、辨别以及做出结论的意愿。

20世纪初以解决社会问题为导向的探究教学以杜威为代表。杜威提倡探究是一种生活方式，探究所需要的文化生态是民主、和谐、平等、博爱、自由。杜威提倡使民主成为一种生活方式，不仅仅是一种政治方式，这种民主涉及各行各业，涉及政治、经济、文化、教育等领域。杜威认为，这种民主在工业方面的体现有工人应积极参与工厂的民主管理，并在工作中要能随时感受到审美的价值和自己工作的社会价值，这才是所谓真正的民主。杜威希望通过民主社会的实现，进而改造社会，从而解决社会存在的问题和弊端。杜威认为，若要改造社会，学校是重要的场所，因为学校中涉及的是未成年的儿童，他们的思想还没有被完全同化，还有改造的可能性。通过改造学校，改造学校里面的儿童，从而达到改造社会的目的。如果学校、课堂、社区处处都洋溢着民主和谐的氛围，那么在这样的文化生态中开展探究教学是适宜的，而且探究教学也只能在这种文化生态中才能够生根发芽、苗壮成长。20世纪初期探究教学以解决社会问题为导向，与当时的时代背景、政治、经济等密切相关，并且与当时流行的实用主义理论基础相适应，因此探究教学具有文化性。

二、20世纪中期以培养学生科学研究能力为导向的探究教学

20世纪50年代，越来越多的科学家及科学教育工作者开始认为，科学教育已经丢失了其学术的严谨性，理智的价值开始削弱。于是，在19世纪后期被推崇而在20世纪初期被丢失的科学教育的理智价值开始重新受到重视。一些科学家及科学教育工作者开始批判教育过于强调以儿童为中心，过于强调实

际问题的解决，科学教育需要回归理智的严谨。当然，与19世纪的科学教育不同的是，20世纪50年代的科学教育的社会功能日渐凸显，科学与国家安全的关系日益密切。这一时期的科学教育相比发展学生的理智品质，主要培养学生成为未来的科学家或具有科学品质的民主社会的公民。基于此，科学探究成为课堂教学的主要模式。①

布鲁纳和施瓦布都强调要注重学科课程的结构。布鲁纳在《教育过程》中强调新的学校课程注重"结构"和"直觉"，并且还要有不断更新的"机制"。施瓦布则试图以"科学的结构"和"科学的结构是不断变化的"为前提，揭示探究的本质和特征，并力图在教学中引进现代科学的成果，使学生掌握学科的结构，进行探究教学②。布鲁纳为结构主义提供了心理学基础，施瓦布则从科学和科学哲学的角度确立了学科结构的理念③。

（一）结构的重要性

1. 结构主义提出的社会背景

第二次世界大战结束后，各国制定教育政策所面临的问题主要是处理教育的卓越性与教育公平的关系。政治、经济和军事形势迫切要求科技迅猛发展，追求教育的卓越性成为教育界关注的焦点。由于"冷战"的原因和各国军事力量的增强，使得结构主义在美国得到迅速的发展并波及全球④。在这个背景下，美国教育主张以发现和培养高素质人才为目标，社会的新口号是"优秀"和"卓越"而不再是"追求公平"和"自我实现"⑤。培养卓越的人才就需要对科学知识进行高效掌握，而如何掌握知识就需要讲究科学的方法，不能再使用传统的方法，这个时候提出结构主义是有道理的。在此过程中，学生就可以凭借科学的方法，通过掌握学科的结构，掌握学科的精髓和本质，抓住学习的主要矛盾，达到快速提升自己能力的目标。

2. 发现学习

在谈发现学习之前，我们首先需要了解一下发现。布鲁纳谈到："我将运用这一个假设，即发现，无论是在学校的学生凭借自己的力量所作出的发现，

---

① FLICK L B, LEDERMAN N G. Scientific inquiry and nature of science: Implications for teaching, learning, and teacher deucation [M]. London: Kluwer Academic Publisher, 2006: 27.

② 钟启泉. 课程的逻辑 [M]. 上海: 华东师范大学出版社, 2008: 116.

③ 单丁. 课程流派研究 [M]. 济南: 山东教育出版社, 2000: 120.

④ 单丁. 课程流派研究 [M]. 济南: 山东教育出版社, 2000: 118.

⑤ 罗伯特·梅逊. 西方当代教育理论 [M]. 陆有铨, 译. 北京: 文化教育出版社, 1984: 143.

还是科学家努力于日趋尖端的研究领域所作出的发现，按其性质来说，都不过是把现象重新组织或转换、使人能超越现象再进行组合，从而获得新的领悟而已。"① 发现学习不直接把学习内容呈现给学习者，而是让学习者通过教师整理好的学科最佳序列的呈现，激励儿童积极地观察、调查，自己发现问题、解决问题，并在这个发现的过程中学习新的知识。布鲁纳认为，发现学习是在学校教师设定的教学情境中，引导学生从事物的表面现象探索具有规律性的潜在结构的一种学习方式。发现学习一般是指学习者内部的学习过程，与接受学习相区别。因此，布鲁纳的发现学习是使学习者将学习材料整合到认知结构，发展学生在具体的教学情境中如何解决问题的一种迁移能力②。

布鲁纳在《发现的行为》一文中提到发现学习的重要价值有以下三点：

首先，一切真正的知识都是自己发现的，这是教育者所追求的最终目标。发现不应仅仅局限于去探寻人类尚未知晓之事物的行为，确切地说，发现包括自己的头脑亲自获得知识的一切形式③。只有通过自己亲自去发现而获得的知识，才是属于自己的知识，这种类型的知识才不至于被轻易遗忘。教育的目的在于培养社会的精英，培养卓越的人才，其实也就是培养发现的能力。教育是必须设法发展智力的过程，使学生能够超出他所处的社会文化方式，能够进行创新，即使是微不足道的创新，使其能够创造出属于自己的内部文化，无论在文化中的艺术、科学、文学、历史和地理的哪一个方面，每一个人都应该成为自己的艺术家、科学家、历史学家和航海家。

其次，发现学习有助于直觉思维能力的发展。"直觉思维以熟悉到的知识领域及其结构为根据，使思维者可能实现跃进、越级和采取捷径，并善于应用比较分析的方法，如演绎法或归纳法，来检验所作出的结论。"④ 对发现学习理论掌握娴熟的学习者，一般能较好地掌握学科的基本结构，进而能够从整体上把握整个学科的学习。在学习过程中，对学科的整体把握有助于直觉思维能力的发展。可以这样说，直觉思维通常是在较为了解学科的背景下产生的。

最后，发现学习有助于提高学生的自信心。布鲁纳曾经提出在课程设计中要重视"发现的兴奋感"，即关注"由于发现观念间的以前未曾认识的关系和相似性的规律而产生的对本身能力的自信感"⑤。在课程设计中，教师为学生

---

① BRUNER J S. The act of discovery [J]. Harvard Educational Review, 1961, 31 (1): 21-32.

② 王晶莹. 中美理科教师对科学探究及其对教学的认识 [D]. 上海：华东师范大学，2009：16.

③ 单丁. 课程流派研究 [M]. 济南：山东教育出版社，2000：128.

④ 布鲁纳. 布鲁纳教育论著选 [M]. 绍瑞珍，译. 北京：人民教育出版社，1989：60.

⑤ 布鲁纳. 布鲁纳教育论著选 [M]. 绍瑞珍，译. 北京：人民教育出版社，1989：33.

提供了学科的基本结构，保留一些部分让学生去发现、去探究，这样不但可以提高学生学习的积极性，而且还可以让学生自己在发现知识的过程中增强学习的自信心以及产生学习的内部动机。让学生在发现学习过程中，体验到学习的乐趣，增强学习的动机，自信心的增强可以促使学生更愿意学习。

3. 学科结构的意义

布鲁纳认为，结构的教育意义有以下四个方面：首先，任何学科的内核是结构，而不是其他的材料；其次，结构的本质是关键，其存在形态可以是复杂样态；再次，要重视开发人的高级思维能力，如顿悟和直觉思维能力，这些在科学发现中起着非常关键的作用，应该被予以高度关注①；最后，所学知识应通过结构连接起来，便于记忆和掌握。

对于学科结构的形式，布鲁纳认为，我们教授一门学科并不是要在每个学生头脑中建立一个学科方面的小型图书馆，而是要使学生自己能够以数学的方式进行思考，能够像历史学家那样考虑问题，能够参与到知识获得的过程中来②。要想让学生能够像历史学家那样考虑问题，以数学的方式进行思考，最便捷的方式就是让学生掌握学科的基本结构，只有这样才能达到事半功倍的效果。掌握学科的结构，学习知识稍慢的学生比掌握知识较快的学生更有利于提高学习效率。学科结构有三种基本的形式：

第一，用于达到某个结构的一组正确的行动，即动作性表征；第二，采用一组简单的图像或图表的形式代表未充分表达的概念，即映像性表征；第三，采用符号的形式，在命题转换或形成的时候通过一定的规则组成的一组符号，这在数学上较为常见，如代数方程式，这就是所谓的符号性表征③。毫无疑问，动作、图像和符号作为学科结构的三种表征形式，对于不同的年龄、不同的教育背景、不同的学习风格的人而言，其难度和作用是不尽相同的。在通常情况下，如果按照心智发展的一般进程而言，发展顺序是从动作模式到图像模式，再到符号模式④。因此，教师在教学设计的时候，要注意把握这个顺序，按照这个顺序来设计教学。此外，面对不同的教学目的、不同的学生群体、不同的教学内容时，教师也应该采取不同的结构表征安排教学，这样可以极大地提高教学效率，便于学生更好地掌握学科的结构。

在学科结构的重要性上，布鲁纳认为，不管任何学科，掌握其学科结构，

---

① 杰罗姆·布鲁纳. 布鲁纳教育文化观 [M]. 北京：首都师范大学出版社，2011：3.

② BRUNER J S. 教学论 [M]. 北京：中国轻工业出版社，2008：62.

③ BRUNER J S. 教学论 [M]. 北京：中国轻工业出版社，2008：39.

④ BRUNER J S. The course of cognitive growth [J]. American Psychologist, 1964, 19 (1): 1-15.

就相当于掌握了学科的本质。这是运用知识方面的最低要求，它可以帮助学生解决课堂内容所遇到的各种问题。何为学科的基本结构？布鲁纳认为，掌握某一学术领域的基本观念，不但包括掌握一般原理，而且还包括对待学习和调查研究，对待推测和预感，对待独立解决难题的可能性的态度①。依照布鲁纳的看法，学科结构是指学科的基本原理以及学习和探究该学科的基本态度。掌握学科基本结构有以下四个方面的优点：

首先，掌握学科基本结构便于掌握学科的基本原理，有助于更好地理解和掌握整个学科。因为学科的基本原理和概念就是人们发明创造出来以赋予该学科的经验意义和结构的。

其次，掌握学科的基本结构便于识记和背诵。学科的基本结构就如同房屋的框架，人们可以凭借框架构思一栋装修好的房屋。因此，记住了框架，我们就知晓房屋的模样。布鲁纳说："高明的理论不仅是我们现在理解某个现象的工具，而且也是明天用以回忆那个现象的工具。"②

再次，掌握学科基本结构有助于知识的迁移。布鲁纳认为，知识迁移有两种形式：其一，特殊迁移。这种迁移主要是指知识技能的迁移，这种迁移受迁移情境和学习情境的影响。其二，非特殊迁移。这种迁移主要是指基本原理和学习态度的迁移，这种迁移不受迁移情境和学习情境的影响，可以扩大知识的深度和广度。从这个维度上看，非特殊迁移是学习过程的核心所在。

最后，在教学中重视学科结构和基本原理，可以缩小"高级"知识和"基本"知识之间的差距。当前，从小学阶段到中学阶段，再到大学阶段的学习过程中，存在的一些困难，主要原因在于所使用的教材较为落后，或者是滞后于该学科发展领域，以至于达不到学习目标要求。重视学科的结构和原理，可以有效弥补这个缺陷带来的损失③。

（二）概念结构指导探究

强调概念结构指导探究以及科学方法与专业紧密相连的代表人物是施瓦布。施瓦布是美国著名的生物学家、教育学家。在学科结构运动中，施瓦布不仅提出了学科结构的理论，而且还加以实践，亲自主持编写了生物课程教材。

施瓦布探究教学思想提出的主要背景有以下三个方面：第一，受 20 世纪50 至 60 年代的美国科学教育改革运动的影响。当时美国的科学教育改革运动

---

① 布鲁纳. 布鲁纳教育论著选 [M]. 绍瑞珍，译. 北京：人民教育出版社，1989：33.
② 杰罗姆·布鲁纳. 布鲁纳教育文化观 [M]. 北京：首都师范大学出版社，2011：37.
③ 杰罗姆·布鲁纳. 布鲁纳教育文化观 [M]. 北京：首都师范大学出版社，2011：38.

的目的在于把科学当学科来教，让学生学会探究，从而提高学生的科学能力，培养未来能够理解科学、具备探究能力的人才。第二，施瓦布所处的时代的教学现状是传统的教学方式，属于教条性科学教学。第三，科学教学变革的原因有当时课程决策的背景、科学家的特殊需求、明智的政治领导人和明智的公众的需求①。

施瓦布的探究思想，与当时的社会历史事件有密切关联。在第二次世界大战期间，科学研究为美国促进民族进步起到了至关重要的作用。在巨额资金的支持下，科学家发明了许多先进武器，这些先进武器最终保障了战争的胜利。随着"冷战"的爆发和苏联人造地球卫星上天等重大事件对美国的刺激，美国企图运用科学技术进一步加强与苏联的对抗。因此，到20世纪60年代初期，美国科学家制定了规模空前的研究计划，尖端技术被认为是国家安全的保障，也是推动人类社会进步的重大举措②。因此，在施瓦布所处的时代，科学被高度重视，而且科学技术的迅速发展，使得科学探究不能因循守旧，只有在原有的基础上进一步的讲究方法和策略，才能取得更大的突破。施瓦布认为，人们需求的改变，促进科学的进步，促进探究的发展。施瓦布指出，我们的需要变化了，因为在这里有的需求得到了满足，有的需求没有得到满足，这改变了我们所处的环境，同时也促进了人们新的需求的产生。也正是人们这些不同的需求导致了科学技术的不断发展和进步，促进了科学探究的改进。

施瓦布认为，科学探究的内容与过程是密不可分的，而科学的教学也应该反映这个特点——科学内容的教学与科学方法的教学是同一个过程，两者中的任何一个因素都不能孤立。这一点和19世纪以来的科学教育者的观点并无二致，但是与他们不同的是，施瓦布认为，科学教学关乎一个国家的福祉与荣辱。"在150年前，科学是一个闲暇阶层的装饰品，而在当今工业社会，科学则是一个社会强大与效率的基础。"③ 科学探究在不同的社会、不同的时代，所具有的功能截然不同，探究的需要根据时代的需要变化而变化。

施瓦布认为，除了回应时代的发展诉求，科学教育的主要功能不是使学生成为自然世界的探究者，它的目标是使学生形成对于科学最丰富和最完整的理解。这种理解包括对科学的内容和科学的方法的理解，学生如果对科学具备极

① 韦冬余. 施瓦布科学探究教学思想研究 [D]. 上海：华东师范大学，2013：1.

② 徐学福. 杜威与施瓦布的科学本质观与科学教育观比较 [J]. 外国教育研究，2004，31 (7)：14-18.

③ SCHWAB J J, BRANDWEIN P F. The teaching of science：The teaching of science as enquiry [M]. Cambridge：Harvard University Press，1962：18.

大的热忱，他们也许可以成为科学家，即便他们不从事科学职业，他们也具备对于科学事业的认同感。因此，在教学中，在课堂上进行调查的首要目的是更为充分地理解科学的本质，而不仅仅是学习从事科学工作的技能。

1. 元结构理论

施瓦布对学科结构的探讨是建立在科学哲学基础之上的，他在确立学科结构理念之前首先确立了元结构理论。施瓦布认为，科学知识不是对客观事物的描写或直接的镜像反映，而是通过人的理智探究的结果。"科学研究的新路线，不单单是要从客观事实出发，而且开始于概念，即心智的审慎构建。"这是一种知识的"建构主义观"，或者被称为"探究的历史动力学"。施瓦布的元结构理论提供了一种确定的学科内部结构以及对各学科共同结构的检查工具，并描述了已经建立起来的学科扩展的手段以及新学科开发和利用的途径。

2. 施瓦布学科结构的含义

学科结构有三层含义：第一，即存在哪些学科，它们之间是如何关联的；第二，获得有根据的知识运用了什么方法；第三，指导探究学科概念的本质是什么。这三个问题代表三层含义，分别是学科间的组织结构、学科的句法结构、学科的实质结构。

（1）学科间的组织结构。对学科进行分类是极其复杂的事情，施瓦布曾经提到："没有也不可能有一种权威的提法来归纳总结出有多少种学科以及它们之间的相互关系如何。"① 有学者归纳出学科分类的四种依据：首先，根据学科内容进行分类，即研究对象是什么；其次，根据研究者进行分类，研究者需要具备哪些能力和已有的经验才能进行研究；再次，需要采用什么研究方法进行研究；最后，研究目的是什么，研究者想获得什么目的或想获得什么知识。

（2）学科的句法结构。学科的句法结构是关于学科的方法论，是关于学科的程序、方法以及学科打算如何运用概念以达到目的。对于教育教学工作者以及课程设计者而言，学科的句法结构，即要完成如何重构具体课题的探究历史、如何使方法的教学和内容的教学有机融合。施瓦布曾经指出，不同的学科句法结构不同，其存在的差异是极其巨大的，因为不同的学科是通过不同的句法结构去探究各自学科的内容。这种句法结构存在差异的意义，不是在于这些句法结构像单个的词语一样在字典上能够对应找到相应的含义，而是要解释它

---

① 瞿葆奎，马骥雄. 教育学文集 第 19 卷 美国教育改革 [M]. 北京：人民教育出版社，1990：255.

的含义，必须将它放到特定的背景中去理解和诠释①。

（3）学科的实质结构。学科的实质结构所回答的问题是指导学科探究的概念有哪些以及这些概念如何产生不同的结构，学科的实质结构就是"由外加的概念体系所构成，这些概念限定了学科的研究内容，并且控制着学科的探究"②。学科的实质结构存在两种可能的意义：其一，学科的实质结构具有可修正性和多样性。在当今知识经济社会，科技迅猛发展，知识体系也不断更新换代。学科的实质结构为了适应社会的变化，应具有相应的修正性，这就意味着没有任何一种知识是永恒不变的。其二，不同的学科实质结构导致学科之间的差异。不同的学科在提出问题、分析问题、解决问题、搜集资料等方面也是存在差异的，这不仅是各个不同学科在历史发展过程中的习惯产物，也反映了学科本身的特性。

3. 探究教学

（1）探究教学的内涵。1961年，施瓦布在美国哈佛大学作了《作为探究的理科教学》的报告，提出了探究学习（enquiry learning）的概念。为了区别儿童心理学家主张的儿童解决问题的探究，施瓦布坚持用"enquiry"这个单词，在英文中"enquiry"和"inquiry"意思是一样的，没有区别③。施瓦布是第一个正式提出探究学习这个概念的人，之前的科学家、教育家都是关于探究的意思，但是没有明确提出探究学习或探究教学。施瓦布认为，在探究过程中，将科学知识、科学方法有机融合才是真正的探究教学。他认为，探究教学包括两个方面：作为探究的科学（science as enquiry）和通过探究教学（teaching by enquiry）。在中学理科教学中应该优先关注作为探究的科学④。施瓦布认为，探究教学包括两个方面：其一，对科学知识本身的探究，科学被看作对探究过程的指导；其二，关于探究的教和学本身就是一种探究的过程。施瓦布指出：一方面，它的材料要展现科学作为探究，另一方面，教师要把学生引导到去对这些材料进行探究，学生应该学会辨认它们的组成部分以及这些组成部分之间的关系，清楚地知晓这些部分所扮演的角色，通过进一步深层次的

---

① 瞿葆奎，马骥雄. 教育学文集 第19卷 美国教育改革 [M]. 北京：人民教育出版社，1990：264.

② SCHWAB J J. The concept of the structure of a discipline [M]. Cambridge：Harvard university press，1962：54.

③ 周仕东. 科学哲学视野下的科学探究教学研究 [D]. 长春：东北师范大学，2008：25.

④ ANDERSON L W. International encyclopedia of teaching and teacher education [M]. Elevier Service Ltd，1995：152.

探究，发现探究的奥秘。换言之，课堂就是让学生参与到探究中的一个过程①。

（2）探究教学在课堂。施瓦布赞成在课堂上使用科学家的原著，这样便于为学生提供典型的科学范例，引导学生向典型学习，而且这样还可以让学生养成良好的科研习惯，让学生习惯从一手资料中探寻解决问题的方法。如果原著过于复杂，可以在不变更意思的前提下适当修改②。施瓦布认为的科学教学方法是组织实验调查研究，探寻自己选择的自然现象的研究过程，让学生体验理解自然数据的难度，允许学生对自己设计的简单探究方案付诸实践，让学生在此过程中体验悬而未决的问题和方法的多样性，尤其是在构成科学研究概念和解释上的差异性③。探究教学在课堂教学实施中可以培养学生的探究能力和探究习惯，从而增强学生的科学能力。同时，在实施探究教学的过程中，教师可以让学生体验探究的过程、探究事物发生变化的原因，让学生在探究的过程中获得新知识。施瓦布认为，在科学知识的构建中，如果课程能够清晰地阐明科学知识的结构和展示知识的增长过程，而不是用其他概念来取代，学生或许能够发现科学知识的变化和修正的原因，还能发现科学的理想事物和普通事物之间的偏差所在④。

20世纪中期以培养学生科学能力为导向的探究教学的代表人物有布鲁纳和施瓦布。布鲁纳所强调的探究教学是以揭示学科的结构为主，因此所需要的是一种结构良好、以最佳序列排列的学科以及教师注重激发学生解决问题所需要的探究欲望，注重运用心理学上的强化原理的文化生态。

三、20世纪末期以培养学生科学素养为导向的探究教学

在20世纪70年代，教育的重心开始从学生理智品质的训练转向在世界中能够有效决策并执行决策的明智的民主社会的公民的训练。这表明科学教育界

① SCHWAB J J, BRANDWEIN P F. The teaching of science：The teaching of science as enquiry [M]. Cambridge：Harvard University Press, 1962：65.

② SCHWAB J J, BRANDWEIN P F. The teaching of science：The teaching of science as enquiry [M]. Cambridge：Harvard University Press, 1962：57.

③ SCHWAB J J, BRANDWEIN P F. The teaching of science：The teaching of science as enquiry [M]. Cambridge：Harvard University Press, 1962：56.

④ SCHWAB J J, BRANDWEIN P F. The teaching of science：The teaching of science as enquiry [M]. Cambridge：Harvard University Press, 1962：48.

开始对科学教育持有一种全面的和功能性的观点。在新的环境中，科学知识和科学的过程被用来回应人们在日常生活中遇到的问题。科学素养作为衡量学生科学品质的一个重要词汇开始出现。在这一时期，关于科学教育的目标的陈述更为全面，体现出对于科学的文化、学科以及理智价值的全面理解。

（一）科学素养是提升国家综合实力的重要因素

第二次世界大战以后，美国科技在世界上占据领先地位，美国的经济深受其惠。1957年，苏联成功发射人造地球卫星给美国带来巨大的冲击，美国政府意识到欠缺科学素养的一代将会给美国的经济和美国的综合国力带来危机。美国开始实施教育改革，但是直到20世纪70年代教育改革的效果仍然不甚明显。20世纪80年代，美国社会对美国教育质量低下怨声载道，美国科技的领先地位可以说已经江河日下，美国在激烈的竞争中已经没有太大的优势可言。在这样的情况之下，美国当局意识到，要提高美国科技竞争力，唯有提高美国的教育质量。美国教育改革再次掀起了一股热潮。1983年，美国教育委员会发布了《国家处在危险之中：教育改革势在必行》，这一报告拉开了美国新一轮教育改革的帷幕[1]。1985年，美国开启了一项改革科学教育的国家计划，即"2061计划"。1989年2月，"2061计划"的第一份报告《面向全体美国人的科学》正式发表，报告内容包括从接受幼儿园到高中这13年教育的学生应该具备的科学素养。在科学探究产物比比皆是的世界，具有良好的科学素养是每个人必不可少的素质。每个人每天都有不少事情需要运用科学知识做出适当决策，只有懂科学，才有可能在领悟自然界的事理的同时产生生活的充实感和兴奋之情。美国把所有学生都应该具有良好科学素养作为一个既定目标[2]。科学素养是提升国家综合国力的重要因素，只有提高了全民的科学素养，才能提升全体公民的科学修养，从而提高国家的科学技术能力。"科学素养"的概念显现出了其革新性的价值，国家繁荣的标志已经从大工业时代的机器轰鸣转变成各国公民之间的较量，而这种竞争集中体现的就是公众科学素养的水平[3]。1995年12月6日，美国国家科学基金会会长尼尔·莱恩宣布美国历史上第一部科学教育标准正式出台，这部基于当时最佳实践而制定出来的标准，为美国

---

① L. 迪安·韦布. 美国教育史：一场伟大的美国实验 [M]. 陈露茜，李朝阳，译. 合肥：安徽教育出版社，2010：379.

② 国家研究理事会. 国家科学教育标准 [M]. 北京：科学技术文献出版社，1999：15.

③ 沈德立，吕勇，白学军. 基于脑科学的教与学效能研究 [M]. 北京：教育科学出版社，2013：27.

教育系统规划出把所有构想变成现实所应采取的具体行动路线，也把培养高科学素养的未来公民应该采取的措施细致化。

（二）课堂是形成科学素养的主阵地

关于科学素养，《美国科学教育标准》有一个明确的目标，就是在美国建立一个有较高科学素养的社会。良好的科学素养是指对科学主题知晓得比较多、理解得比较深，良好的科学素养还包括认清科学的性质、科学事业以及科学在社会和个人生活中所起的作用。学生们应该加深对什么样的东西是科学、什么样的东西不是科学、科学能够做什么、科学不能做什么以及科学如何在文化中起作用这一系列问题的认识①。

有科学素养意味着一个人对日常所见所闻的各种事物能够提出、能够发现、能够回答因为好奇心而引发出来的一些问题。有科学素养就意味着一个人已有能力描述、解释甚至预言一些自然现象；有科学素养意味着一个人能读懂通俗报刊登载的科学文章，能参与就有关结论是否有充分根据的问题而展开的社交谈话；有科学素养意味着有能力提出和评价有论据的论点，并且能恰如其分地运用从这些论点得出的结论②。

综上可见，美国关于科学素养的界定是广义的科学观，如能正确认识科学与社会的关系、能将科学知识应用于实际生活中。我国关于科学素养的界定与之相比则更加具体，我国《科学课程标准》中关于科学素养提出了以下四个方面的要素：科学过程、方法与能力（科学探究），科学知识与技能，科学态度、情感与价值观，科学、技术与社会的关系③。

科学素养（scientific literacy）是指具有良好的科学意识，能正确认识和理解日常生活、社会事务、个人决策中，必要科学技术的基础概念、研究方法以及社会联系性，并能应用于解决现实问题的能力。提高全民族的科学素养有两大阵地：其一是我们所谓的传统科普场所，像科技场馆、大众传媒等；其二是正式教育系统中小学的课堂。课堂才是科学素养形成的主阵地、重要场所，教师要好好利用这一阵地，培养学生的科学素养。

在课堂上培养科学素养体现在以下几方面：首先，体验探索日常生活世界的丰富性；其次，采用科学的过程和原理做出恰当的假设并予以验证；再次，理智地参与课堂讨论；最后，通过运用知识理解科学知识能够应用到日常生活

---

① 国家研究理事会. 国家科学教育标准 [M]. 北京：科学技术文献出版社，1999：27.
② 国家研究理事会. 国家科学教育标准 [M]. 北京：科学技术文献出版社，1999：28.
③ 郑毓信. 科学教育哲学 [M]. 成都：四川教育出版社，2006：271.

中。在课堂上，学生通过探究可以学到诸如创造性解决问题的能力，运用思维进行判断的能力，与他人协作完成任务，有效运用现代科学技术，懂得尊重他人的见解、技能和意见。这些扎实的科学素养可以迁移到日常生活世界。在这些科学素养中，重点介绍以下两点：

第一，在学生中间培养协作精神是非常必要的。学生之间的相互协作不仅能增进对学习的进一步了解，而且也有助于开展掌握探究活动所需要的技能、价值观念、行为方式等多方面的培养和训练。以小组的形式开展探究活动，学生之间会以小组的集体利益为重，在小组之间的相互合作、相互探讨中，特别是有效交流中，各个成员之间会形成基本的相互尊重、相互信任的氛围。小组成员之间会在多次的集体活动中表现出默契，他们会形成分工合作、相互帮助、相互促进的和谐体系。在探究活动中，教师要注意组织好探究活动，从而有利于学生在探究活动中有效掌握探究的技能，形成科学素养。

第二，懂得尊重他人的见解、技能和意见。在这方面，教师首先要做好示范作用。教师不仅要尊重学生的见解和看法，而且在对待学生的探究兴趣和意愿等方面，教师的言谈举止还应表现出对不同文化背景和不同学习基础学生的尊重。有的学生一次提出探究几个问题，或者提出的探究想法偏离主题，在这样的情况下，教师应该加以引导，在可能的情况下，让学生自己意识到问题。如果非要教师予以提醒，教师也应该采取委婉的态度和言辞，而不是用否定的口吻打消学生的学习积极性。教师还要积极主动地与学生合作探究，通过身体力行，告诉学生如何尊重他人。学生会看在眼里，记在心里，学在当下。学生会在课堂上学会如何尊重他人的见解和看法，特别是对和自己观点相反的人该如何予以尊重。

20世纪末期以培养学生科学素养为导向的探究教学的形成背景是当时美国的国际地位受到威胁，美国想通过提高全民的科学素养提升国家的综合国力。只有具备良好的科学素养，才可能运用科学的原理和方法去做各种决策。具有代表性的文件有"2061计划"的第一份报告《面向全体美国人的科学》和《美国科学教育标准》，其中关于科学素养有详细的描述。特别是《美国科学教育标准》对于具有科学素养的人做出了十分详细的构想。20世纪末期，探究教学又开始从学生理智品质的训练转向培养具有明智的民主社会的公民的训练。此时，重心已经不再是以解决社会问题为导向，而是以培养学生的科学素养为主，原因在于受到人本主义教育理论的影响。由此看来，不同时期的探究教学是与当时的时代背景、政治和经济以及流行的教育理论基础相适应的。换言之，探究教学本身具有文化特性。

从历史的视角透视探究教学，不是一种方法的存在，而是一种文化的存在，各个发展阶段探究的模式虽然不尽相同，但它们都代表各个阶段不同的探究文化表征。

第二章　探究教学的文化属性

　　探究教学是一种文化，而非单一的技术或方法。很多学者把探究教学当成一种教学方式或教学模式来研究，特别关注操作流程和固定步骤，以便教师模仿应用。探究教学与接受教学在价值取向、思维方式和行为方式等方面不同，不能将其当成方法或技术进行简单的移植应用。探讨探究教学本身的文化，有助于解释实践中探究教学出现的"水土不服"或"形似而神不似"等现象。探究教学的文化可以从价值取向、思维方式和行为方式逐一论述。探究教学的价值取向是民主作为生活方式，探究教学的思维方式是反省思维，探究教学的行为方式则分别从教师探究行为和学生探究行为论述。关于文化的定义，本书采用的是泰勒的狭义定义，即文化包括价值取向、思维方式和行为方式三个方面。因此，本书对探究教学的文化属性，从探究教学的价值取向、思维方式和行为方式三个方面加以探讨。

一、探究教学的价值取向

（一）民主作为一种生活方式的内涵

　　关于探究教学的价值取向有诸多争议，杜威认为探究教学的价值取向是民主作为生活方式。

　　杜威作为实用主义的代表人物，认为传统的形式逻辑，即亚里士多德所提倡的传统的形而上学不能解决现实问题，提倡用经验改造自然，故而将查理斯·皮尔士开创的实用主义继续发扬和创新。这种发扬和创新深深地体现在杜威将其哲学思想融入生活，继而改造社会的工作中。杜威认为，理想的社会是民主的社会。关于"民主"一词的含义，杜威认为包括两个方面的意思。在《人的问题》一书中，杜威说："民主较之一种特殊的政治形式、一种管理政府的方法以及通过普选和被选出的职员来立法与处理政府行政的方法要宽广得多，但是它要比这一点广泛些和深刻些。如我们常说的，它是一种生活方式，是一种社会的和个人的生活方式。"① 从中我们不难发现，杜威认为的民主，第一是作为生活方式的民主，第二是政治民主。作为生活方式的民主和作为政治体制的政治民主二者具有密切的联系，但是对于民主的前一种理解，是一种更宽泛、更充实的观念。只有在影响到各种各样的人类交往方式，如家庭、学校、工业、宗教之后，这种民主才能得以真正实现②。

政治民主的发展是用相互协商和自愿的原则来代替从上级施加的强势力量来达到让多数人服从少数人的一种方法③。作为政治体制的政治民主是可以实现的，也是容易实现的。但是作为生活方式的民主是一种规定性的理想状态，是一种追求的境界，而并非是一种现实。杜威认为，民主意味着通过群众行动，收集群众意见，维护群众利益。"只有通过民主，上帝在人类中的体现才能成为鲜活的存在，才拥有其普通而自然的意义。"④ 换言之，杜威认为，民主的社会不仅是一种理想的社会，而且也是社会的本真面目，社会成员之间就应该是一种民主、平等的关系，不管社会的目标是什么，社会成员都可以自由发表言论、自由探究。

杜威在《自由与文化》一书中认为"民主是一种生活方式。但是我们还要明白：它是一种个人的生活方式，这种生活方式为个人的行为提供了道德标准。"⑤ 民主是一种生活方式，这种生活方式为人们提供了一种道德的标准，也就是一种信仰，没有信仰的社会和国家是多么可怕。民主包含有信仰的成分，这种信仰是政治制度和法律制度应该从根本上考虑的人性问题。这种人性，换言之就是社会制度所给予人或者说社会公民以足够的自由活动的空间，不管社会的高层领导采取什么样的政治制度和政策来治理国家，但是有一点是明确的，那就是必须给予社会公民足够的自由，让大家能够自由发表言论、自由探究。广而言之，民主是一种生活方式，是一种道德与精神的联盟，而民主政府不过是民主的一种表现形式⑥。

---

① 约翰·杜威. 人的问题［M］. 傅统先，邱椿，译. 上海：上海人民出版社，2014：44-45.

② 罗伯特·维斯布鲁克. 杜威与美国民主［M］. 王红欣，译. 北京：北京大学出版社，2010：336.

③ 约翰·杜威. 人的问题［M］. 傅统先，邱椿，译. 上海：上海人民出版社，2014：45.

④ 罗伯特·维斯布鲁克. 杜威与美国民主［M］. 王红欣，译. 北京：北京大学出版社，2010：36.

⑤ 约翰·杜威. 自由与文化［M］. 傅统先，译. 北京：商务印书馆，2013：110.

⑥ 罗伯特·维斯布鲁克. 杜威与美国民主［M］. 王红欣，译. 北京：北京大学出版社，2010：41.

作为生活方式的民主至少包含两层含义：其一，这种生活方式为个人提供信仰，为个人的行为提供道德的标准。民主是指这样一种信仰，即人道主义的文化应该流行于世①。有了这样一种信仰，就会时时提醒人们，应该怎样去思考、怎样去行动以及怎样去生活，人生就有了行为准则的约束，就有了无形的道德规范。其二，在这样的生活方式中，社会中的成年成员都能自由参与到社会生活中去。民主作为一种生活方式，它希望社会中的每个正常的成年公民都能够自由地参与到社会生活中去，为形成和确定人们共同生活的价值做出自己应有的贡献。如果社会成员不能充分地参与到社会价值的制定中来，社会的福利就只是掌握在少数人的手中，对于大多数人而言，其个人价值就不能充分得以实现。换言之，每个社会公民都可以自由地参与社会生活，这不仅意味着人们在家庭、学校、工厂以及一切生活过程中，在处理各种问题时，都有权发表自己的观点和看法，甚至出现各种不同的观点争鸣的现象，这才是真正的民主。

1. 作为生活方式的民主以共同体的形式实现

作为生活方式的民主是以共同体的形式来实现的。共同体是作为生活方式的民主的基本表现形式。斐迪南·滕尼斯提出，共同体是持久的和真正的共同生活②。库恩认为，共同体是具有同一范式的成员所组成的一个集体，共同体的成员采用统一的范式进行思考和解决问题③。

共同体在美国哲学和美国思想中是一个重要的议题，一直备受关注。其在杜威及其社会实用主义同行乔治·赫伯特·米德（George Herbert Mead）和詹姆斯·海登·塔夫茨（James Hayden Tufts）的著作中占有特别的地位④。例如，塔夫茨写到构筑和重建社会制度以使共同体能够持续进步与避免重蹈覆辙的重要性："个人的生命短之又短，工作时日屈指可数。在孤独无援时，他成事甚微。不过，人类学会了构建制度。"⑤ 米德关于共同体的诸多讨论包含了对社会批评家的基本道德角色的深思，社会批评家"可谓是从一个狭隘和有

① 约翰·杜威. 自由与文化 [M]. 傅统先，译. 北京：商务印书馆，2013：105.
② [德] 斐迪南·滕尼斯. 共同体与社会：纯粹社会学的基本概念 [M]. 林荣远，译. 北京：商务印书馆，1999：54.
③ 托马斯·库恩. 科学革命的结构 [M]. 金吾伦，胡新和，译. 北京：北京大学出版社，2003：158.
④ 拉里·希克曼. 阅读杜威：为后现代做的阐释 [M]. 徐陶，译. 北京：北京大学出版社，2010：37.
⑤ TUFTS B J H，CAMPBELL J. Selected writings of james hayden tufts [M]. Carbondale：Southern Illinois University Press，1992：344.

限的共同体呼吁一个更大的共同体"① 的人。杜威及其实用主义哲学的同行们都很认同共同体这一概念，并认同共同体在维持进步和避免重蹈覆辙过程中的重要作用。

民主是整个社会的文化，在其中通过合作和交流经验能够运用能力去生活。民主的基础是共同体，在这个地方人类生活得到发展，并且在这里听从的意愿和能力优先于任何预定的指示②。共同体是理念的来源，如果我们没有关于人类的任何理解，那么我们对于自身的实践就不能提供理念的指导。如果民主要拥有一个未来，那么它必定要理解人类最深刻的需要和实现这些需要的手段。作为生活方式的民主，以共同体的形式体现，民主的信念和道德追求也是通过共同体的形式集中表现。

对于民主而言，共同体是不可或缺的重要部分。其一，在共同体的生活中，我们可以发展个性和人性；在共同体的生活中，社会公民可以通过人际关系中的经验交流，在共同体中发展与众不同的个体。其二，共同体中个体的参与对于实现了的人类存在来说是必不可少的，因为这种参与使得所有成员的更多样和更丰富的经验成为可能③。

2. 探究教学的社会理想：作为生活方式的民主文化

教育不仅要满足个体的发展，同时要满足社会的发展。因此，对于教学价值而言，不能仅仅以满足学生个体的成长发展为己任，而且要以社会的长足发展为前提。教育的价值在教育的目的和教育的兴趣中都有所涉及，从某种程度上来说，教育的价值也可以称为教育的目的或教育的兴趣。教育的目的是培养具有反省思维的公民；教育的兴趣着重强调的是一种主观的因素，即强调个体的态度的重要性。个体对某件事感兴趣，能够全神贯注、专心致志地关注某个对象④。兴趣含有居间的意思，就是把两个原本远离的东西联结起来的中介的东西，这就需要有一种意志品质。价值具有两重含义：一方面，价值是指珍视一个事物的态度，觉得事物本身有价值；另一方面，价值就是丰富的或完全的经验的名称⑤。如果从价值的第二个方面来理解教育价值，就是要在教育教学过程中获得丰富的或完全的经验。教育的价值如此，教学的价值也应该遵从此

① MEAD G H, MORRIS C W. Mind, self and society from the standpoint of a social behaviorist [M]. Chicago：The University of Chicago Press，1934：398.

② 约翰·杜威. 公众及其问题 [M]. 上海：复旦大学出版社，2015：371-372.

③ 拉里·希克曼. 阅读杜威：为后现代做的阐释 [M]. 徐陶，等，译. 北京：北京大学出版社，2010：34.

④ 约翰·杜威. 民主主义与教育 [M]. 王承绪，译. 北京：人民教育出版社，2001：139.

⑤ 约翰·杜威. 民主主义与教育 [M]. 王承绪，译. 北京：人民教育出版社，2001：267.

规则，也应该是为了获得丰富的或完全的经验。

探究是杜威理解人类创造活动的切入点，他认为人类的活动离不开探究，探究与人类自身的活动息息相关。"正是通过自身的探究方式，人类才能够控制他们自身习惯之形成，并因此创造出新的工具。"① 探究是杜威哲学里的核心思想之一，也是其教育理论的重要组成部分。杜威于 1938 年在他的著作《逻辑：探究的理论》（*Logic：Theory of Inquiry*）中提出探究认识论，希望把这种科学探究的方法推广到广泛的人文社会领域。杜威认为，探究是反思性的有机体通过适应周遭的自然环境，以建立稳定性的基本方式。与这种生物性属性相似，科学探究活动是一种认知活动，探究同时也是将疑难的情境转化为确定性情境的过程②。杜威认为，探究活动是一种动态的认知活动，随着探究活动的不断进行，知识也在发展和修正（modification），教育应该是经验的继续不断地改造或改组的过程③。不仅如此，杜威对探究的价值的认识上升到了社会理想层面，这就是其所希望实现的民主社会，而自由探究对民主社会或实体而言，即使不是充分的条件，也是必要的条件④。

探究教学的价值取向，从社会学方面而言，要满足政治、经济、文化的发展，那么它的教学价值从这个角度出发就应该是作为生活方式的民主。作为生活方式的民主同时要反哺教育，从而促进教育教学的发展。探究教学的社会价值，就是杜威所言的促进民主社会的实现。

3. 探究的教育目的：培养具有反省思维的公民

探究的教育目的是培养具有反省思维的公民。学会科学思考，即拥有反省思维，不仅对于未来的科学家，而且对于民主社会的所有成员都非常重要，因为科学智慧是实现有效民主的根本要素⑤。培养反省思维有利于促进民主社会的形成。科学思考不仅要运用某一种特定的方法，还要参与到具有特定认知美德的共同体之中。杜威相信自由探究、宽容不同的观点、自由交流这些美德是

---

① 拉里·希克曼. 阅读杜威：为后现代做的阐释 [M]. 徐陶等，译. 北京：北京大学出版社，2010：178.

② 徐陶. 杜威的探究理论与当代认知科学研究 [J]. 天津社会科学，2010（5）：35-37.

③ DEWEY J. Logic：The theory of inquiry [M]. Carbondale and Edwards ville：Southern Illinois University Press，1991：59.

④ 罗伯特·维斯布鲁克. 杜威与美国民主 [M]. 王红欣，译. 北京：北京大学出版社，2010：177.

⑤ 罗伯特·威斯布鲁克. 杜威与美国民主 [M]. 王红欣，译. 北京：北京大学出版社，2010：176.

民主社会重要的特点①。

要做一个良好的公民必须具备四个方面的素养：第一，在政治方面，需要有一种精神来辅助中央政府，为国家谋求公共利益。第二，在家庭方面，年幼时，在家里做一个良好的孩子；成年以后，做一个良好的父母，去教养下一代，成为一个良好的公民，以此弥补学校教育的不足。因为要做一个良好的公民，一定需要有良好的父母去教育，不能仅仅依靠学校教育。父母是孩子的第一任教师，父母一定要做好榜样。第三，在经济方面，不但要学会谋求个人的经济，更要学会谋求公共的经济。第四，在人际交往方面，作为一个良好的公民，需要利用闲暇时间到社会上去谋求人与人的交际，避免有害身心事件的发生②。人与人之间的交际，不仅可以使人感到愉悦，而且还可以因为彼此经验的交流使自身视野更为开阔，从而让人避免因思维狭隘而走极端。

作为社会的公民，总要具体上述四个方面的素养，但是怎么样才能培养这些素养呢？作为学校的教师，应该如何做呢？培养社会公民，学校成为重要的实施场地。学校可以从下面三个方面入手：

第一，从学校组织及管理方面入手。杜威认为，学校即社会。学校犹如社会一样，学校的规章制度就如同国家的法律，学生要自觉遵守。学生与学生之间的关系如同家庭里面的兄弟姐妹的关系，学生与教师的关系如同家庭里面孩子与父母的关系。学校里面也有经济的成分。学校里面的人际关系就是学生之间的人际关系，如同社会上的人际关系一般，如果在学校里面能很好地处理这些关系，毕业以后进入社会工作也能成为一个良好的公民。公民精神不是凭空产生，需要运用一定的方法去培养强化它。特别注意两个方面：一方面，注重团结精神的培养。任何的社会团体都应该拥有团结的精神，学校也应该如此，因此在学校就应该注重培养学生的团结精神。另一个方面，养成谋求公共利益的习惯。习惯的培养在学校教育中尤为关键，公共的规则务必要遵守，公民精神在学校中就要培养起来。学校的利益，不是教师或学生单方面的事情，需要双方共同去实现，无论是教师还是学生都要有主人翁的精神，把学校当成自己的家，家庭的事情就是自己的事情，大家自觉维护。有关公共利益的事情，特别是学生一定要多去做，在做的过程中可以养成关心公共利益的习惯，这种能力也得到锻炼。

---

① 罗伯特·威斯布鲁克. 杜威与美国民主 [M]. 王红欣，译. 北京：北京大学出版社，2010：176.

② 吕达，刘立德，邹海燕. 杜威教育文集（第4卷）[M]. 北京：人民教育出版社，2008：217-218.

第二，授课方式和学生态度。教师的授课方式不能拘泥于一种固定的形式，不能照本宣科。如果这样的话，对于基础好一些的学生而言，他们就感觉索然无味，但基础差一些的同学可能会感觉跟不上进度。教师应该采取多样化的授课方式，兼顾不同层次学生的水平，考虑到每个学生的情况。教师应根据教学内容的不同，选用不同的授课方式，讲授式、探究式、自主学习式等相结合，尽量在课前给不同的学生分配不同的任务，让他们到课上交流学习心得，这样每个学生都能贡献自己的成果，既能体现出学生的个性，同时也能培养他们的互助精神，可谓一举两得。成绩优异的学生要认识到他们知晓的知识不是特有的，不是让他感觉"高人一等"，而应该是用自己知晓的知识去帮助成绩暂时落后的学生。学生之间易于沟通，没有障碍，学生之间发扬这样的互助精神，互相帮助，往往比教师单独指导学生的效果更好。而且学生之间的互助，会让他们更加的学会感恩。

第三，改组学校的学科，改成与社会有密切关系的学科。学校教育的目的不是让学生求得知识，而是方法，更重要的是培养他们的反省思维能力。学生毕业工作以后，对于所学习的知识的记忆大多所剩无几，原因在于他们在学校学习的知识，与工作以后所处的社会没有直接的必然联系。因此改组学校的相关学科，使之与社会有密切关系十分必要。成为学科专家的毕竟是少数人，大部分人是要进入社会参与各行各业的工作的。例如，地理学科，死记硬背几个地名意义不大，学生在学习外国地理的时候，教师务必让他们查询相关国际和商业知识以及地名的由来；学生在学习本国地理的时候，教师务必让他们通过查阅文献，相互交流知晓相应地区的商业状况和社会状况以及历史的变迁。经过学生自己查阅相关的资料，了解了相关情况，相信他们对该地名以及与该地名相关的知识肯定有很深的印象，不会轻易遗忘。

（二）民主作为一种生活方式的由来

1. 美国文化的转型

杜威生活的年代正好是美国文化经历历史性转型的时期，美国著名文化史学家康马杰在《美国精神》一书中有相应的论述。他指出：19世纪90年代是美国历史的分水岭。在分水岭的一边，主要以农业为主，它关心国内事务，至少在理智上遵守17~18世纪承袭下来的政治、经济和道德原则。这时的美国在物质和社会方面尚处于发展过程中，就整体来看，它自信、自强、自给自足，并且意识到它的独特性格和独特命运。在分水岭的另一边，是现代的美国，它主要是一个城市化的工业国家，它同世界经济和政治有不可分割的联系，它也为以前旧世界所特有的那些困难问题所烦扰，它在人口、社会组织、经济和技术等方面经历着深刻的变化，而且试图改变传统的组织机构和旧观念，以适应新情况，其中一部分是外国的情况①。

杜威生活在美国文化转型时期，他目睹了美国文化的巨变，同时他的思想也受到这一转型文化的影响。

（1）社会转型。19世纪末20世纪初，美国的工业加速发展，随着美国由农业社会过渡到工业社会，美国社会的重心也随之由乡村转向城市。城市化给美国带来了一系列的问题：第一，贫富差距造成的贫困和犯罪问题；第二，住房拥挤、卫生条件恶劣以及由此带来的疾病泛滥；第三，大量外来移民所带来的文化冲突。总之，美国工业化和城市化问题呼吁思想家们给予解答②。美国社会别无选择地进入了工业化、城市化社会，面对由此带来的种种困难，美国没有退路，只有迎难而上。这就是杜威当时所面临的社会文化背景。对于杜威而言，城市并非完美无缺，反而充满危机和不确定性，但是它代表了一种前进的方向，这些城市化的问题可以通过改造社会来得到解决。

杜威承认乡村环境有利于培育勤劳、自立、淳朴、责任感等优良品质，但"一味地哀叹往昔的好时光一去不返是无济于事的"③，最重要的是面对新环境，解决新问题。杜威认为，学校是社会生活的一种形式，因此主张学校应该承担使儿童适应城市生活的任务，提倡把学校设计成微型社会，让学生在这里学会与他人合作和交流。

在杜威看来，民主是一种有意义的"生活方式"，它必须建立在和谐的人际关系和畅通的社会交流之上。因此，杜威主张，民主应该从家中开始，而民主之家就是邻里社区。杜威相信，乡村小镇的淳朴民风可以在城市得以重建。

（2）思想转变。19世纪是一个思想和社会急剧变化的时期，道德困惑问题严峻、文明与自然的关系充满危机。自然科学的飞速发展、启蒙运动对于理性和自然的信仰的启蒙、中产阶级的兴起和民主政治的出现，都是极大地改变人们的生活方式和看待人类境况的方式的力量④。这些巨大的社会变革促使人们在思想上或价值观上发生了深刻的变化，越来越多的人把目光从彼岸转向此

① 康马杰. 美国精神 [M]. 杨静予, 译. 北京：光明日报出版社, 1988：63.
② 孙有中. 美国精神的象征 杜威社会思想研究 [M]. 上海：上海人民出版社, 2002：292-293.
③ DEWEY J. The school and society [M]. Chicago：Southern Illinois University Press, 1990：9.
④ 斯蒂文·洛克菲勒. 杜威：宗教信仰与民主人本主义 [M]. 赵秀福, 译. 北京：北京大学出版社, 2010：5.

岸，从超自然转向自然，从对上帝的崇拜转向对自然的崇拜。特别是美国，由于疆域辽阔、资源丰富，人们崇尚自由，对前景和机会充满希望。

（3）哲学重构。在杜威孩提时期成长的小镇，居民平和、勤劳、节俭，而且民主的自我管理是该小镇人们主要关心的问题。这样的居住环境给杜威带来了一种信仰，由一群自由、自我管理的个人组成的共同体所实现的美国民主在现代工业社会是能够重建的。

19世纪末，在美国，唯心主义的统治地位被动摇。新实在论和实用主义者对唯心主义发起攻击，为了争夺美国哲学的领导地位而展开论战。德国的唯心主义，以皮尔士、詹姆斯、杜威为代表的实用主义，美国的实在论之间展开了一场如火如荼的论战。

美国实在论者对唯心主义的抨击主要采用的工具是认识是一种创造性的过程，并在此过程中决定认识对象的真实性①。唯心主义者认为，意识决定认识对象以及认识对象的行为。与唯心主义截然不同，实在论者指出，认识对象的存在犹如两条交叉线上的点，同时存在于认知者意识的内部和外部。实在论者这种抨击没有击中要害，唯心主义者没有任何的动摇。实在论者同时又指出，既然对象的行为是已知的，就可以顺理成章地推断，对象与意识是相独立的，对对象的认识不会改变对象本身，对象直接可以通过意识得以表现。

杜威对实在论的认同仅限于实在论者反对唯心主义。他批评唯心主义者的同时也在批评实在论者，后面甚至发展到对现代哲学传统进行批评。杜威认为，在错误的哲学传统中，唯心主义和实在论都错误地继承了经验观，从而得出的结论也是错误的。杜威认为，当时的哲学就是认识论，认识论错误地认为经验是认识事件，认识的主体与客体之间相隔甚远。杜威认为，经验是认识主体与客体之间的相互作用、相互影响，是一个主动的过程，而非被动的认识过程。

杜威的哲学重建关键在于他对哲学和科学的认识。关于哲学和科学之间的关系，哲学家们展开了激烈的争论。有人认为，科学就是以缜密的方式所获取的形式知识，从这个角度来说，哲学本来就是科学的，那就只需沿袭旧路；有人认为，可以利用科学的方法和成果来重新塑造哲学，这就需要哲学家们大幅度的改革②。

---

① 罗伯特·威斯布鲁克. 杜威与美国民主 [M]. 王红欣，译. 北京：北京大学出版社，2010：127.

② 罗伯特·威斯布鲁克. 杜威与美国民主 [M]. 王红欣，译. 北京：北京大学出版社，2010：144.

"现实是一个相互联系的系统，而哲学是关于这个系统的科学，如此的哲学是其他科学的基础，如此的哲学并非一门专门的科学，而是由全部科学组成的有机的、系统的整体。"① 哲学并不是科学，也不要期望让它成为科学。但是哲学家们可以利用科学成果和科学方法，达成对美好生活的憧憬这样一种意愿，因为运用科学方法和科学成果可以达成理想对理性生活的表达。

科学与哲学之间的关系是教育的基础。我们通过教育的过程获得知识，在这个教育过程中，我们不是单纯地获得知识和技巧，更为重要的是，能够形成持久的科学研究的态度。通过深思熟虑的哲学指导下的教育过程和没有经过哲学指导的教育过程是有天壤之别的。经过深思熟虑的哲学指导下的教育过程，能够有清晰的观念指引，而且可以产生有目的的科学态度和探究技能。因为科学方法依赖第一手、在实验控制下的经验，那么在学校中也需要这样的经验，反对单纯的获得现成的、孤立于学生经验之外的知识②。

2. 旧个人主义民主传统遭遇困境

通常而言，个人主义是美国文化中最基本的元素之一。美国的个人主义在发展历程方面有一个重要的转折点，那就是在旧个人主义民主传统遭遇困境的时刻，在意义方面发生了重大变化。一般称 19 世纪及以前的个人主义为旧个人主义。

旧个人主义有两个主要的源头：第一个源头是欧洲的启蒙运动。启蒙运动是为了反对专制的君主统治制度，以洛克、斯密等启蒙思想家为代表，他们假设个人生来就拥有理性和自由以及神圣不可侵犯的 "自然权利"。"自然权利"包括言论自由、信仰自由、出版自由和财产拥有权③。当时启蒙运动的思想家们想利用这一武器，对抗专制的君主统治制度，争取政治和经济自由。第二个源头是社会达尔文主义。其代表人物有斯宾塞、尼采等人，他们借助达尔文的进化论理论，主张人类社会就如同动物界一样遵循 "适者生存" 的原则。社会达尔文主义的代表人物之一社会学家萨姆纳认为，人们无法逃避这样的选择："自由、不平等，最适者生存；不自由、平等，最不适者生存。前者推动社会进步，后者阻碍社会发展。"④ 显而易见，这一意义上的个人主义，已经不再是当初为了反抗专制君主统治制度、为了争取个人自由的个人主义，而是

① DEWEY J. Psychology as Philosophic Method [J]. Mind, 1886, 11 (42): 153-173.

② 约翰·杜威. 人的问题 [M]. 傅统先, 邱椿, 译. 上海: 上海人民出版社, 2006: 141.

③ 孙有中. 美国精神的象征 杜威社会思想研究 [M]. 上海: 上海人民出版社, 2002: 297.

④ 纳尔逊·曼弗雷德·布莱克. 美国社会生活与思想史 [M]. 许季鸿, 聂文杞, 魏孟淇, 译. 北京: 商务印书馆, 1994: 195.

公然鼓吹自私自利、弱肉强食，是一种彻底的利己主义，抛弃了人的社会性。在这样的背景下，加上工业化进程的加剧，美国的个人主义就成为垄断资本家、政客等剥削、压迫人民的旗号。

社会的不公引起了思想家、哲学家的高度关注。劳埃德撰文反对社会达尔文主义，反对把人理解为为了生存而相互厮杀的孤立的个人，忽视人的社会性。库利出版的《人性与社会秩序》一书抨击社会达尔文主义在社会科学领域的泛滥，他强调同情心和合作精神。著名社会学家沃德对进化论进行了系统的批判，他写道："人类的一切制度——宗教、政治、法律以及管理社会、工业和商业生活的方式，只不过是一种抵制社会竞争法则的方法而已。"① 克罗斯比认为，社会达尔文主义是反社会、反道德、反科学的。

在这样的大背景下，美国的新个人主义诞生了，美国的新个人主义就是杜威所倡导的个人主义。杜威继承了欧洲启蒙运动倡导的个人主义传统，强调人性的可塑性，强调通过改善社会环境提升人性。杜威也受到进化论的影响，强调环境的重要作用，认为人是环境中的有机体。杜威在旧个人主义基础上有所创新，不再把人们之间的交往视为一种残酷的适者生存的竞争，而是把社会看成一个共同体，强调全体社会成员在这个共同体中相互合作、相互交流，共同运用科学知识和科学方法解决大家共同面对的问题，从而丰富共同体的生活，并在此过程中实现个人的自由发展②。

3. "政治民主"转向"生活方式民主"是真正实现民主的有效途径

对于杜威而言，任何制度都是一种手段，都可以根据人的需要和具体情况进行改造。虽然如此，但是杜威对于当时的资本主义政治民主还是存在不满意之处，只是他暂时没有找到替代资本主义民主的其他更好的制度形式。杜威想通过将政治民主扩大到更为广阔的生活领域，以此实现真正的民主。他写道："民主不只是一种特定的政治形式，一种治理政府的方式，一种通过普选及选举官员来制定法律和管理政府行政的方法，它是一种更宽广、更深刻的东西……正如我们常说的，它是一种生活方式，既是社会的又是个人的。"

杜威认为，真正的民主不仅仅是满足于让人们免于统治者专制制度的束缚，更为重要的是让这种民主的生活方式积极影响到人们生活的各个方面，如政治、经济、工业、文化等。杜威首先看到经济民主的迫切性，他认为，社会的发展已经使政治具有越来越强烈的经济性。只有当民主不仅体现在市民社会

---

① CURTI M. The growth of american thought [M]. New York：Harper & Row，1964：197.

② 孙有中. 美国精神的象征 杜威社会思想研究 [M]. 上海：上海人民出版社，1997：299.

和政治领域，而且体现在工业领域时，它才是名副其实的。杜威认为，作为生活方式的民主还延伸到了人们每天工作的工厂，这就是所谓的"基层民主"，或者称为"工地民主"。一方面，工人应参与管理企业，而不只是无休止地从事流水线上的工作。另一方面，工人应明白工作不仅是谋生的手段，还应认识到工作的意义。作为生活方式的民主以理想的"共同体"实现。杜威认为，民主和共同体意义相同，作为观念，民主不是联合生活原则以外的某种东西，其就是共同体本身。杜威将民主的含义扩大到生活的方方面面，体现在普通人的衣食住行和待人接物方面。人们生活在共同体中，拥有共同的信念。

民主不仅仅是一个政治概念，而且是一个经济概念，同时还是一个道德概念、一个艺术概念，它意味着美好的生活。在杜威所论及的民主共同体中，政治、经济、文化能够有机融为一体。在这样的共同体中，每个个体都能够自我实现和全面发展①。在这样的共同体中，个体可以自由地相互交流、平等合作、友好相处、共享幸福生活。

（三）民主作为一种生活方式的实现

民主作为生活方式，应该如何实现？应该从政治、经济、工业、教育、宗教和艺术等多方面齐头并进。其中，最为重要的一条是通过教育来实现。教育包括学校教育和家庭教育，这里民主的实现主要依靠学校教育。"社会的改良，全赖学校。因为学校是造成新社会的、去掉旧弊向新的方面发展的，且含有不曾发现的能力预备儿童为社会做事的一大工具，许多庞大的机关都不及它。例如，警察、法律、政治等，也未始不是改良社会的东西，但它们有它们根本的大阻力，这个阻力，只有学校能征服它。"② 其他机构在改造社会方面不如学校，它们所遇到的最大的不可抗拒的阻力在于其管理的是成人，而学校教育的对象是未成年的青年人，后者的习惯和习性还没有完全养成，可以通过教育来塑造。成年人的性格已经基本定型，他们在社会这个大环境下不容易改变已经形成的习惯。要建立民主社会，让民主真正成为一种社会的生活方式，教育能够起到最大的促进作用。这个促进作用主要表现在以下几个方面：

1. 以民主信仰的形式实现生活方式的民主

（1）培养公民的探究态度和质疑精神。民主不仅是一种政治制度，更是一种生活方式。作为生活方式的民主真正实现，需要以民主信仰为依托，以民

---

① 孙有中. 美国精神的象征 杜威社会思想研究［M］. 上海：上海人民出版社，1997：268.
② 约翰·杜威. 杜威五大演讲［M］. 胡适，译. 合肥：安徽教育出版社，2005：107-108.

主信仰的形式浸入人们生活的方方面面。"当民主的人生哲学和民主制度初步形成的时候，在这个国家中的种种情况使人相信民主制度对于人类是如此自然，而且民主制度一旦形成，就会长久地存在下去。"① 一切教育都是从经验中发生和发展的。"教育就是经验的改造或改组，这种改造或改组，既能增加经验的意义，又能提高对经验的指导。"② 每个人都拥有不同的经验，因此就能贡献不同的经验，只有大家都拥有不同的经验才可能有交流的平台。要让大家贡献不同的经验，就需要培养公民的探究态度和质疑精神。"人生的态度和努力是实现国际和平目标、促进经济安全的有效手段。"③ 教育在培养态度和习惯方面具有重要的促进作用，拥有探究的态度和习惯使人能够渴望达到和平、民主和经济安全的目标。真正的教育必须有养成探究态度的一种倾向，这种态度是不同于灌输教育所培养的教育倾向。

探究态度和方法是一个统一的整体，不能采取二元对立的方式来看待，二者同样重要，不可偏废其一。"民主的未来同这种科学态度的广泛传播是紧密联系着的。"④ 这种科学的态度就是一种不偏信、不武断的科学态度，同时也是一种探究态度和质疑的精神。对任何事情都不听信，敢于大胆怀疑，直到找到真凭实据为止。尊重权威固然是好事，但是这种品质会使我们的信念偏离理性的轨道。我们在现实生活中应该学会对权威保持质疑，如果我们有十足的证据和把握认为权威有不当的言谈和举动，我们敢于对权威说"不"。在平时的学习中我们要养成观察的习惯和探究的态度，敢于质疑，对存在疑惑的问题进行认真观察、反省和进一步探究，并验证事情的真伪，以此达到创新。如果全体公民都养成了这样的探究态度和质疑的精神，相信我们的经验会越来越丰富，而且大家交流和探讨的话题也会进一步延伸，作为生活方式的民主的实现就指日可待。

（2）培养善于合作和交流的民主社会公民。实现民主的一个必要条件是互相讨论与互相咨询，并最后通过综合和归纳一切人的观念与欲望的表现而达到社会支配⑤。这就是所谓的协商民主。民主是需要拥有协商和讨论的权益的，而且每个社会成员的观点都有机会被予以考虑，这一点是非常关键也是非

---

① 约翰·杜威. 人的问题［M］. 傅统先，邱椿，译. 上海：上海人民出版社，2006：24.
② 约翰·杜威. 民主主义与教育［M］. 王承绪，译. 北京：人民教育出版社，2001：87.
③ 约翰·杜威. 人的问题［M］. 傅统先，邱椿，译. 上海：上海人民出版社，2006：22.
④ 范思科德. 美国教育基础：社会展望［M］. 北京师范大学外国教育研究所，译. 北京：教育科学出版社，1984：57.
⑤ 约翰·杜威. 人的问题［M］. 傅统先，邱椿，译. 上海：上海人民出版社，2006：27.

常基础的一个问题。在民主的社会，竞争被合作所取代，大家有交流的话题和可能性，说明大家拥有不同的经验。在这样的社会里，作为生活方式的民主才能真正实现。大家在这样的社会才会感觉到真正的民主、平等，因为自己的观念和欲望有被考虑的可能性。如果是在专制的社会，平民百姓非常清楚，自己的欲望和观点没有表达的地方，哪怕是比较好的观点和建议也会被掩埋。平民百姓也很清楚自己的发言无足轻重，所谓的选举权也是走走形式而已，用百姓的话来说，被选举人是如何产生的，被选举的是何许人也，他们并不知晓，也不予以关心。民主的信念之一在于普通的男男女女可能拥有有效解决社会事务的智慧①。真正的民主社会里，民众会普遍有机会参与社会事务，民众也会经常考虑社会事务的解决方法，民众的智慧自然而然也就得以锻炼，从而民众的智慧也会被发现。

民主的基础是信仰人性所具有的才能，信仰人类的理智和信仰合伙人和合作经验的力量②。这并非说相信每个人都是完美无缺的，而是相信只要能够给予他们机会，他们就能够不断成长，不断创造集体所需要的知识和智慧。每一种专制和权威的社会，都基于另外一种信仰，即社会发展所需要的智慧和知识只有少数人才拥有，这些人由于遗传的天赋或地位的高贵，拥有一定的能力和权力，社会就由这些人来制定规则和原则。

民主的信念在于相信智慧具有足够的普遍性，因而每个人都应有所贡献，对其贡献进行评判只有在其同类型的贡献合并汇总后才能看出其贡献的大小，而不是以在贡献之前所处的地位而定。每个人都享有同样的机会发展他们自己的才能，都有展现自我的需要，而且都能够实现这样的诉求，这也是民主的一个基本要素，即人人平等。

2. 通过教学过程实现生活方式的民主

民主作为一种生活方式，是一种社会的和个人的生活方式，作为一种生活方式的关键在于在形成人们共同生活的价值观的过程中，必须要有每个成熟的人参与。这一点至关重要，不仅对于一般社会，而且对于个人的充分发展，都是必要的。在学校中，教学好像变成了学生单方面的事情，在教学过程中，教师是否被考虑过真正参与到教学中？教师的成长是否被考虑过？教师的教学好像只是为了学生的学习，在评价体系中，没有考核教师与学生共同参与的情况，教师以旁观者、指导者、传授者的身份出现，观看学生的学习过程。

① 罗伯特·威斯布鲁克. 杜威与美国民主 [M]. 王红欣，译. 北京：北京大学出版社，2010：154.

② 约翰·杜威. 人的问题 [M]. 傅统先，邱椿，译. 上海：上海人民出版社，2006：46.

（1）培养作为生活方式民主的教师。在学校里，教师、家长和教育管理者联合起来，共同探讨更好的教育方法，无论是儿童还是成人都有机会幸福成长。在这样的学校里，必须以合作代替竞争，在寻求一个共同的目标上，各主体彼此相互协作、共同努力①。探究教学中教师的角色有以下几种：

第一，教师是指导者、引路人。教师在探究教学中不再是权威的代表，不再是知识的拥有者，而是学生的领路人、学生的指导者。探究教学就如同登山一样，山路崎岖。教师是已经登过这座山的人，对路线比较熟悉，在和学生共同登山的途中，教师在前面引路，应当跑在学生的前面，但是不能把学生远远地抛在脑后，而是要跟他们保持适当的距离。在登山的途中，教师应该不断鼓励学生往高处攀登，先是爬过一个一个的小山头，让大家感到登山不是那么困难，等大家适应了一段时间以后，继续攀登更高的山峰。教师在这个过程中需要拥有渊博的知识，这个渊博的知识不仅是指本学科的知识，而且还要有其他学科的知识，这样才能做到旁征博引，才能拓宽学生的视野。教师要做学生知识的领袖，只拥有陈旧的知识远远不够，还必须拥有浓厚的求知欲望，不断更新知识。教师不但要传授给学生知识，更要培养学生的求学之心。如果教师没有给予学生新的知识，这样的教学必定会成为一种机械运动，这样的教师也往往是不受学生欢迎的。我们记忆中最深刻的教师往往不是学问丰富、技能精良的教师，而是容易激发学生求知欲望的教师。教师是学生的榜样，如果教师有这样良好的习惯，学生也会自然模仿，并在师生之间广泛传播。这样的教师能够给课堂带来新鲜感，从而保持学生的求知欲望，否则教学活动不能吸引学生注意，容易让学生走神，学生只会被动接受而没有探究的欲望。

第二，做学生人格的领袖。教师不仅是学生知识的引路人，同时还需要做学生的人生导师。换言之，教师不仅仅要给学生传授知识，而且还要教会学生做人，让学生学会如何生活。学习知识也是为了更好的生活，最终都是为了生活这一目标。有的教师片面地认为，教学生学问即可，认为学问是一种工具，学生将来可以用它谋生。殊不知，人生活在社会中是需要与人交往的，这就需要学会各种做人的道理，学会如何与他人相处等。教师应该学会一些心理学的知识，掌握学生的心理状态，这样可以引起学生的共鸣。教师不但要自己拥有浓厚的求知欲，还要了解学生的所思所想，在适当的时候给予学生恰当的激发，唤起学生的求知欲，这才更为关键。教师教会学生固定的知识，不能保证

---

① 凯瑟琳·坎普·梅休，等. 杜威学校 [M]. 王承绪，赵祥麟，赵端瑛，等，译. 北京：教育科学出版社，2007：311.

学生终身受益，但是如果教师激起学生浓厚的求知欲，那么学生将会受益终生。教师不仅在课堂上授予学生知识，课下也是一个沟通的良好契机。课堂上的氛围或许过于紧张，课下的氛围则相对轻松，学生更容易展现自我，课下沟通便于教师更加全面地了解学生。只有全面地了解学生的现实状况，教师才能做到因材施教。教师可以根据学生已经掌握的知识以及学生的个性品质采用不同的教学方式，展开教学工作，这样不同的学生都会有所收获。如果教师没有全面了解学生的情况，采用统一的方式施教，只会让中等生受益，让学习成绩优异的学生感觉收获甚微，让学习能力较弱的学生感到学习吃力、听不懂。现在的大班教学普遍存在这样的情况。探究教学的教师应该尽量避免这样的情况发生，探究教学的教师应该是学生的合作者和伙伴，教师要学会跟学生保持亦师亦友的关系。只有处于这样的理想状态，学生才会充分信任教师，向教师敞开心扉，达到无所不谈、无所不论的沟通效果。在这样的情况下，教师的教学工作自然会事半功倍。

第三，教师是社交的领袖。教师不仅仅在学校里面跟学校的领导、同事打交道，跟学生打交道，同时教师跟社会还有密切的接触。从宏观层面上讲，在社会上，教师应该是社交的领袖。教师是社会的建设者、改造者，社会上的很多事业都需要他们去指导。社会改造最根本的是智力改造和思想改造，因此教育是社会改造的根本方法，教师就肩负着社会改造这一重大的使命。思想改造和智力改造需要从社交工作入手，因此教师必须是社交的领袖。从微观层面来说，教师需要与不同的部门打交道，比如说带学生到一些部门和机构开展社会实践活动需要运用社交技能才能行得通。可见，作为一名探究教学的教师，不仅需要拥有渊博的知识，而且还需要具备良好的社交能力和人格修养。

（2）教师的任务。教师在教育事业中的任务就是为学生提供刺激和指导学生在学习过程中的环境。归根到底，教师所做的一切在于改变环境刺激，以便于反映尽可能使学生确实形成良好的智力和情绪的倾向。

教师在从事教学活动时需要精通教材，同时还要注意教材和学生当前的需要与能力之间的相互作用。教师在从事教学活动时，不能仅关注教材本身，陶醉于自我的知识系统的讲解中，而应该注重学生当前的需要是否与教材的内容有共鸣之处。教师渊博的学问或能够熟练掌握教材内容，并非是一件坏事，但是如果没有与学生的需要紧密结合，在某种程度上来说，或许有碍探究教学的开展。教师掌握的知识无限制地超出学生的认识范围，这种知识本身不能代表学生经验世界。教师的知识如何转化为学生经验世界的一部分，这是教师教学的重要任务之一。

（3）选用作为生活方式民主的教材。所谓教材，就是在一个有目的的情境发展过程中所观察的、回忆的、阅读的和谈论的种种事实以及所提出的种种观念①。教师提供的教材不能像从商店买食品一般，买来就直接吃掉，这是不能消化的，学生需要将教师提供的教材转化为反省思维的材料。教材的作用也仅仅是作为反省思维的材料而已，学生还需要对教材做进一步的分解、消化，才能真正变为自己的知识。

第一，教材是教学所必需的。教材是教学的基本载体，因此是教学过程中必不可少的一个主要成分。教材提供的材料应该是学生通过自己的观察不容易获得的。传统的教学通过对学生进行填鸭式的教育，教材的内容难度不是太高，学生稍加思考就能发现问题所在，这样的教学破坏了学生理智的完整性，让学生养成了心智上的惰性。这并非说教材提供的材料就是枯燥无味、毫无意义的。教材提供的材料应该广泛，知识是无限的。在教材内容方面，教师要仔细选择实际上不能轻易观察到的方面，并认真加以保护，不能满足于粗枝大叶和呆板无效的观察，要注重保护学生的好奇心。

第二，教材提供的材料应该是一种刺激，不应带有教条主义的定论和僵硬的性质。教材提供的材料要注意是一种对于学生思维的刺激，引导学生对问题有亲身探讨的兴趣、欲望以及对材料提供的暗示有反复思考的主动精神。这里特别强调教材提供的材料不是终极知识点，不是带有教条主义的定论和僵硬的性质，可是在现实中教材往往就是扮演这样的角色。教材提供的材料和信息，经过教师教授后，就引导学生对知识点进行识记，以反复练习的形式记住某条公式或定理，这样的做法无疑是把教材提供的材料当成一种教条主义的定论，加上教师采用传授式的教学方式，学生对此就形成僵化的印象。这样只会让学生养成惰性思维，没有任何主动思维成分，只有习惯性的记忆。长此以往，学生的反省思维的能力就会逐渐退化，人云亦云，没有主见。编排教材的教学工作人员应该注重教材所提供的材料，注重对学生思维的刺激。同时，一线的教学工作者也要注重针对不同的教学内容，采用不同的教学方式，引导学生成为真正的研究者。"指导他们对于问题要有亲身探讨的兴趣和爱好，对于别人提供的暗示有反复思考的主动精神，并且真心实意地循此前进，引导出经得起检验的结论。"②

第三，教材应该联系生活。教学中所使用的教材应该适合学生自身经验，

---

① 约翰·杜威. 民主主义与教育 [M]. 王承绪，译. 北京：人民教育出版社，2001：197.

② 约翰·杜威. 经验与教育 [M]. 姜文闵，译. 北京：人民教育出版社，2005：211.

而且能够激发学生学习的兴趣或欲望，或者是引起某种意义的问题，这样的教材对于学生理智的发展是有益的。学校中通常有这样一种趋势，教师通常把教材内容同先前学校课业相联系。教师上课前，通常会回顾一下，或者让学生回忆上一次课上都讲了什么内容或上一次课所布置的作业，而很少有教师会问学生之前有看到过或听到过甚至是经历过这样的事件吗？学生在学校所学到的知识与生活是脱离的，不能解决生活中息息相关的现实问题。换言之，学校学习的教材，或者说学校学习的内容，不能在校外得以应用，更不能为改善校外的经验世界提供帮助。"教师所教导的学生生活在两个分离的世界中，一个是校外的经验世界，另一个是书本和课业的世界。"① 教师应该注重将学生在学校中的生活与校外的经验世界有机地联系起来，这样学生的学习兴趣和欲望才会被强化，学习的热情才能得以保持。

3. 通过教学管理实现生活方式的民主

（1）作为生活方式的民主以教学领导为先导。"学校的主要职责就是直接影响学生情绪、理智、道德上的态度和性情的形成与成长，所以在教育教学过程中以民主的方式为主导显得尤为重要。"② 一个学校是否民主，取决于这个学校领导的工作作风如何。如果教学领导是民主型，那么整个学校的文化也是以民主型为导向。学校领导不仅担负着管理的责任，而且还有教学的任务。教学领导如果不从事教学工作，他们就不会理解工作的具体情况。教学领导担任教学工作，他们就会了解教学一线的具体情况，能够和任课教师共同探讨教学上存在的问题，从而有共同交流的平台。教学领导拥有比任课教师更多的校外资源，他们承担的科研项目，任课教师也可以一起参与其中。

教学领导在设计课程计划和教学任务时，不能以自我为中心，以一个人的意志为导向来决定，而是应该让广大教师参与其中，也可以挑选学生代表参与其中。因为课堂是教师和学生的主战场，教师和学生是主角，他们最有发言权，让他们参与决策，是民主之举。

（2）作为生活方式的民主需要探究共同体为依托。日本东京大学的佐藤学教授认为，21世纪的学校是学习共同体的学校，理想的教室应该是每个人都情绪安定、性格开放，向自己和同伴的潜力挑战，每个人的个性虽然有所不同，但从这种差异出发，大家更好地开展相互学习③。

---

① 约翰·杜威. 经验与教育 [M]. 姜文闵, 译. 北京: 人民教育出版社, 2005: 212.

② 约翰·杜威. 人的问题 [M]. 傅统先, 邱椿, 译. 上海: 上海人民出版社, 2006: 49.

③ 佐藤学. 静悄悄的革命: 创造活动、合作、反思的综合学习课程 [M]. 李季湄, 译. 长春: 长春出版社, 2003: 178.

一个班级里的教师和学生共同构建探究共同体，在学习过程中，教师和学生都得到共同的成长和发展。在民主作为生活方式的探究共同体里，学生能够自由自在、有个性地参与教学，而且每个教师能够真诚地面对学生①。在这个层面上而言，教师和学生在地位上是平等的，大家都是探究共同体中的一员，都可以针对探究问题提出自己的见解，提出自己的分析思路，大家可以相互交流和探讨，没有任何隔阂，在这样的探究共同体形式下，民主才能真正体现。

探究共同体的组建形式不仅仅是一个班级，一个教研组也可以是一个探究共同体。教研组构建的探究共同体不仅包括本校同专业的教师，还可以有本区同专业的教师，甚至还可以吸纳高校教育研究者。一线教师和高校教育研究者联合是一件双赢的事情。

二、探究教学的思维方式

（一）反省思维的内涵

任何人都不能准确地描述自己是怎样思考问题的。那什么是好的思维，什么是不好的思维，为什么好，为什么不好？如果我们知道评判思维的标准，那么我们就知晓哪些思维是属于良好的思维，就愿意改变个人的思维方式，从而使思维变得更有效。探究教学的思维方式即是反省思维。反省思维就是对某个问题进行反复的、认真的、深入的思考②。

1. 反省思维是连续的

反省思维是由一系列被思考的事情组成的。反省思维不同于那种仅仅是偶尔发生的事情，头脑中偶尔发生的事情没有明确的目的属于胡思乱想。"反省思维不仅包括连续的观念，而且包含着它的结果，一种连续的次第，前者指引后者，后者是前者的结果，后者受前者的影响，后者受前者的牵制，反省思维的各个连续的部分相因而生，相辅相成，他们之间的运动是有序展开而不是混乱共存。"③反省思维产生的结论不是最终的结果，而是下一个思维的起点，是一个连续的过程，没有终极目标，只有过程性的目标，反省思维是一个不断

---

① 佐藤学. 学校的挑战：创建学习共同体［M］. 钟启泉，译. 上海：华东师范大学出版社，2010：56.

② 约翰·杜威. 经验与教育［M］. 姜文闵，译. 北京：人民教育出版社，2005：11.

③ 约翰·杜威. 经验与教育［M］. 姜文闵，译. 北京：人民教育出版社，2005：12.

往前延伸的思维过程。反省思维前后之间是有联系的，不是孤立的。学校中的情境也应该如此，是一个连续的过程，而非孤立的、静止的，不应该是被教师人为分割开来的。有的学校按照不同的教学目标，将整个连续的教学内容人为地分割成不同的教学目标，如分割为技能的获得、知识的掌握、思维训练等，这样的做法导致三个教学目标都不能很好实现。如果所获得的技能没有经过思考，那么即使获得了技能也不了解技能的目的，这样的技能也是盲目的。通过死记硬背获得的知识，没有经过思考，这样获得的知识也是囫囵吞枣，是没有消化的知识，也是没有真正理解的知识。所以说，获得技能、掌握知识和训练思维三者应该是紧密相连的，不能被孤立看待。

思维的连续意味着材料的丰富多样、灵活多变，而且在方向上是确定朝着一个固定的方向前进。反省思维的连续性，不同于机械式的因循守旧，也不同于蝗虫式的胡蹦乱跳，而是在动力指引下有序继续前行。思维的连续性并非指思维的不断转换，而是说我们不再追求呆板的首尾一致。思维的集中并不要求暗示的固定不变，或者是把暗示狭窄地限制起来。反省思维的连续性是指朝着一个固定的目标前进，就如战场上杀敌一般，将军统领军队朝着敌方不断攻击。

2. 反省思维最终要求得出结论

"在整个反省思维的过程中，居于持续和主导地位的因素是为了解决疑难的需要，如果没有解决疑难问题或需要克服的困难，则这样的思维是漫无目的的，这样的思维过程可以称为胡思乱想。"① 反省思维的最终目标是要解决困惑或解决遭遇的问题，需要有一个结论，反思思维才算是告一段落。反省思维不仅仅是通过头脑构思一个虚幻的故事或一种美轮美奂的景象，反省思维是需要将这些虚幻的故事或美轮美奂的景象在现实生活中具体化，也就是说需要得出结论。

反省思维是希望通过认真思考把一团乱麻的思绪整理得顺理成章，让杂乱无章的思维变得有序，并最终形成一定的结论。"哪里有反思，哪里就有悬而未决的事情，思维的最终目标是帮助达到一个确定的结论，根据已知的事实，设计一个可能出现的结局。"② 反省思维发生的情境是一个不确定的情境，或者是一个存在疑惑的情境，因此反省思维就是一个探究的过程，这是观察事物的过程，同时也是调查研究的过程。在这个过程中，获得结论已经不再重要，

---

① 约翰·杜威. 经验与教育 [M]. 姜文闵，译. 北京：人民教育出版社，2005：20.
② 约翰·杜威. 民主主义与教育 [M]. 王承绪，译. 北京：人民教育出版社，2001：162.

重要的是在这个过程中的收获，在这种反省思维的过程中，或者说在探究过程中的所思所想和所获更为可贵，结果已经不再是目的，只是探究的手段而已。

3. 反省思维鼓励人们去探索

"对于任何信念或假设性的知识，按照其所依据的基础和进一步导出的结论，进行主动的、持续的和周密的思考，就形成了反省思维。"① 反省思维的显著特征就是鼓励人们去探索，激励人们拥有质疑的精神和探究的思想，不唯书、不唯上，敢于对权威和大家确信无疑的事情说"不"。大家在日常生活中应该养成反省思维的习惯，不人云亦云，对大家已经确定无疑的事物也敢于怀疑，并找出证据证明自己的想法；对大家认为不可能发生的事情要抱有希望，这样持续地思考，直到得到确信或令人相信的证据为止。如果大家这样去做，一定会获得不同的体验，收获不同的喜悦。

探究就是把不确定的情境转化为确定的情境，将最初情境中有差别的元素以及它们之间的关系转化为统一的整体②。探究的前提条件是存在不确定的情境。探究和质疑在某种程度上来说意义相同。当我们有疑问的时候就需要探究。因此，当出现不确定或疑难困惑的情境时，很自然地唤起我们去探究。探究就是将一个不确定、困惑、疑难的情境转化整理成一个有序的、确定的情境的过程。探究也是不断发展的，它的程序也不是一成不变的。詹姆斯·斯科特·约翰斯顿（James Scott Johnston）认为，探究可以被理解为自我修正、自我改造的过程。这里所说的探究，不仅仅是按照严格的、规划好的步骤一步一步进行，可以被认为是千变万化的。它能够在运用过程中通过内容中的足够的弹性来实现自我修复。此外，探究不应该用一般的方法简单解释，如果是一般的方法，它的意思就是复合公式、运算法则和阶段理论。探究被认为是一种方法、一种技术、一种习惯，或者是一种态度和性情。用历史的观点看，探究是通过尝试而出现的。用这样的方式看待探究，就排除了实证主义或科学主义主导③。探究不仅是一种方法、一种技术，更是一种文化存在。探究不仅仅是一种严格的、规定好的步骤，这个探究的过程可以是千变万化的。从技术层面理解探究比较容易，比如"思维五步"。探究从来不把一个在探究过程中得到的结果、形成的认识作为一种终极的知识或观念，而时刻把一个探究过程中形成

---

① 约翰·杜威. 经验与教育 [M]. 姜文闵，译. 北京：人民教育出版社，2005：20.

② DEWEY J. Logic：The theory of inquiry [M]. New York.：Henry Holt And Company，1938：104-105.

③ JOHNSTON，SCOTT J. Inquiry and its contexts：John Dewey and the aims of education [D]. Unirersity of Illinois at Urbana-Champaign，2004.

的知识作为下一个探究过程中的资源、工具或条件。因此，探究是一个连绵不断的过程。要实现这样的连续性，就需要民主、平等、宽容的社会氛围，不唯书、不唯上的质疑精神，理智的分析问题的态度，合作与交流的社会环境等，这才是真正的探究文化。因此，中小学的探究教学是片段式的探究教学，没有站在连续性的角度去看探究，一个探究过程结束了也就结束了，不会把这个探究的成果作为下一个探究过程的开始。在现实的教育教学过程中，探究已经完全被异化，被理解为一种固定的流程，无论是理科还是文科，几乎所有的教学内容都照搬照抄，直接"拿来主义"，以至于当今的教育教学过程中出现很多失范的现象。其根本原因就在于没有很好地理解探究的本义。

（二）反省思维的培育

我们必须学习怎样获得良好的思维，特别是怎样养成一般的反省思维的习惯。在学校中，我们该如何培养反省思维呢？也就是说，探究教学的思维方式该如何在现实的教育教学过程中得以培养呢？理论上，学校就是培养学生优良思维方式的最佳场所，学校中所能做的就是培养学生的思维能力。

1. 培育反省思维所必需的倾向

培育反省思维，需要激发促使其本身发展的潜在可能性，否则也不能促进发展从而获得生长。这种潜在的可能性也就是反省思维所需要的倾向。这种倾向有三方面，需要加以注意，即好奇心、暗示、秩序。

（1）好奇心。每种动物在清醒的时候都在与它周围的环境发生不断的交互作用。有机体不断作用于周围的环境，周围的环境也反过来作用于有机体，这些交互作用就形成经验的基本框架。通常我们拥有趋利避害的种种倾向，我们试图改变旧的事物，探寻新的事物，对一些新鲜的事情充满兴趣。特别是儿童，周围的世界对他们而言都是新鲜的，因此其对所有事物都感兴趣，而成年人对周围的世界已经非常熟悉，因此也就不再感到新奇，儿童对周围世界的种种倾向就是所谓的好奇心。好奇心是形成反省思维的胚芽，反省思维的最初阶段就是对事物充满好奇。好奇心有三个发展阶段：第一个阶段与思维没有紧密的关系，是有机体精力旺盛的一种表现，生理上不断引导儿童去"接触各种事物"。第二个阶段是在社会刺激的影响下，好奇心继续往前发展，发展到比较高级的阶段。在第二个阶段，儿童学会了向成人求助以弥补自身经验的不足，喜欢问"为什么"，这个阶段的询问不在乎一定像科学解释那样精确，他们只是希望对自己感兴趣的事情有进一步的了解，有时候甚至只需要满足即问即答。第三个阶段好奇心就发展到了更为高级的阶段。儿童已经超越了最初生理冲动指引下的探寻和社会刺激下的简单问答，这个阶段往往是受到长远目标的指引，要对问题进行一连串的探究和仔细观察。在这个阶段，儿童往往喜欢亲自去探寻在与人和事物接触的过程中自发产生的问题的答案。好奇心在这三个阶段层层递进，不断往前发展。不管儿童处在好奇心的哪个阶段，教师都应该好好地"扶持"，让其继续往前发展，被持续保持。对于儿童而言，这是培育反省思维的第一步，也是最为关键的一步，不要让好奇心消失。好奇心如果没有得到很好的巩固和保持，就会慢慢消失。好奇心的消失通常是由于教师、父母的淡漠或不经心，有的甚至是草率对待。

教师的任务不如说是提供材料和条件，使生物性的好奇心被引导到有目的的、能产生结果的、增长知识的探究，使社会性的探索精神转化为向别人求教的能力，即一种不仅向人求教、同时也向书本求教的能力①。在教学过程中，教师的主要任务，也是最为重要的作用，就是为学生提供材料，引导学生的好奇心。在教学过程中，教师不应该独断专行，把一切都安排妥当，这样会使学生无事可做，也没有探究的兴趣。如果学生的好奇心已经形成强烈的求知欲望，教师应该知晓如何传授知识。如果学生缺乏询问的态度，把学习看成负担，探索精神大为减弱，教师就该停止传授已经准备好的知识。

（2）暗示。所谓暗示，就是头脑中的观念。现在的经验中的一部分与先前经验中的某部分相似，那么它就会引起或暗示先前全部经验中的某些相关的事或性质，而被暗示的某些相关的事或性质又可能依次地引起和它们有关的另外某些事。暗示有三个维度：难易度、广狭度和深浅度。第一，难易度。同一件事情对不同的人而言，有难易之分，有的人认为简单的事情另外一些人会认为很复杂。有些人墨守成规、被动接受，对出现的每种事物都提不起兴趣，都感觉乏味，没有任何反应，而另外一些人能够反省，对各种刺激都能提出自己的见解和看法。教师不能因为学生对所教学的内容不感兴趣，就认为学生对此感到困难；不能因为学生反馈所学知识难度较大，就简单地认为该学生比较愚笨，是学习困难学生，这可能是因为教师没有找到对学生真正有价值的事情。第二，广狭度。人们对事物做出难易度不同的反应，其产生的暗示也是截然不同的。暗示因为刺激的不同，反应也不同，在某些场合或某个特殊事情的刺激下，暗示会如泉涌；有时候刺激不够，暗示就如同涓流。暗示过多、过杂、过少都不利于良好思维的训练和发展，暗示适中就自然而然能形成反省思维。暗示过多，就如同选择过多，让人难以做出选择和判断。第三，深浅度。有的人

---

① 约翰·杜威. 经验与教育 [M]. 姜文闵，译. 北京：人民教育出版社，2005：42.

思考问题很深邃，想得非常深远，而有的人思考问题只触及事情的表面。教师训练学生思维，不能只是鼓励学生强记知识，而对真正的问题视而不见，或者是轻描淡写，这些做法都不利于反省思维的培养。

（3）秩序。反省思维包含暗示的连续、组合或秩序，如果只是产生观念和暗示，那只能称为思维，不能称为反省思维，反省思维要在观察和探究的基础上引导出结论。换言之，反省思维必须建立在一系列理由和证据的基础上①。反省思维是指连续秩序的观念，如果不是这样的思维，就是偶然产生或偶然想到的事情，或者也可以称为胡思乱想。只是连续的观念还不能构成反省思维，只有控制连续发生的观念，成为有秩序的连续，用理智的力量从先前存在的观念中引导出一个结论来，那才是反省思维。各种变化多端的和互不相容的暗示可能萌发和生长，然而连续的、有秩序的思维却使每个暗示都朝向要达到的目标发展。总体来说，大多数人思维习惯的有秩序的发展受到行动的制约，这种行动是理智的，而并非墨守成规的。

2. 培育反省思维所需要具备的条件

形成反省思维的方法就在于建立必能引起和指导好奇心的各种情境，在于建立被经历过的各种事物之间的联结，以便能促进暗示的流动，引出各种问题，确定各种目的，有利于形成观念的连续性②。

（1）学校方面该为学生准备的条件。每个睿智的家长对自己子女的期望也就是社会对一切儿童的期望。培养孩子最为关键的两个场所就是学校和家庭。孩子到了学龄期，大部分时间都待在学校。没有什么地方比学校更为重要了，就如同贺拉斯·曼所说的，"凡是任何事物在生长的地方，一个塑造者胜过1 000个再造者"③。学校在培养学生方面如此重要，那么学校方面就应该积极为学生的成长做好充分的准备条件，特别是在学校环境、管理制度和培养目标方面。"学校的任务就是为学生设置一个环境，在这个环境里面，游戏和工作的进行，有利于儿童智力和道德的发展。"④ 在环境方面，学校务必精心的设计，因为这也是思维的环境。

第一，学校环境应该要注重与校外的生活世界紧密联系，让学校成为学生快乐生活的地方。当学生有机会从事各种能够满足身体冲动的活动时，学习就

---

① 约翰·杜威. 经验与教育［M］. 姜文闵，译. 北京：人民教育出版社，2005：47.

② 约翰·杜威. 经验与教育［M］. 姜文闵，译. 北京：人民教育出版社，2005：55.

③ 约翰·杜威. 学校与社会·明日之学校［M］. 赵祥麟，译. 北京：人民教育出版社，1994：27.

④ 约翰·杜威. 民主主义与教育［M］. 王承绪，译. 北京：人民教育出版社，2001：213.

是一件快乐的事情，对学生的管理也会格外轻松。如果学生感到学校是一个厌烦的地方，不愿意踏进学校，这说明学校违反了基本的原则，没有满足学生的基础需求。学校在环境方面应该注重与学生在校外的生活世界有紧密的联系，让学校的学习成为学生家庭生活的延伸。学校的学习是以学生已有的相关经验为基础的，不能脱离学生的生活世界，不能建立在与学生校外生活没有任何关联的事情上。学生在学校中学习的知识和增长的经验要能够有效地运用于校外的生活。例如，学校在校园中开辟一个菜园，让学生在菜园里面学着种菜，这样的生活经历与校外的家庭生活能够建立有机的联系，能够引起学生的兴趣，而且菜园里面种的菜是学生平时所熟悉的，是在菜市场和超市里面能够看到和买到的，这样学生的校内生活和校外生活就可以有机地联系起来。在种菜后，教师还可以让学生去查阅不同的菜品能够提供什么营养、每个季节适合吃什么菜品等，这些知识在校外的家庭中可以加以应用。要让学校的工作与学生的经验生动的联系，那必须从改变学习材料入手，以此来适应地方生活的特殊需要。学校与周围环境的这种密切联系，不仅丰富学校的活动，增强学生的动力，而且还能增加给予社会的服务①。

第二，学校环境还要保证学生有调查研究的自由，为学生提供相应的书籍，或者是图书馆的资源，还要为学生提供相应的实验器材，让学生能够验证他们的想法。学校如果自身的资源不足，就应该尝试为学生联系学校周边的环境资源，让学生能够自由调查和探究。在管理制度和培养目标方面，学校科目设置不要过于复杂，课程也不能设置得过于密集。当下提倡素质教育，提倡为学生减轻学业负担，就是基于这样一种考虑。学生如果学业负担过重，就没有更多的时间和精力去探究问题的真实答案。如果学校课程设置过多，不仅会使学生神经紧张、满足于肤浅的理解问题，而且更为严重的后果是学生学习浮躁，丢弃可贵的探究精神，这样的话，何谈反省思维的培育。学校应该尽力为学生提供民主、平等、自由和宽松的学习氛围，让学生不仅仅是注重静听，更要注重在解决问题中学习，注重学生的课堂参与度。学校不要期望培养一个个乖巧听话的孩子，而应该注重培养一个个有个性的学生，培养具有反省思维的独立个体，培养具有批评精神的社会公民。

（2）教师的作为。

第一，为学生提供不确定经验情境。探究教学在实施之前，必须要有一个

---

① 约翰·杜威. 学校与社会·明日之学校［M］. 赵祥麟，译. 北京：人民教育出版社，1994：334.

实际的和真实的经验情境作为思维的开端。所谓经验，就是一个人尝试做一件事情，这件事情反过来作用于这个人。经验包括主动经验和被动经验。学生要有一个真实的经验情境从事连续性的活动，这也是培育反省思维的第一步。

教师为学生创建一种问题式的、有教育作用的环境，让"儿童找到自己的问题，并为回答问题而去积极寻找、选择相关的材料，这种联系一旦建立，就会隐藏在学校课程背后在无形中呈现其价值，儿童就会被吸引，进而实现进步"①。为学生提供不确定的情境要考虑经验的连续性原则，注意经验的前后承接关系。因为经验具有连续性，所以学生经验建设要考虑学生已有的经验。教师在为学生经验建设创设不确定情境的时候，务必考虑到学生的已有经验，不能按照教师的想象加以判定，也不能根据知识的逻辑顺序来安排教学进度和教学情境。同时，教师还要考虑经验的生长性，即为学生提供不确定情境，让学生发现疑难，进而解决问题，提升学生的经验值。在此过程中，经验要对学生的成长和发展有利，可以为其下一阶段发展提供经验基础。也就是说，在为学生提供不确定情境时，教师要从学生自身的情况出发，让学生在这样不确定的情境中发现自己所感兴趣的问题，而非教师提出的问题，也不是书本上的问题，防止学生为了学习而学习、为了获得较高的分数而学习。学生有学生的使命，他们的童年应当在愉快且益智的过程中度过。

第二，注重培养学生的探究习惯和探究态度。教师不仅要注重学生探究能力的培养，更要注重学生探究态度和习惯的培养。探究是将不确定的情境转化为确定的情境的过程。学生运用既有的经验只能够解决简单的问题。因此，相较于为学生设置疑难的情境或对学生而言有一定难度的问题，教师更应该注重培养学生的探究态度和习惯。如果学生既有的习惯不是反省思维，那将不利于学生的发展。学生对待问题的态度非常关键，有的学生学习是为了获得教师的好评、获得良好的分数、获得家长的认可和表扬，而不是出于自我兴趣的激发和培养，这样的态度也会影响探究教学的顺利开展。因为每个人的出发点不尽相同，采取的手段自然也会因人而异。教师的注意力通常会放在学生的学科课业是否有进步上，却容易忽略对学生基本而持久的习惯、态度和兴趣的培养。然而，事实表明，培养学生的探究态度和习惯往往比锻炼他们的探究能力更为重要。探究态度和方法是一个统一的整体，不能采取二元对立的方式来看待，两者同样重要，不可偏废其一。教师还要注重研究学生的个别特质，在教学过

---

① 罗伯特·威斯布鲁克. 杜威与美国民主［M］. 王红欣，译. 北京：北京大学出版社，2010：169.

程中做到因材施教。因为每个学生来自不同的家庭，拥有不同的经验和兴趣爱好，所以教师只有做到对每个学生都充分了解，知道每个学生的兴趣点在何处，才能有针对性地对其进行不同的刺激，以便能形成不同的暗示。这样有利于激发学生的好奇心，从而培养学生反省思维的习惯和能力。

第三，加强自身修养，起到示范作用。学生在学校里面接触最多的就是教师，教师的言传身教对学生起到潜移默化的作用。学生在最初阶段的学习从模仿开始，模仿的对象当然是自己的教师，因此教师要加强自身的修养，起到示范的作用、榜样的作用。"通过榜样学生会学会许多东西，如态度、价值观、问题解决策略和社会行为。"① 教师的榜样作用是随时都在发生的，不受时间和空间的影响，也不会因为个人的意志而转移。

"教师所做的每种事情以及他们采取的方式，都引起儿童这样或那样的反应，而每种反应都使儿童养成这样或那样的态度。"② 学校要想培养学生的反省思维，就要注重教师的身教作用。也就是说，首先从教师做起，让教师首先养成反省思维的良好习惯，因为只有教师起到了榜样作用，才能更好地引领学生。在日常生活中或在教育教学过程中，教师是否对每个出现的问题都采用反省思维，学生看在眼里，记在心里，随时学习模仿。如果教师没有这样要求自己，对所遇到的问题不经过一番调查研究就轻易做出解答，学生也会模仿。教师如果只是要求学生采用反省思维，而自身不那样做，教学效果可想而知。在有的家庭，父母亲都有阅读的良好习惯，一有空闲时间就到书房捧着书本津津有味地阅读。在这样的环境下，孩子不用父母一遍一遍地强调要多看书、看书是多么重要，孩子自然而然就会喜爱阅读，这就是所谓的身教重于言传。

第四，教师要拥有宽广的胸怀，接纳与自己性格不同的学生。教师要拥有宽广的胸怀，能够接纳与自己性格不同，或者是与自己喜好不同的学生。在有的学校会出现这样的情况，凡是与教师态度一致的学生就受到鼓励，与教师态度不一致的学生就受到排斥或误解。这在无形中就让学生养成去讨好教师的习惯，而不是去寻求问题的真正答案。这样是非常不利于反省思维的形成和发展的。

有的教师认为理论知识更为重要，实际事物无足轻重，这在他们的个人倾向中不自觉地透露出来，在学生当中蔓延。有的教师也会有意识地欣赏理论知识掌握得好的学生，而对实际事物掌握得好的学生不予过多关注，教师的这些

---

① 托马斯·L. 古德，杰尔·E. 布罗菲. 透视课堂：第十版 [M]. 陶志琼，译. 北京：中国轻工业出版社，2013：58.

② 约翰·杜威. 经验与教育 [M]. 姜文闵，译. 北京：人民教育出版社，2005：57.

态度和倾向无形中会传递给学生，不利于学生的发展。教师即便有这样的认同和想法，也需要拥有广阔的胸怀，对每个学生都予以关注，不能轻视和排斥与自己爱好不同的学生。教师如果拥有广阔的胸怀，对每个学生都倾注同样的感情，让每个学生都感到被教师欣赏，能够在宽松、民主、自由的氛围中快乐的学习，这样有助于学生钻研问题，不至于让学生拼命去迎合教师的喜好和期望，而是学会如何培育反省思维。

（3）学生自身该做好的准备。

第一，保持学习的主动性。学生要永远做学习的主人，不要被动学习，不要期望教师把一切都安排好，教师只是学习的陪伴者，只有学生自己才是学习的主人。保持学习的主动性和独立性，让自己的兴趣自然表露，并给予探索的精神发挥的机会，养成自己探索的习惯，长此以往，反省思维自然得以形成和发展。

在学校的学习过程中，在教师创设的教学情境中，学生要找到自己的兴趣点，并在此基础上发现问题。换言之，在学习过程中所要解决的问题一定是自己的问题，而非教师的问题或教材的问题。学生不能养成懒惰的习惯，不能让教师给予现成的问题和答案。在学习过程中，教师只是一个静观者，学生必须要学会主动探究，学会从真实的教学情境中发现问题。因为只有去探索自己感兴趣的问题，才会自然地调动自我的积极性，才能充分发挥自我的主动性。学生找到了自己感兴趣的问题后，不能让懒惰的思想占据上风，不能等待教师和其他同学找寻问题的答案，而是应该充分发挥主观能动性，独立探索解决问题的办法。

第二，学会利用图书馆。学生在真实情境中产生了思维刺激，自己发现了问题后，要学会查阅相关的资料，以此去应对情境中的问题。学生自身的经验毕竟有限，因此要学会查阅资料。查阅资料最好的途径就是利用图书馆。图书馆的资料非常丰富，我们要学会让他人的经验来弥补自身经验的不足，学会运用这些间接经验。学生如果学会了利用图书馆，也就学会了去找寻解答问题的第一步，并会在图书馆的阅读中，慢慢学会写作，学会记录下自己在探索问题答案过程中的种种经历，这样无形中也为写作奠定了良好的基础。学生通过查阅问题的相关知识，对问题有一个全面深入的了解，也就会知晓自己的问题解决方案该如何设计，对全局有整体把握，对问题解决有自己清晰的思路。

第三，习惯试验和亲自观察。学生通过查阅资料，对问题的解答有一个详细的了解，心中也有了明确的解决方案，在这样的情况下，务必将自身的想法付诸实践。学生通过试验和亲自观察，验证自身的想法，见证自己的思路是否有效，即便是失败，他们也要亲自看到为什么失败，再查询资料，反思自己失败的原因。

如果长期坚持试验和亲自观察，并将实验和亲自观察作为生活中的一部分，使之成为一种生活习惯，那么以后在生活中就能够自然地在需要的时候，把实验的方法当成最好的工具来应用。这种科学的态度养成以后，通过某种方法解决问题的惯性，就会不断给予学生自信心。这种自信心从所有可能的来源里收集有关问题的论据，这些论据经过考虑之后，决定行动的实验步骤。长此以往，学生就会对自己具有的能力以及对自己利用外界资料的能力，建立一种安全感①。

三、探究教学的行为方式

（一）教师的探究行为

教学是一种文化行为，即教学行为是以一定的文化背景为基础的，与教师自身的文化素质之间存在着有机联系，并需要教师以其文化意识自觉对之进行关照②。不同的文化孕育不同的教学价值观和思维方式，自然教学行为方式也会存在差异。探究教学也不例外，探究教学就是以探究文化为背景，探究教学中教师的教学行为就是以探究文化为基础，加之教师自身的文化素质，需要教师以探究文化意识自觉行事。探究教学中教师的教学行为受到探究教学价值取向和思维方式的支配。探究教学的价值取向是作为生活方式的民主，以民主、平等、自由和博爱为原则，那么探究教学的教学行为也要受到这一价值取向的影响，教师同样要遵循作为生活方式民主的指导，也要以民主、平等、自由和博爱为基本原则。探究教学的思维方式是反省思维，培育反省思维的教师要为学生提供不确定的经验情境，注重培养学生的探究习惯和探究态度；教师要拥有广阔的胸怀，接纳与自己意见不同的学生；教师要保持学习的主动性，应该习惯试验和亲自观察，并学会利用图书馆。

有研究者认为，探究教学是师生、生生、生我在开放情境中的合作探究，

---

① 凯瑟琳·坎普·梅休，等. 杜威学校 [M]. 王承绪，赵祥麟，赵端瑛，等，译. 北京：教育科学出版社，2007：348.

② 夏国英. 人口的文化行为 [J]. 理论月刊，2002（1）：62-63.

学生主体得以表达，教学行为主要表现为开放情境中的师生互动①。与接受教学截然不同，探究教学不再以"课堂为中心、教师为中心、教材为中心"，教师和学生都是学习的主人，特别是学生的地位得到极大提高。在教学过程中，教师和学生在开放的情境中共同学习、共同探讨、和平共处、平等相待，教师的权威地位被瓦解，教师和学生在人格上平等。学生也在一种自由、平等的氛围中轻松愉快地学习，没有任何的压抑和拘束，学生在学校的学习轻松而愉快，师生之间、生生之间都能和谐相处。

教师行为文化是教师文化中的具体内容，是教师行为过程中所蕴含和体现出来的文化气质。教师的行为包括教师的日常行为、学习行为和教学行为等，教师的探究行为主要指教师的探究学习行为和探究教学行为。

1. 教师的探究学习行为

教师的探究学习行为主要包括阅读、反思和研讨。这些学习行为是开展探究教学所必需的。首先，探究教师的自主学习通过阅读实现。实施探究教学的教师需要经常自主学习，自主学习主要通过阅读来实现，即阅读关于学科教学内容的相关书籍以及教育教学理论方面的书籍。在具体的教育教学实践过程中，教师遇到的问题可以通过阅读找寻答案，寻求解决的途径。通过阅读，教师还可以知晓本学科最前沿的理论知识，便于更新教学理念和教学知识。其次，教学反思是教师成长的重要途径。开展探究教学之后，教师需要反思教学过程中遇到的问题，总结经验，吸取教训，促进自我提高。教师听课后，也要进行反思，针对同样的问题自己该如何处理，同样的教学内容自己该如何安排教学。教师可以通过日志的形式反思，记录自己的所思所想，也可以通过网络论坛，与其他教师互动。最后，教师学习的重要行为还有研讨会的形式。每个学校、每个教研室都会定期开展研讨会，有的学校称其为教研活动，教研活动可以有效促进教师的成长学习。开展探究教学后，教师可以在教研活动中相互探讨，促进彼此进步，共同成长。集体备课也是教研活动的内容之一，在学期伊始，学科教师汇聚一堂，发挥集体智慧，共同备课，有效提升课堂质量。

2. 教师的探究教学行为

教师的探究教学行为包括启迪行为、沟通行为、探究性合作行为。

（1）启迪行为。探究教学中教师的启迪行为有言语、手势和表情以及运用多媒体技术等。探究教学中的言语启迪主要通过启发式提问展开，教师通过启发式提问请学生思考探究问题，引入探究教学。有时候教师以热切期待的表

---

① 张俊列. 教学文化的变迁研究 [D]. 重庆：西南大学，2010：22.

情鼓励学生从容地思考问题，有时候教师借助一个手势启发学生进一步思考。在探究教学过程中，教师应善于运用多媒体技术，创设有利于探究的教学情境，引起学生探究的兴趣，调动学生学习的积极性，激发学生求知的欲望。在实验教学中，教师可以指导和组织学生做一些探索性、综合性或设计类的实验，属于教师的启迪行为；教师在实验中对学生的适时点拨也属于教师的启迪行为。

（2）沟通行为。探究教学中教师的沟通行为也非常关键。沟通行为分为课堂沟通和课下沟通。课堂沟通通常以提问和答疑的形式，表情和眼神非常重要，有时候教师的一个眼神和表情，可以给予学生肯定和鼓励，坚定学生继续诉说的信心。课下沟通方式较多，有课间休息与学生聊天，以此拉近彼此的距离；有课后与学生交流课堂学习情况；有利用休息时间到学生家中逐一访问，了解学生的家庭情况，与学生的家人沟通交流。在家庭中沟通，氛围更轻松，学生也能够畅所欲言。通过家访，教师可以了解学生在家庭学习情况，也可以知晓学生家人平时的教育情况；通过家访，教师可以理解学生在学校平时的表现情况，还可以拉近师生之间的距离，增强师生之间的感情。

（3）探究性合作行为。探究教学中只有教师和学生真诚合作时，才能真正改变以往传统教学师生间的线性关系，使师生关系变得更加融洽、和睦。只有在探究性合作中，教和学的责任都是同等重要的，而且在和谐民主的氛围下教师协助学生是自然之理。同样，教师群体成员也需要相互协作。当我们对待别人像对待师长一样尊重，我们就会感到别人更能如此对待我们。我们努力创造出这样一种氛围——理解和尊重他人的想法、观点以及需要，当他们的想法转变为我们自己的想法时，就会激发起我们学习的积极性、对小组的认同感以及自我尊重的意识①。

探究性合作主要通过探究共同体的形式实现。探究共同体强调的是真实探究行为所发生的社会网络和活动系统，在探究活动系统中，对于他们生活中意味着什么、对他们共同体意味着什么等问题，共同体成员有着共同的理解和看法②。探究共同体的成员之间有共同的认同感，有共同的归属感。"我们的行为、我们的参与、我们的'认知'，总是与他者的参与和活动相互联系、相互依赖，不管这个他者是人、工具、符号、过程或某种东西。我们如何参与，我

① 布鲁克菲尔德，普瑞斯基尔. 讨论式教学法：实现民主课堂的方法与技巧 [M]. 罗静，褚保堂，译. 北京：中国轻工业出版社，2002：15.
② 戴维·H. 乔纳森. 学习环境的理论基础 [M]. 郑太年，等，译. 上海：华东师范大学出版社，2002：34.

们进行什么实践,是由整个共同体的生态系统所决定的……我们参与,因而我们变化。"① 探究性合作行为,让参与的成员在探究合作中不断变化着,他们在探究性合作中如何参与、进行程度如何,由探究共同体的生态系统所决定。

探究性合作能够有效进行具有以下一些特点:不可预测性、冒险性和挑战性;批判性与开放性;严肃性与责任感;民主性、平等性与话语霸权的消解。探究性合作要真正有效,使教学效果达到最佳,教师就要学会热情而积极地参与;学会广泛而平等地参与;学会接受差异,彼此欣赏;学会认真倾听他人的观点;学会对自己的观点持谦逊而负责的态度。探究性合作的基本特征和策略如图 3-1 所示。

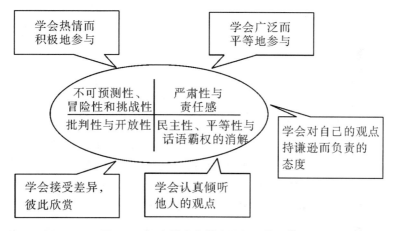

图 3-1 探究性合作基本特征和策略②

在探究共同体中,研讨和协商具有不可预测性,就如同攀登高峰一样,富有冒险性和挑战性。对共同体的每位成员来说,参与其中都是充满活力和振奋人心的。对于探究共同体而言,其是有严格的纪律的,不是自由散漫、漫无目的的,每个成员都在致力于解决他们的问题,探究共同体成员都具有很强的责任感。探究共同体成员每个人都具有很强的批评意识,这也是探究精神之一。探究性合作也同样具有开放性,这也是探究的重要特点之一。

探究共同体中最为重要的一点就是对他人的尊重,这样做自然就会形成相互信任和亲密无间的关系。探究以民主理念为支撑,平等地容纳最广泛和多样的观点。在民主、平等的地方,话语霸权自然就会消解。

① LEMKE J. Congnition, context, and learning: A social semiotic perspective [M]. New Jersey: Lawrence Erlbaum Associates, 1997: 38.

② 任长松. 高中新课程与探究式学习 [M]. 天津: 天津教育出版社, 2005: 166.

（二）学生的探究行为

学生的学习与教师的教学一样，是由一系列复杂的行为来实施和完成的。探究教学中学生的学习行为主要有两点：第一，探究性讨论；第二，从做中学。

1. 探究性讨论

所谓探究性讨论，是指在教师的指导和帮助下，学生以小组的形式，围绕某个问题，各抒己见，大胆假设，从而相互启发、解决问题的一种教学行为。同一般的课堂讨论相比，探究性讨论具有以发展探究技能为主要目的、强调整体参与、以小组为组织形式、提问贯穿讨论全过程的特点①。

探究性讨论有助于学生对含糊或复杂事情的关心和容忍度；有助于学生研究他们的假设；有助于鼓励学生学会专心、有礼貌地倾听；有助于学生对不同意见形成自己的理解；增加了学生思维的灵活性；使学生都关心所谈的话题；使学生的想法和体验得到尊重；使学生成为知识的共同创造者；有助于发展学生清晰交流思想和看法的能力；有助于学生养成合作学习的习惯；有助于发展学生的分析和综合能力；有助于让学生心胸更加宽广，更容易理解他人②。探究性讨论有如此多的好处，是不是所有的探究性讨论行为都可以达到这些好处呢？当然不是，要想探究性讨论行为达到这些好处，就要满足探究性讨论的基本特点，也就是要形成具有批判性的、民主氛围的探究环境，只有在民主、平等、和谐的氛围下讨论，学生才会畅所欲言，无所顾忌。"在课堂上进行讨论，其实是对民主过程的考验。"③ 讨论就是要允许有不同的声音出现，如果允许这些不同的声音同时出场，这将是一个民主的课堂，所以说课堂上的讨论，是对民主过程的考验。

探究性讨论有哪些基本特点呢？有热情倾听、积极参与、专注、相互性和信任。只有热情倾听，才能让发言人感觉自己是被尊重的，自己发言的内容被他人所喜欢，这会鼓励发言人更有热情地投入发言中，这样的氛围令人愉悦，感到轻松，让发言人能够自由表达自己的观点，同时热情倾听者也能真正从中受益。当学生的发言引发其他学生的思考，并积极主动参与到讨论中来，这样

---

① 李秀伟，韩吟. 探究教学 ［M］. 青岛：青岛出版社，2006：65.

② 布鲁克菲尔德，普瑞斯基尔. 讨论式教学法：实现民主课堂的方法与技巧 ［M］. 罗静，褚保堂，译. 北京：中国轻工业出版社，2002：25.

③ 布鲁克菲尔德，普瑞斯基尔. 讨论式教学法：实现民主课堂的方法与技巧 ［M］. 罗静，褚保堂，译. 北京：中国轻工业出版社，2002：10.

的民主讨论才能达到最佳的效果，让课堂氛围活跃起来。当所有学生都专注于所讨论的探究主题时，说明每个学生都在认真的思考。相互性是指我们不仅关注自我发展也关注其他学生的发展。我们在为探究性讨论做准备的时候，不仅为自己准备材料，而且还要考虑到其他学生的材料是否准备妥当。我们懂得了相互性后，就会懂得个人的发展依赖整个集体的发展，在这样的氛围中，学生之间的相处是和睦、没有顾虑的。在这样和谐的氛围之中，学生之间也是相互信任的。

2. 从做中学

从做中学是美国教育家杜威提出的一个重要的教育理论，这一理论生动地阐述了他对知与行关系的看法①。无论对于学生发展来说，还是对于学校教育来说，从做中学都是十分重要的。从做中学这样的学生探究行为在理科教学中较为明显。理科教学中面临的问题通常结构良好，可以按照固定的步骤继续深入，探究行为方式也相对固定。例如，科学探究教学步骤由参与、探究、解释、迁移和评价五个阶段组成，这五个阶段都是学生在做中学。

探究开始于参与阶段。在这个阶段，教师需要了解学生已有的知识和相应的经验，在此基础上提出探究问题。如果学校条件允许，教师可以让学生在与自然接触的前提下，提出自己想要探究的真实问题。在课堂上，教师需要向学生提出问题，创设必要的探究环境，引导学生学会自己提出问题。

科学的本质就是要让学生收集证据了解真实的世界。科学探究在低年级需要学生有秩序地描述和对物体进行分类。到小学四年级以后，学生可以接触一些简单的实验探究，学会提出问题、通过实验收集信息、对信息做出解释、得出相应的结论。在参与实验的过程中，他们的一些科学技能也得以提升，如在教师的指导下学会使用天平、量杯、直尺、弹簧、温度计及用这些测量工具测量变化。

学生在收集到信息后，要对这些信息进行解释。对信息进行解释需要学生学会归纳总结、提炼推理，之后形成对周围世界有意义的解说。在解释阶段，教师应该尽量放手给予学生锻炼的机会，不能直接代替学生给予解释。学生刚开始可能推理不太严密，甚至有时候还会偏离主题，教师要学会容忍这些现象，给予学生充分表达的机会，让学生开动脑筋，尝试自己对现象和收集的信息给予解释。教师只需要在必要的时候给予点拨，归纳总结学生们的解释，对于偏离主题的解释适当予以纠正即可。

---

① 单中惠. "从做中学"新论 [J]. 华东师大大学学报（教育科学版），2002（9）：77-83.

探究的结果之一即学生获得对问题的理解。学会新知识的检验标准是能够在新情境中加以运用，即迁移。学生产生新问题，在收集资料、形成假设、叙述、推理中，能够将学会的知识和新问题建立联系，这也就是将学会的知识予以迁移。学生在这个过程中，相互交流、讨论各自的研究方案，在相互探讨过程中，学生会加深对新知识的进一步了解和掌握。

　　科学、物理、化学等学科的探究行为方式以实验形式开展。实验的步骤和程序有规律可以依循：提出问题、通过实验收集信息、对信息进行解释、交流探讨、评价、得到相应的结论。

　　总之，探究教学的行为方式，教的行为特征有教师创设适宜的教学情境，为学生设计自主、合作和探究的相关教学活动，组织学生对疑难问题进行探究，在此过程中，对学生加以引导，适时点拨，给予恰当的评价，运用激励的方式鼓励学生独立完成任务。学的行为特征有学生在教师的引导下，发现问题，假设可能的解决方案，与同伴交流选择一种最佳的解决方案，并将方案付诸行动，得出结论。

第三章　探究教学的文化失调

国内外学者对探究教学的理论研究已经取得了丰硕的成果，可以从不同的方面为实践提供指导。探究教学毕竟是舶来品，在其本土化的过程中，只有深入研究相应的探究环境、探寻探究条件，才能理论联系实际。在实践中，教育者的哲学理念不清晰、不明确，甚至与探究教学的本质观念背道而驰，必然导致探究教学在实践中的种种误区。例如，探究教学缺乏相应的探究目标，教学没有具体的目标，天马行空地任由学生自由探究；探究教学泛化，探究教学缺少"探究性"，无论什么内容都让学生探究；探究过程形式化，探究教学的过程按照固定的形式去探究；探究教学的评价仍以机械的总结性评价为主，缺少评价的机动性。是什么原因导致理论知识丰富的探究教学出现如此多的问题呢？有学者认为是教师的能力欠缺，也有学者认为是教材内容不适合探究，还有学者认为是评价机制的问题。近年来，随着教育体制改革不断深入发展，开展了相关的教师培训，教学教材内容也做了相应的调整，尤其是新课程改革以后，出现了很多有针对性的优秀教材。然而，探究教学的问题似乎并没有得到真正的解决。要解决探究教学的问题，可以从文化视角追因，探寻现象背后的真实原因。

一、探究教学的误区

通过中国知网（CNKI）搜索以"探究教学误区"为篇名的文章共有 210 篇，去除相同篇名的 6 篇，共 204 篇相关文章，涉及科学、化学、地理、物理、历史、语文、美术、数学、政治、生物、思想品德、体育、信息技术、英语等学科，还有 45 篇笼统谈探究教学，没有具体指明学科（见表 4-1）。

表 4-1 涉及的学科和篇数

学科	科学	化学	地理	物理	历史	语文	美术	数学	政治	生物	思想品德	其他	体育	信息技术	英语
篇数	9	20	5	34	1	31	2	17	9	11	4	45	5	2	9

从表4-1可以看出，各个学科都在尝试实施探究教学这一教学方式，有的学科涉及的文章篇数较多，有的学科涉及的文章篇数相对较少。总体而言，理科教学相对文科教学涉及的篇数多一些。在理科教学中，涉及最多的学科是物理，其次是化学，这说明探究教学在中学阶段实施较多，根据学生年龄特征以及学生的心理发展水平而言，探究教学也更适合在中学阶段实施。在小学阶段学生还处在适应学习阶段，通常科学课的开设也是在四年级左右，学生刚刚接触这样的学科，探究教学的实施也处在浅层次阶段。在文科教学中，语文涉及的篇数最多，语文课是学生从小学到大学都会开设的学科，教师积极响应新课程改革的呼吁，参与实施探究教学。涉及的误区篇数多同时也说明，在该学科中探究教学的实施存在有待解决的问题也较多。还有很多文章谈到探究教学，没有具体谈到哪一门学科，这类文章大多出自高校的研究者，说明探究教学的误区问题已经引起高校研究者和一线教师的关注，确实应该切实解决这些现实中存在的问题。

不同的作者从不同的维度展开论述，如成维莉等从理论和实践的角度论述探究教学的误区，认为理论中的误区有探究教学与科学探究相混淆、"探究万能论"、研究涉及面窄，实践中的误区有过度结构化的探究教学、"唯探究论"、失去灵魂的探究、忽视评价的作用、探究教学功利化、作秀式的探究教学、探究内容泛化及偏离教学目标、表象型探究①。有研究者从选题、过程、评价三个维度来谈探究教学的误区②。有研究者从主体、组织、设计三个维度来谈探究教学中的设计误区③。有研究者从探究情境、探究目标、探究活动、探究主体四个维度来探讨探究教学存在的误区④。有研究者从探究教学的问题选择、方法、结论三个维度来探讨探究教学失范的地方⑤。有研究者从探究目标、探究内容、探究过程、探究方法和探究评价五个维度展开探讨，发现在具

---

① 成维莉，周彩英，钱秀芳. 探究教学中的误区分析 [J]. 教育探索，2006 (8)：23-24.

② 曾楚清. 探究式课堂教学的几个误区及其纠正策略 [J]. 学科教育，2004 (2)：24-27.

③ 刘凯，陈燕. 例析化学教学中探究设计误区 [J]. 厦门大学学报 (自然科学版)，2011 (1)：211-214.

④ 李金国. 新课程地理"探究式"教学的误区及对策 [J]. 教学与管理，2010 (28)：67-68.

⑤ 徐学福. 论探究学习的失范与规范 [J]. 教育学报，2009 (2)：21-25.

体教育教学中存在探究目标游离；探究问题的选择缺少"探究性"；探究教学的过程流于形式，只注重探究教学这种教学方式，完全摒弃接受教学方式；探究教学的评价标准单一等问题。

根据第二章探究教学的文化属性分析，探究教学的文化从价值取向、思维方式和行为方式三个方面论述，笔者也从这三个方面归纳总结探究教学的误区。探究教学主要表现出异化的价值取向、简单线性的思维方式、一味强调操作的行为方式这三个误区。

（一）异化的价值取向

探究教学的价值取向是民主作为生活方式，但是探究教学在具体实施过程中，表现出不民主，比如教学过程看似是学生在探究，但是整个过程是教师预先设计好的，教学环境也是教师预先设计好的，完全是在教师控制下的探究。这样的价值取向实际上是独断专行的，甚至探究过程中，学生或教师的探究行为没有达到预期，教师也会草草结束，直接宣布探究的结果。这在探究误区中表现为探究形式化。探究教学价值取向异化表现在两个方面，第一，探究教学中将人文和科学混淆；第二，探究教学形式化。

1. 探究教学中将人文和科学混淆

人文和科学分别代表着两种不同的文化，这两种文化在价值观念、思维方式、行为习惯、语言特点等方面各有差异。总体而言，科学的目的在于求真，强调理性思维，注重实证；而人文却截然不同，其目的是求善，注重整体的感悟和体验，不一定追求实证的方式，有时候甚至还可以采用夸张、拟人、虚幻等手法[1]。科学这个阵营包括自然科学学科，人文这个阵营主要包括人文学科。探究教学在自然科学学科中实施较多，在人文学科中的实施主要是在新课程改革以后才得到较大范围的普及。从理论层面来说，鼓励学生像文学家、政治学家和历史学家去思考学科问题，解决实际生活情境中的问题，亲身体验，相互交流，有助于学生的理智熏陶和情感培养，但是在实际的教育教学过程中该如何操作，教师还没有完全掌握科学的方式方法，导致结果并不理想。因为探究教学起源于自然科学学科，所以探究教学在自然科学学科中实施得较为顺畅，人文学科的教师机械模仿自然科学学科的探究教学的典型程序，即创设情境、形成探究问题、查阅资料形成假设、验证假设、交流经验，导致的结果就是不仅不能达到人文学科的教学目标，而且不能体现所教学科的特色，失去了

---

① 徐学福. 探究学习教学策略［M］. 北京：北京师范大学出版社，2010：22.

探究教学的意义，"这一现象在语文课上最为突出"①。

在具体的教育教学课堂中，自然科学学科和人文学科的价值追求是不同的，因此不是所有的学科都要一味探究，或者说人文学科的探究也要兼顾人文学科本身的价值追求，要坚守本学科的学科文化，要围绕教学目标而展开探究，而不是为了探究而探究。学校的目的就是给予每个学生这样的机会，让他能够做自己想做的事情，教师在此过程中给予方法上的指导，使学生对他所做的事情的社会意义不断发展。课堂教学的根本目标是促进每个学生健康快乐的成长和发展。探究教学的宗旨正是通过探究活动的开展使学生在获取科学知识的同时掌握科学方法，养成科学探究的良好习惯，从而促进学生素质的全面提升。在中小学的课堂上，往往会出现这样的情形：教师在课堂上宣讲本次课的主要内容，然后就放任学生自由探究学习。至于探究的目标是什么，教师没有明确指出，或者教师心中也没有确定的探究目标。有的教师认为，只要课堂"热热闹闹"就行，甚至在讲课过程中，学生随意提问都会成为课堂探究的焦点。换言之，就是把课堂随机生成的教学资源当成探究教学目标。这里，援引一个课堂教学案例说明这个问题：

上语文课《鹬蚌相争》时，学生小常指出书上的欠妥之处："老师，我觉得课文有问题！"小常的语气是那样地兴奋，他说："你看，书上写鹬威胁蚌说：'你不松开壳儿，就等着瞧吧。今天不下雨，明天不下雨，没有了水，你就会干死在这河滩上！'你想呀，鹬的嘴正被蚌夹着呢，怎么可能说话呀？""是呀是呀，这样想来下面也有问题。下面课文又写蚌得意扬扬地对鹬说：'我就夹住你的嘴不放，今天拔不出来，明天拔不出来，吃不到东西，你也会饿死在这河滩上！'蚌正夹着鹬的嘴呢，怎么说话呀，一开口不就让鹬拔出嘴了吗？"其他同学受到启发，也有了新的发现②。针对这一提问，全班同学就此展开探讨，最终大家还决定给编辑写信告知课文这样写有欠妥之处。

这种被个别学生的思维影响后的"自由"探究，看似有理，实则忽视了教学目标本身，违背了探究教学的初衷，探究再多也无益于教学。

探究教学的目标导向要明确，虽然探究教学倡导过程的生成性和开放性，但是不能没有目标，不能漫无目的随意探究。上述案例中，语文课《鹬蚌相争》的教学目标随着教学情境变化而发生了转引，这样的探究属于自由探究，漫无目的。

---

① 徐学福. 论探究学习的失范与规范 [J]. 教育学报，2009（2）：21-25.
② 周益民. 无法预约的精彩 [J]. 人民教育，2004（1）：34-35.

2. 探究教学形式化

教学过程是为了实现教学任务从而达成教学目标，通过教师的讲授，师生之间、生生之间的沟通对话合作，共同促进教师和学生双方成长的一个教学活动进程。这个过程包括教学顺序、教学组织形式、教学模式、教学方法、教学环境和教学管理等。在这个教学过程中，运用系统论的观点和方法，对教学过程进行充分的社交从而使教师的活动、学生的参与、教学内容的组织能够有机配合、有序运行，促进教学最优化①。教学过程中的一切教学活动都是围绕教学目标设定的，不能偏离教学目标，更不能违背探究的初衷，不能为了探究而探究，更不可将探究形式化，觉得走走过场就是探究，认为探究就是提出问题、提出假设、验证假设、合作交流、汇报总结。这仅仅是探究的一个外部形式而已，没有经历这些步骤也可以称为探究教学，经历了这些步骤的教学过程也未必是探究教学。

新课程改革倡导探究教学以来，探究教学开展得如火如荼，可是在具体的课堂中实际情况并非如此。有的课堂看似热热闹闹，但是学生并非进行实质上的探究。我们仔细观察会发现，很多情况下学生都是按照教师预先设计好的探究计划在实施探究教学。换言之，教师在探究教学实施之前对探究目标有预设，学生都是按照教师的预设步骤在一步一步探究，获得书中现成的答案。学生如果是在收集资料的过程中有违背探究预设的情况会被干预。学生热热闹闹在小组讨论、合作学习，都是教师提前设计好的探究流程，学生按部就班地进行操作。这种看似是学生在动手实践、探索新知，然而在实际教学过程中，学生往往不需要付出太多的思考，因此也不会激发学生的探究思维，整个探究过程就是一个演示过程，完全失去了探究的本质意义。许多探究教学所体现的基本要素和环节都大同小异，从提出问题到获得结论经历的程序都是提出问题、提出假设、收集数据和分析数据、交流经验、得出结论。教师在教学情境创设时，甚至都准备好了探究资源，不用学生自己去寻找。这样一来可想而知，提出的问题不是学生真正的问题，只是书中的问题而已，这样的探究完全是为了探究而探究，不会激发学生的探究欲望，更不会促进学生探究思维的发展。

笔者在个案学校曾听到这样一堂课，"人教版"教材的科学课"橡胶泥在水中的沉浮"。

教师导入："有的物体在水中是沉的，有的物体在水中是浮的，我们能想办法改变它们的沉浮吗？"

---

① 李龙. 教学过程设计 [M]. 呼和浩特：内蒙古人民出版社，2000：60.

活动一：把一块橡皮泥放入水中，观察它的沉浮。学生按照教师设计好的步骤和提供的教具进行实验，并在科学记录本上做好记录。

活动二：把一块橡皮泥做成各种不同的形状，放入水中观察它的沉浮。学生按照教师设计好的步骤和提供的教具进行实验，并在科学记录本上做好记录。

两次活动结束后，学生汇报。第一次活动，把橡皮泥放入水中是往下沉的；第二次活动，改变橡皮泥的形状，橡皮泥还是沉入水里。

教师："为什么橡皮泥改变形状后，仍然沉下去了呢？"

学生："质量改变，橡皮泥也没有改变。"

教师："有没有办法让橡皮泥浮在水面上呢？前提是不能添加其他物体。"

活动三：同一块橡皮泥，改变形状，做成空心的船的形式，观察沉浮状态。

讨论：为什么有的橡皮泥沉入水中，有的橡皮泥浮在水面上呢？

学生汇报："做成空心的船的形状，使橡皮泥的体积变大了，所以能浮起来。"

总结：橡皮泥沉入水中发生了改变，导致在水中排开的水量发生了变化。

出示概念：排开水量——把一个物体放在水中排开水的体积叫做排开水量。

注意：排开水量不等于排开水的质量。

活动四：取一个量杯，在量杯里倒入200毫升水，把橡皮泥做成实心的，放入量杯中，观察它排开的水量，做好记录；再把橡皮泥做成空心的，放入量杯中，观察它排开的水量，记录在设计好的表中。

学生实验记录。

教师："从上面数据中，你们发现了什么？"

学生："沉入的排开水量小，浮起的排开水量大。"

总结：橡皮泥浮起来的原因在于它的质量不变，而浸入水的体积增大。

这节课看似教师通过学生熟悉的橡皮泥入手，一步一步动手研究有关沉浮的性质，帮助学生构建了同样质量的橡皮泥在水中沉浮状态与体积有关的相关知识，在探究中培养了学生的观察能力和动手操作能力，每个探究环节层层递进，也经历了从学生熟悉的情境入手、提出问题、解决问题、学生动手操作、交流汇报、总结延伸等探究的基本环节。但是提出问题是教师直接呈现出来的问题，不是学生自己的问题，而且这些探究过程是教师提前预设好的，一步一步该如何推进，什么时间该停止，每个教学环节都是事先准备好的。这就是所谓的严控式的探究教学，问题是教师事先设计好的问题，组织小组合作探究也是有时间限制的，在这段时间内有的小组还没有完成探究的任务，但是由于时间关系也被迫中断，教师就让小组代表发言，这样的探究没有达到预期效果。这些活动也是教师指定的，学生有可能想到的不是这些活动。如同上述一块橡皮泥的教学活动，有的学生可能会想到改变橡皮泥形状，做成空心的船的形式，观察沉浮状态；有的学生可能想到做成其他各种各样的形式，不一定是船的形式。教师没有给予学生发挥想象的机会，而是直接指定活动形式，让学生机械操作，这其实已经失去了探究的本意。整堂课看起来很热闹，学生既有自由操作时间，也有小组讨论和分组合作的形式，但是这热闹的背后，没有真正达到探究教学的目标，违背了探究的本真。

（二）简单线性的思维方式

探究教学的思维方式是反省思维，但是在教育教学过程中，学生常常基于日常思维思考问题，而且习惯运用简单线性的思维方式考虑问题，没有真正培养反省思维。探究教学过程中学生的思维比较活跃，他们为了表达自己的看法合理，通常采用日常思维，有时候就会偏离教学主题。一些学生在探究时不分学科，按照自己的想法，随意探究，甚至也不顾及学科特性。科学的目的是求真，强调理性思维，注重实证；而人文的目的是求善，注重整体的感悟和体验，不一定追求实证的方式，但是在语文学科就会出现个别较真的学生一味求真，表面上采用探究教学的方式，实质上已经偏离了探究的方向。笔者曾听到这样一堂课：

《杨氏之子》是义务教育课程标准实验教科书语文五年级下册课文中的第一课，它是小学阶段的第一篇文言文。课文讲述在梁国有一户姓杨的人家，家中有一个9岁的小男孩，有一天，孔君平来家中拜访小男孩的父亲，可是小男孩的父亲不在家，小男孩彬彬有礼地端出水果招待客人。水果盘中有一种水果——杨梅，孔君平知道小男孩聪明，就想逗一逗小男孩，问："这是你家的水果吗？"小男孩一听，眼珠一转，风趣地回答："我可没听说孔雀是先生您家养的鸟啊。"

教师在上课前布置课前先读单句，课上完整学习一篇文言文。

学习活动一：

自由朗读课文，这是第一次完整读文言文。

课文中哪些地方体现了杨氏之子的聪慧，画出句子。

学习活动二：

只有知道了课文意思，才能准确划出课文的朗读节奏。

小组交流：

文中写了哪两个人物？请找出表示这两个人称呼的字词。

根据课文后的注释，看图，查字典，讨论每句话的意思和朗读节奏。

进行小组汇报。

在进行活动一"课文中哪些地方体现杨氏之子的聪慧"的时候，有的学生就提出，如果来访者不是姓孔，而是姓李，杨氏之子该如何应对呢？有学生马上答道："未闻李子是夫家果。"那如果来访者姓黄，杨氏之子该如何应对呢？有学生马上答道："未闻黄金是夫家宝。"如果姓张……学生就这样无限制地延伸开来，越说越带劲。

这样延伸，就失去了语文课的学科味。不是所有的问题都适合探究，学生在课堂上的发问，教师应该及时引导，使其回到教学中来，不能任由其发散开来。这样的探究没有达到语文课的要求，要适可而止。这样的教学思维是一种简单的线性思维，只是简单的模仿造句，没有真正培养学生的反省思维。

（三）一味强调操作的行为方式

新课程改革倡导探究、合作、自主的教学方式，有的教师为了迎合这种方式，在教学过程中一味强调操作的行为方式，主要表现为在方法的选择上偏重探究教学和探究评价方面。

在课堂教学中，教学方法的选择偏重于探究教学。有的教师在课堂中为了倡导所谓的探究学习，放弃了其他教学方式，任何教学内容、任何教学主题都采用探究教学方式。这样的做法完全将探究教学和接受教学对立起来，非此即彼。1998 年斯法尔德（Sfard）在《教育研究者》（*Educational Researcher*）第 2 期发表了论文《论学习的两种隐喻及任选其一的危险》（*On Two Metaphors for Learning and the Dangers of Choosing Just One*）。斯法尔德正式提出了学习的两种隐喻——获得隐喻（acquisition metaphor）与参与隐喻（participation metaphor），两者任选一种都是危险的[①]。探究教学和接受教学就是获得隐喻与参与隐喻的典型代表，两者任选其一也是危险的，应该将两者有机结合，根据具体的教学目标和教学内容，适时选择适合的教学方式。

---

① SFARD A. On two metaphors for learning and the dangers of choosing just one [J]. Educational Researcher, 1998, 27 (2): 4-13.

探究是人类学习的基本方式之一，但是并非所有的问题都需要探究，也并非所有的学习过程都通过探究来实现，开展探究的前提条件是探究的选题对学生而言具有一定的难度，探究问题具有新颖性，否则就失去了探究的意义。探究教学要求学生探究的问题必须是经过教师精心设计的问题，能够激起学生的探究欲望，能够启发学生的思维和促进学生的成长，并非漫无目的的探究。

　　在具体的教育教学过程中，遇到概念性知识，教师就不应采用探究教学方式，而应引导学生以快速理解和掌握教学内容为主。因此，教师一定要把握好这个度，在实施探究教学时应该根据教学目标选择有价值、难易程度适中、适合学生年龄特征的问题进行探究。这样便于激发学生的探究欲望，激活学生的探究思维，以求达到最佳的探究状态。

　　教学评价一味采用操作的方式。教学评价是依据一定的教学目标和标准，对学生的学和教师的教进行系统的调查、评价、反馈，最终评定其价值和优缺点以求改进的过程[①]。从这一定义可以看出评价分为两部分，一是教师评价，二是学生评价。教师评价主要分为内部评价和外部评价，内部评价主要源于同行评价，其评价一般是从观摩课堂来评价，注重对探究结果的评价；外部评价主要取决于上级教育行政主管部门的评价，教师评价很大程度上受外部评价的影响。

　　在探究教学实施过程中，更为极端的做法是所有探究评价都采用操作的方式。探究过程中只单纯强调操作就给予好评，不考虑其他因素，如知情意的统一。所谓知情意的统一，就是知识掌握情况、探究过程的体验和探究方法的选择、情感价值观的提升。各学科的课程标准有明确探究的评价内容，如科学课程标准中提到科学探究的评价内容包括认识科学探究、提出问题、猜想与假设、制订计划、观察实验制作、搜集整理信息、思考与结论、表达与交流。具体的要求如下：能选择自己擅长的方式（语言、文字、图表、模型等）表述研究过程和结果；能倾听和尊重其他同学的不同观点和评议；能对研究过程和结果进行评议，并与他人交换意见[②]。在具体的探究教学过程中，教学评价往往没有按照课程标准的要求严格执行，只是教师根据自身对探究的理解来执行。

　　关于产生这些误区的原因，有研究者认为是教师对探究教学理解不够深入，有研究者认为是学生没有接受探究教学，有研究者认为是学校对探究教学

---

① 李小融，魏龙渝. 教学评价［M］. 成都：四川教育出版社，1988：4.
② 叶宝生. 小学科学教育的理论和方法［M］. 北京：首都师范大学出版社，2012：2.

重视不够。这些分析都是表层分析，没有真正触及问题的本质，真正的原因是文化的原因。哲学家欧文·拉兹洛认为，文化确实是我们时代的一个决定性的力量，许多冲突表面看来是政治性的，实际上包含着根深蒂固的文化根源。

二、探究教学的文化失调表现

（一）科学探究文化与人文探究文化的冲突

1. 科学文化与人文文化的划界

（1）科学与人文根源探寻。中国古代没有科学这一提法，有的只是人文的概念和人文的意识。"人文"一词，一般认为最早见于《易·愤》中的这样一句话："观乎天文，以察时变；观乎人文，以化成天下。"如果天文指日月星辰的话，那么人文就指与天文相对应的人的文采。南北朝时期杰出的文学家刘勰认为，所谓人之文采，是指人区别与动物的五性或五情，即仁、义、礼、智、信①。人文应该还指古代的相关典籍②。唐代的孔颖达也是这样理解人文的，他认为，人文就是指诗、书、礼、仪、乐。在中国古代，没有科学这一概念，换言之，科学只是属于人文的一部分。依据孔子的意见，人们可以从《诗》中了解到"鸟兽草木之名"，即可以获得许多自然科学的相关知识，因此我们也可以说《诗》包含了自然科学的成分。《书》也是自然科学的典籍，因为它是对过去历史事实的叙述，必然提供许多自然科学的知识和学问。

科学一直属于人文的范畴，直到1893年，康有为在介绍日本的有关书籍中第一次使用"科学"这一词语。在康有为之后，严复在1896年翻译《天演论》和《原富》时把"science"翻译为"科学"，"科学"一词才在中国流行起来③。这个时候，科学与人文还没有并列，与科学并列的是哲学或者说是形而上学。

中文"人文"对应的英文单词是"humanities"，该词来源于拉丁文"humanities"。这一拉丁文词汇来自更早的希腊文单词"paideia"，其意思是指发扬那些纯粹属于人和人性之品质的途径④。为了达到这个目的，学习7个科目

① 刘勰. 文心雕龙注释［M］. 周振甫，注. 北京：人民文学出版社，1981：4.
② 刘勰. 文心雕龙注释［M］. 周振甫，注. 北京：人民文学出版社，1981：3.
③ 潘世墨，陈振明. 现代社会中的科学［M］. 杭州：浙江科学技术出版社，1994：6.
④ 艾伦·布洛克. 西方人文主义传统［M］. 董东山，译. 北京：生活·读书·新知三联书店，1997：5.

最为关键，它们分别是语法、修辞、逻辑、算术、几何、天文和音乐。这7个科目中算术、几何、天文属于科学的范畴，而这7个科目总体上又属于人文的范畴。这说明在古希腊，科学是人文的一部分。这7个科目与中国先秦时期的六艺非常类似，这说明不管是古希腊的教育还是中国古代先秦时期的教育都属于人文教育，而且当时科学属于人文的一部分。在西方，当时没有专门的科学家，科学与哲学没有分家，科学只是闲暇阶级以及政治家、哲学家在自己的工作之余进行的某些科学方面的思考和研究，或者说科学只是他们工作的一部分。这些人广泛涉猎各个学科，如政治、经济、伦理、道德、自然等。例如，泰勒斯首先是橄榄油商人、政治家、技师，其次才是哲学家、天文学家①。亚里士多德则是一个百科全书式的人物，在哲学、政治学、伦理学、逻辑学和科学方面都有著述②。人们谈论科学通常会追溯到古希腊，但是那个时候的古希腊没有真正的科学，科学与哲学是没有分开的。当时的先哲们只关注自然，不关注人事。智者派兴起以后，普罗泰戈拉提出："人是万物的尺度，是存在的事物存在的尺度，也是不存在的事物不存在的尺度③。"这一主张突出了人的地位和作用，这也是哲学家研究内容的关注点从自然转向人事的中间环节。之后，苏格拉底也将研究转向人和人事。苏格拉底常常指责自然哲学家完全不管人事，只是对天上的事情进行猜测，认为自己在做本分的工作④。苏格拉底对人事的关注和重视，由此带来的西方哲学研究的转向，可以看成哲学内部科学主义和人文主义的分野与冲突。苏格拉底的学生柏拉图创立了唯心主义哲学——理念论，他认为理念是万物的本源，是世界的本体，万物是靠理念存在的，人的灵魂是由三个部分构成的，即理性、意志和欲望⑤。美国哲学家怀特海曾经感叹道："2 500年的西方哲学只不过是柏拉图哲学的一系列脚注。"⑥这说明柏拉图的哲学思想影响深远。柏拉图所倡导的理性文化，被后来的哲学家们继承并沿用，如亚里士多德的"人是理性的动物"，笛卡尔的"我思故我在"，黑格尔的"凡是存在的就是合理的"。

在17世纪，科学的迅速发展形成了科学史上的革命。这时，人们不再沉

---

① 韩孝成. 科学面临危机 现代科技的人文反思 [M]. 北京：中国社会科学出版社，2005：198-199.

② 韩孝成. 科学面临危机 现代科技的人文反思 [M]. 北京：中国社会科学出版社，2005：4.

③ 陈修斋，杨祖陶. 欧洲哲学史稿 [M]. 武汉：湖北人民出版社，1987：47.

④ 北京大学哲学系外国哲学史教研室. 西方哲学原著选读 [M]. 北京：商务印书馆，1981：60-61.

⑤ 宋成剑. 科学文化与人文文化的对立冲突根源探析 [J]. 理论月刊，2001（4）：23-25.

⑥ 威廉·巴雷特. 译文经典 非理性的人 [M]. 段德智，译. 上海：上海译文出版社，2012：82.

浸于沉思中，而是诉诸理性和经验，人与自然开始分离，人们站在自然之外，理性地审视自然，这是人类历史上的一次重大飞跃。科学倡导人们从理性和经验的角度出发思考问题与处理问题，排除一切情感和主观臆断，科学家成为没有独立人格的观察者，这就导致精神和物质的对立。从这个角度来看，科学革命是两种文化对立的一个源头①。两种文化的对立不仅跟科学革命有关系，而且跟学科的独立也有很大的关系。19世纪，学科门类的独立越来越明显，这也是学科发展的必然结果，各个学科之间隔阂不断加强，物理学家不知道天文学家在做什么，不同的科学逐一从哲学中分离出来，形成各自专门的术语和特定的符号。学科门类的分化使教育过于专门化，教育专门化使受教育者只懂得其中一门学科，而不懂其他学科，却还自以为是，不知道相互学习和尊重，甚至导致敌视不同学科的人。科学文化相关的哲学思潮是理性主义、科学主义、实证主义，人文文化相关的哲学思潮是非理性主义、人本主义。理性主义和非理性主义、科学主义和人本主义之间的对立是科学和人文两种文化相对立的深层次原因。科学和人文两种文化在历史发展过程中逐渐走向对立面，形成两种文化的对立和冲突。

（2）科学与人文的区别。科学的目的是求真。通常人们都会想到爱因斯坦的自我表白："我只从探索生命永恒的奥秘中获得满足，从觉察现存世界的结构中获得满足。"② 这个表白的意思有两层含义：

其一，爱因斯坦为科学献身，不是为了名利、荣誉、社会身份等，而仅仅是为了满足自我的心理需求，即从事科学研究带来身心的愉悦；其二，爱因斯坦并不奢望他的研究能够揭示现存世界的所有结构，而只是能够了解这个结构中哪怕是微乎其微的一部分就足矣。这就说明爱因斯坦因为对科学的执着所以才献身于科学事业。这就如他自己所言："那些我们认为在科学上取得伟大成就的人，全都陶染着真正的宗教信念，他们相信我们身处于一个完美的宇宙，并且能够使追求知识的理性努力有所感受的。如果这种信念没有一种强烈感情，如果那些寻求知识的人未曾受过斯宾诺莎的对神的理智的爱的激励，那么他们就很难会有那种不屈不挠的献身精神，而只有这种献身精神才能使人达到他的最高成就。"③

科学的价值不如人文的价值那么直接，通常都是间接的。科学的价值存在于追求善和美的过程中。科学具有相关的价值是指科学总归是达到某一目的的

---

① 吕乃基. 科学与文化的足迹 ［M］. 西安：陕西人民教育出版社，1995：93.

② 爱因斯坦. 爱因斯坦文录 ［M］. 许良英，刘明，译. 杭州：浙江文艺出版社，2004：6.

③ 爱因斯坦. 爱因斯坦文录 ［M］. 许良英，刘明，译. 杭州：浙江文艺出版社，2004：77.

手段，当然手段也是一种价值，或许我们可以称这种价值为工具价值。正如尼采断言的那样："科学——为了统治自然的目的而把自然转化为概念，应该是属于手段这个概念的下属概念。"①

　　人文世界的各个领域，如文学、艺术、历史、哲学、伦理、道德等，旨在表达对善的追求和对美的向往。对善的追求和对美的向往都是人文的目的。人们可以从中国古代儒家经典著作《大学》中找到有力的证据。《大学》开篇就写道："大学之道，在明明德，在亲民，在止于至善。"可见，求学的最终目的在于达到"至善"的境地。朱熹认为，所谓"至善"，指的是"事理当然之极"。一个人达到"至善"的境地后，他就可以"尽天理之极，而无一毫人欲之私"。这句话可以被解释为：当一个人真正对天理——自然的、总体的、根本的道理，有所了解和领悟的话，他就会抛弃其因欲望而生出的各种私心和杂念，遵循这一道理而立身处世。在朱熹看来，"天理"也是通向"至善"的途径，"至善"乃是了解和领悟"天理"的目的。因为美或许是比和真更高一级的生存状态。就历史而言，美的出现晚于善的出现；从逻辑上看，美乃是比善更高一级的价值追求。在中国，真正意义上的审美意识产生于魏晋时期，在这之前，审美意识被局限在伦理意识和功利意识之中②。在西方，美学意识在18世纪中叶由鲍姆加登所创立的美学这一术语中觉醒，在康德、席勒等的美学理论中有了纯粹的表达。为什么崇尚审美的人，大多是生活无忧无虑的有闲阶级，比如中国魏晋时期的名士们、英国19世纪的唯美主义艺术家以及德国18~19世纪的美学家，因为他们无需操心自然的事情以及社会的事情，他们拥有丰厚的物质资源和良好的社会地位。对于他们而言，对美的追求才是精神的最终殿堂。就这层意义而言，人类对美的追求确实是一种奢侈的表现，因为这种需求与人的生存没有直接的关系，是一种高级的需求。当然，这是审美的高级阶段，审美的初级阶段与人的生存是息息相关的。人们对美与丑的辨别有助于人们趋利避害。美的事物大体对人没有伤害，而丑的事物基本是有害的。斯宾诺莎指出，唯有联系到我们的想象，事物才会有美和丑、整齐和混乱。"通过视觉神经感知到客体的运动，如果有益于我们健康，我们就会认为是美的，反之，我们就会认为是丑的了。③"斯宾诺莎所指的审美也是高级阶段的审美。康德也持相近的观念。康德认为，美在真和善之间，也就是在自然的必然和伦

---

　　① 威廉·莱斯. 自然的控制 [M]. 岳长龄，李建华，译. 重庆：重庆出版社，1993：91.

　　② 曹文彪. 科学与人文：关于两种文化的社会学比较研究 [M]. 梁春，译. 北京：学林出版社，2008：49.

　　③ 威尔·杜兰特. 哲学的故事 [M]. 梁春，译. 北京：中国档案出版社，2001：176.

理之间架起了一道桥梁。总之，审美是人类向往的一种较为高级的价值追求，它的价值就是美本身，别无其他。

总之，科学的目的是求真，人文的目的和价值在于至善和追求美的过程。这即是科学和人文的价值差异。

（3）科学文化与人文文化。科学文化主要是指自然科学和自然科学家的文化态度，人文文化主要指人文科学和人文学者的文化态度。英国人查尔斯·斯诺在《新政治家》杂志上发表一篇题为《两种文化》的文章。1959年，他在剑桥大学演讲时将这一思想进一步扩充，演讲题目为《两种文化与科学革命》。据剑桥大学知识史教授斯蒂芬·科里尼说，斯诺在剑桥大学的演讲围绕三个主题：第一，发明了一个新词语——"两种文化"；第二，阐述了一个问题——人文学者和科学家之间的文化割裂，即所谓的"斯诺命题"；第三，引发了一场争论，围绕"斯诺命题"展开的一场思想论战，这场争论的意义已经超出了文化本身，涉及政治、经济乃至生态学等学科，这些内蕴在当今的文化背景下再次重现。斯诺认为存在两种文化，一种是人文学者的文化，另一种是科学家的文化。科学家和人文学者在教育背景、学科训练、思维方式、研究对象以及所使用的工具、研究方法等诸多方面存在差异，导致他们关于文化的理解也截然不同，他们对文化的基本理念和价值判断经常处于互相对立的场域，最后甚至导致两大阵营的人士互相鄙视，不屑于尝试理解对方，不会站在对方的立场思考问题①。这就是所谓的"斯诺命题"。斯诺发现，两类人在智力方面可以相互媲美，社会出身、受教育程度也相差不大，收入基本持平，但是他们几乎没有任何交往，无论是在智力、道德还是在心理状态方面都很少有共同性②。简而言之，科学文化和人文文化这两种文化在文化理念与价值观念方面存在严重的分歧，彼此不认同。

2. 科学探究文化与人文探究文化

因为科学文化和人文文化本身就存在不可调和的矛盾，所以在他们各自阵营下开展的探究教学也必然存在不同之处。他们的不同存在于各个方面，首先，科学和人文在哲学基础上就存在不同，科学的哲学基础是实证主义和理性主义，而人文的哲学基础是非理性主义和人本主义。因此，科学探究教学的哲学基础也是实证主义和理性主义，人文探究教学的哲学基础也是非理性主义和人本主义。其次，科学探究和人文探究在价值论上也截然不同，科学探究的价

---

① 洪晓楠. 科学文化哲学的前沿探索［M］. 北京：人民出版社，2008：178.

② C. P. 斯诺. 两种文化［M］. 纪树立，译. 北京：生活·读书·新知三联书店，1994：2.

值在于求真，而人文探究的价值或者说是目的在于求善和求美。两类人在开展探究教学时，应该采用不同的方式和方法，而不是用相同的程序展开教学。

在实际的教育教学过程中，由于大家对科学探究和人文探究的哲学基础以及目的没有探明，盲目地使用相同的探究方法和探究程序，以至于语文课上得不像语文课，科学课上得不像科学课。

（二）探究教学文化与接受教学文化的冲突

新课程改革倡导探究教学的实施，探究教学在当今的课堂教学中成为主流的教学方式，探究文化逐渐浸染着学校教学生活。然而，由于受到赫尔巴特教育思想和凯洛夫教育思想的长期影响，我们长期处于"一个控制的时代和规训的教育中"[1]，控制性教学已经成为一种教学文化，影响着教学生活的方方面面。现今课堂教学中的问题可以用探究教学文化与控制性教学文化产生的冲突来解释。

两种教学文化具有不同的起源，最初存在着两种彼此分离的社会层次。探究教学可以追溯到实证科学，实证科学始终是在父权制不断扩展的文化中，在血缘共同体或文化共同体中找到的——与工作和商业有关的经济共同体。在这类文化中，人们可以找到宗教方面的圣人和形而上学的圣贤[2]。

接受教学历史悠久，几乎和教学的历史一样久远。17 世纪，捷克的夸美纽斯发表的《大教学论》开启了接受教学的先河。接受教学比较有代表性的人物及其理念有 19 世纪德国教育家赫尔巴特及其提出的"五段教学理论"；20 世纪的教育家凯洛夫以马克思主义理论为指导，对赫尔巴特的"五段教学理论"加以改造并提出新的五段教学法；赞可夫及其提出的"教学与发展理论"；巴班斯基及其提出的"教学最优化理论"；布鲁姆及其提出的"掌握学习理论"；加涅及其提出的"九段教学法"；等等。奥苏伯尔认为，学习者接受的人类知识是用语言符号加以表达的[3]。奥苏伯尔的接受学习理论是接受教学的重要理论基础之一。两种教学方法在起源上存在较大的差异，说明这是两种完全不同的教学文化，因此在价值观念、思维方式和行为表现方面也存在差异。

英国物理学家、化学家和思想家波兰尼对知识的研究表明：在人类知识结构中存在两种知识，显性知识和隐性知识。对于显性知识的教学适合采用接受

---

① 金生鈜. 规训与教化 [M]. 北京：教育科学出版社，2004：31.
② 马克斯·舍勒. 知识社会学问题 [M]. 艾彦，译. 北京：译林出版社，2012：124-125.
③ 皮连生. 知识的分类与教学设计 [J]. 教育研究，1992，13（6）：44-50.

教学的方式，对于隐性知识的教学适合采用探究教学的方式。接受学习强调学习的过程从一般到个别，探究教学强调学习的过程从个别到一般。

1. 价值观念

关于价值观念，从教学目的观来探讨，接受教学的思想来源于苏联的凯洛夫的《教育学》思想。凯洛夫的教学论主张教学的目的是获得现成的知识。因为"从某种程度上来说，现成的知识都是历史祖先获得经验的结果，而这一获得经验的过程不必每个个体去亲自体验"①。传统教学的这种方式基于这样的假设：只有先了解事物的特性，才能使用这种事物。手工训练的方式也是如此，手工训练缩化为对不同技术元素的组合的掌握。在科学教学中，实验室的工作仅仅是对一些物质进行独立而准确的测量工作，旨在获得关于物理学的基本单位的知识，而不是联系那些使这种单位显得重要的种种问题。技术的获得与试验毫不相关，由于脱离情境、脱离应用，最主要的问题是没有将科学的方法作为一种作业方法，将对于事物的认识在应用中体现出来，导致的结果是学生获得了大量专门的或技术化的知识，但这些知识是僵死的。接受教学的最终目的就是获得现成的人类在历史发展过程中已经积累的经验，在必要的时候从头脑中提取加以利用。

探究教学的目的在于培养学生的创新精神和实践能力，因此知识与能力的获得主要不是依靠教师的强制性灌输与培养，而是在教师的指导下由学生主动探索、主动思考、亲身体验出来的②。探究教学注重学生在做中学，注重学生经验的增长，强调学生个人直接的直观经验的丰富，提倡学生个人探索，重视实用知识。探究教学重视的不仅仅是学生在学习过程中获得的知识与德性，更看重学生在学习过程中参与解决问题的能力。借用杜威的话，即强调学习过程中的生长和参与的经验性。杜威曾言："儿童在参加生活中使经验的数量扩充和用经验指导生活的能力增强，也就受到圆满的教育了。"③

探究教学和接受教学在价值观，即教学目的观方面基于不同的教学目的，因此两者之间的文化产生冲突是情理之中的事。因为两者基于不同的目的展开教学，教师、学生以及家长和社会人士都对其有不同的期望，所以探究教学文化和接受教学文化是两种基于不同价值观的教学文化，两者的开展基于不同的文化理念和文化导向，导致的结果也自然不同。

---

① 马克思，恩格斯. 马克思恩格斯全集 第4卷 [M]. 中共中央马克思恩格斯列宁斯大林著作编译局，译. 北京：人民出版社，1972：365.

② 李森，于泽元. 对探究教学几个理论问题的认识 [J]. 教育研究，2002，23（2）：85.

③ 约翰·杜威. 民主主义与教育 [M]. 王承绪，译. 北京：人民教育出版社，2001.14.

2. 思维方式

探究教学的思维方式以反省思维为主，接受教学的思维方式，从学习方式而言就是一种被动学习的线性思维方式。从角色的角度来看，接受教学就是接受者思维。从生态思维的角度而言，接受学习就是一种静态学习。反省思维是连续性的，鼓励人们探索，是需要得出结论的。反省思维也就是探究，就是将不确定的情境转化为确定性的情境的过程。在整个反省思维的过程中，为了解决疑难的需要总是居于持续和主导的地位。如果一种思维没有解决疑难问题或克服困难，那么它是漫无目的的，这样的思维过程可以被称为胡思乱想[①]。反省思维的最终目标是要解决困惑或使遭遇的问题得以解决，这需要有一个结论，反省思维才算是告一段落。反省思维的显著特征就是鼓励人们去探索，激励人们拥有质疑的精神和探究的思想，不唯书，不唯上，敢于对权威和大家确信无疑的事情说"不"。反省思维对某事物的可信或不可信，不是通过自身体现，而是通过能作为证明、证据、依据等的其他事物体现的。反省思维指现有的事物暗示了别的事物，从而引导出信念，此信念以事物本身之间的实在关系为依据[②]。

接受教学的思维方式，从学习方式而言，就是一种被动学习的思维方式。在多年传递式课堂教学的影响下，家长、学生、教师都已经习惯了学生的学习就是被动接受的一种学习状态，教师也习惯了讲授的思维，习惯了学生安安静静、整齐划一地坐在讲台下面认认真真听讲，教室里面鸦雀无声就是一个良好的课堂。逐渐地，学生就形成了惰性学习，反正教师都会讲授，不用自己开动脑筋去思考问题。这样的被动学习自然会迁移到日常生活中，学生就逐渐丧失了思考的能力和机会，也就丧失了批判精神，人云亦云的现象就不足为奇了。学生在课堂上应该扮演什么角色是广大教育者普遍关注的问题。在传统的课堂教学中，也就是接受教学的课堂中，受到"传道授业解惑"思想的影响，教师通常以"给予者"的身份出现，学生往往充当知识的"接受者"。这种传统的思维的影响，忽视了学生的主观能动性，忽视了学生作为人的本质。这样的思维方式长期下去只会导致学生的学习效率低下。从课堂生态的角度来看，在接受教学的课堂中，以教师为中心，教师在课堂上神采飞扬、谈吐自如、信心十足，而学生的学习往往是静态的，学生的学习行为也是谨小慎微的。如果学

---

① 约翰·杜威. 我们怎样思维 经验与教育 [M]. 姜文闵，译. 北京：人民教育出版社，2005：20.

② 约翰·杜威. 我们怎样思维 经验与教育 [M]. 姜文闵，译. 北京：人民教育出版社，2005：18.

生在课堂上提出自己的质疑，教师就会认为这是在干扰课堂，扰乱课堂秩序，就会在第一时间被教师以各种理由和借口制止。久而久之，学生也就学会了遵从这样的规矩，不再随意违反。自然而然，他们的学习热情被打压了，他们的思维会被禁锢，他们的学习潜能也被忽视了①。

3. 行为方式

探究教学的行为方式是做中学，接受教学的行为方式是以被动接受为主。教学的行为方式就是关于怎么学的问题。探究教学提倡从经验中学习，或者叫做从做中学。探究教学应该从学生的经验和活动出发，采用儿童和成人在校外的实际生活所从事的工作类似的活动，使学生在游戏和工作中学习②。这也就是说让学生的学校生活与实际的日常生活紧密相连，学生在学校中学习的问题可以迁移到日常生活中，加以利用，丰富学生的经验世界。同时，学生在日常生活中的学习也可以应用到学校的学习活动中，生活世界和学习世界是相互促进、相互影响、相互关联的，不是截然分开的。探究教学的先驱杜威曾经在芝加哥的实验学校实施他的做中学的教学方法。他把学生看成未成熟的公民，学生期望认识他们周围的环境，并且希望能够控制环境，这就激发起学生强烈的学习欲望，有助于保持学生的学习兴趣。当学生在观察周围环境时，他们会遇到各种不同的问题，这些问题促使他们运用自己已有的经验去收集、分析相关的资料，去想办法解决。在这样的过程中，学生不断进步，不断学习到不同的新知识。这样自己发现的问题，自己想办法解决，学生才会印象深刻，不容易遗忘。

这种"从做中学"是一种科学的方法，按照这种科学的方法，可以丰富学生的成长经验，让学生不断进步。同时，科学的方法是人类思维反省的过程，反省思维有五步，与此相适应的探究教学也应该具有五个步骤：第一，学习者要有一种"真实的经验情境"，即能够激起学生疑难的一些教学活动；第二，在这种类似于日常生活的真实情境中，要有能够促进学生思考的急迫需要解决的真实问题；第三，在学生已有的知识经验中，要具备能够与这个问题有关联的相关经验，让学生在进行一定的观察后能够应对这个问题；第四，学习者对该问题能够进行各种可能的设想，并将这些设想进行有序排列，让这些设想不至于过于混乱而没有条理；第五，学习者要具备能够将这些设想付诸实践

---

① 韩立福. 从传递走向建构：教学思维的深度转型 [J]. 教育理论与实践，2012，32（16）：52-56.

② 约翰·杜威. 杜威教育论著选 [M]. 赵祥麟、王承绪，译. 上海：华东师范大学出版社，1981：202.

的能力，从而验证自己的假设是否成立、这种解决问题的办法是否可靠及能否让其他学习者加以应用。

接受学习的教学过程中，讲授应该起到主导作用，如果讲授恰当，学生就能够顺利掌握知识、技能和方法。讲授对于阐明学科的主要内容、丰富学生的观念和让学生掌握学科的基本概念有明显的效果，通过讲授可以指导学生很好地完成作业，检查和评定学生掌握知识的程度，教师也能够根据教学进度，完成相应的教学任务。教师在进行讲授时，要注意激发学生学习的积极性，指导学生的认识活动，通过讲授教会学生如何学习。

接受教学的假设就是学生通过掌握人类已经积累的知识，在这个获取知识的过程中去认识客观世界。学生所需要掌握的知识都是科学上稳固可靠的财富，并不需要发现新的真理，他们的任务就是要自觉地去掌握基本知识，把这类知识牢牢地记在自己的头脑中，并且在必要的时刻将这些知识从头脑中提取出来，加以利用。因此，接受教学的行为方式就只需要学生被动接受人类在认识历史发展过程中积累的现成知识，学生的学习方式相对而言较为静默。学生主要通过知觉去感知教材、掌握知识、学习新内容，主要通过一些智力活动去形成他们正确的观念和科学概念。

综上所述，探究教学和接受教学的基本假设存在明确差异，因此在价值取向、思维方式和行为方式方面也不相同，两种不同的教学方式在教学文化上存在本质的区别，在实际的教育教学活动开展过程中，就应该采取不同的教学步骤，否则探究教学文化和接受教学文化之间就会产生冲突。

（三）中国传统文化对探究教学的阻抗

探究教学属于舶来品，被移植到中国后，需要解决本土化的问题。中国传统文化具有强烈的历史性和继承性，在与现代文化相融合的过程中，仍然在价值观、思维方式和行为法则等方面潜移默化地影响着我们今天教育教学生活和工作的方方面面。

1. 价值观念对探究教学的影响

（1）教学目的观。中国传统文化的特质之一是伦理价值取向，重视获得道德境界。我国教育传统，上起孔孟老庄，下至宋明理学，都特别注重道德教育与自我修养，还特别重视学生自觉性的养成以及克己内省，在这些思想的发展演变过程中逐渐形成了具有中国特色的道德修养的原则和方法[1]。关于此类

---

① 张岱年，方克立. 中国文化概论 [M]. 北京：北京师范大学出版社，1993：194.

思想的论述较多，如孔子言论中的"君子"，孟子观念中的道德"大丈夫"教育思想，范仲淹倡导的"先天下之忧而忧，后天下之乐而乐"的道德境界，张载呼吁的"为天地立心，为生民立命，为往圣继绝学，为万世开太平"的道德使命感等，均着眼于人的道德使命的体验、提升和完成，不得不说这是彰显我国传统道德教化典范。中国传统文化的重要特征是伦理性，一些西方著名的哲学家也这样看待中国传统文化。例如，斯宾格勒把"道德灵魂"作为中国传统文化的基本象征符号；罗素认为，中国传统文化是一种世俗的"纯粹伦理学说"，其中以儒家为典型代表①；黑格尔提出，在中国，道德是一种重要的元素，甚至国家的特性都可以用客观的家庭孝道来描述，所以离开它中国没法谈哲学。

西方古代的教育目的是强调培养有智慧的人，西欧中世纪的教育目的是培养具有"骑士"精神的人。近代以来，西方强调科学文化知识的学习，培养具有熟练劳动力的人②。我国传统文化视域下的教育目的是培养具有高尚人格的人。

新课程改革倡导探究教学、合作学习和自主学习的开展，具有参与性、过程性与问题导向性等特征，其本质是让学生具有独立性和自主性，积极主动参与问题解决，发展操作能力、探究思维和探究态度以及更高级的认知能力③。但是受到中国传统文化的影响，探究教学在实践过程中已经呈现出各种各样的探究形态，重要特征难以体现，在教育教学实践过程中出现探究教学失范的现象，有的甚至出现形似而神不似的现象。探究教学的目的在于培养学生的创新精神和实践能力，这需要在教师的合作、引导和参与下让学生主动探索、主动思考、亲身体验才能获得④。探究教学不仅仅关注学生在学习过程中获得知识和德性，更加关注学生在学习过程中经验的积累，换言之，就是重视让学生积极参与教学过程中的每个环节，注重学生全身心投入学习。正如杜威所言："儿童所受的圆满教育乃是在生活中让经验的数量得到不断扩充以及用已有的经验指导我们的实践和生活的能力不断增强。"⑤

虽然接受学习确实培养了一代又一代的人才，但是我们应顺应时代潮流，按照新课程改革的要求，学会与时俱进。一方面，我们应该主动转变观念，教

① 罗素. 中国人的性格［M］. 王正平，译. 北京：中国工人出版社，1993：38-39.
② 石中英. 教育学的文化性格［M］. 太原：山西教育出版社，2005：290.
③ 刘儒德. 探究学习与课堂教学［M］. 北京：人民教育出版社，2005：9.
④ 李森，于泽元. 对探究教学几个理论问题的认识［J］. 教育研究，2002，23（2）：85.
⑤ 约翰·杜威. 民主主义与教育［M］. 王承绪，译. 北京：人民教育出版社，2001：14.

师应先从教学目的的认识上把握，以便更好地实施探究教学；另一方面，我们要学会古为今用，在吸收中国传统文化的养分时，注重吸收精华、去除糟粕，学会在教学实践过程中，将最新的教学观念付诸实践，有效实现从接受学习向探究学习的转向。

（2）师生观。中国拥有儒家、佛家、道家等诸子百家争鸣的灿烂文化，拥有 5 000 年的灿烂文明，传统文化的继承、发展，尤其是儒家的"三纲五常"思想的根深蒂固造就了中国特有的文化伦理体系，教育文化体系尤为明显。中国传统文化教育强调建设国家、管理国家事务，最为关键的教育理念是师道尊严，教师为长，因此有"一日为师，终身为父"的说法。这种教育地位的不平等，自然形成专制主义，长此以往，导致绝对权威和民主精神缺失。虽然儒家思想也有"三人行必有我师焉""闻道有先后，术业有专攻，如是而已"的说法，然而真正能客观做到的无非圣人、君子而已。中国古代关于师道尊严的论述较多，如《礼记·孝经》："凡学之道，严师为难。师严然后道尊，道尊然后民知敬学。是故君之所不臣于其臣者二：当其为尸则弗臣也，当其为师则弗臣也。大学之礼，虽诏于天子，无北面，所以尊师也。"① 《史记·儒林列传》："闻三代之道，乡里有教，夏曰校，殷曰序，周曰庠。"② 《礼记·孝经》："天地之道，寒暑不时则疾，风雨不节则饥。教者，民之寒暑也，教不时则伤世。"③ 由上论之，中国古代教师倍受推崇，这一思想演变为"一日为师，终身为父"的传统，教师等同父母。

中国古代的传统教育强调"四书""五经"等经典著作的记诵，强调书本的重要性，因此教师的引导较为重要。中国古代传统文化重视教师的社会地位，毫无疑问，学生的地位则将受到一定程度的影响。在师道尊严的传统文化影响下，教师居于绝对的主体地位，学生处于客体地位，师生之间的关系是一种"授受"关系。在探究教学活动过程中，教师和学生都是教学的主体，教师起主导作用，教师和学生之间的关系是一种民主平等、和谐的师生关系。何谓民主？梁漱溟认为，民主是一种态度或者说是一种心理倾向，民主包含五层含义：第一，我承认并接纳自我，同时也承认和接纳他人；第二，从承认和接纳他人这个观点出发，就发展为彼此平等的精神；第三，彼此平等这一精神又发展为明理精神；第四，从平等明理这一精神出发，就自然有"少数人服从

---

① 贾德水. 礼记·孝经译注［M］. 上海：上海三联书店，2013：154.
② 司马迁. 史记：下册［M］. 北京：中国文史出版社，2003：748.
③ 贾德水. 礼记·孝经译注［M］. 上海：上海三联书店，2013：175.

多数人"这一局面的出现；第五，尊重个人自由①。民主平等的师生关系包括三个方面：第一，师生在人格上是平等的，教师与学生的关系是一种人与人的关系，教师和学生是相互平等的独立个体；第二，在探究教学过程中，强调师生在教学过程中的共同学习、共同进步，师生都是探究共同体中的一员，教学相长，在学生取得进步的同时，教师也在获得进步；第三，探究教学强调培养学生的批判精神，这种批判精神不仅包括对知识的批判，同时也包括对教师观点的批判，学生不迷信权威，不迷信教师，敢于对教师提出挑战，大胆说出自己的心声。

综上所述，探究教学过程不再是教师满堂灌的情形，而是强调学生和教师都积极主动参与到教学过程中，教师和学生都是学习的主体，师生关系是民主平等的而非由权威的教师所主导。我们要学会有选择地继承传统，让师生关系从"师道尊严"向"民主平等"转变。我们不仅要学会尊敬师长，同时要营造一种民主平等的和谐氛围和融洽的师生关系。

（3）教学评价观。评价所要解决的问题是"个人的表现如何"②。中国传统文化视域下的教学评价观是建立在传统文化的教学理论基础上的，教学评价方式存在片面性。传统的教学评价观往往忽视了学生作为独立的"人"的存在，将学生完全禁锢在教室中，仅仅以考试结果来衡量学生，并以此为依据把学生划分为不同的等级。这样的结果导致评价有失公允，没有看到学生作为一个真正的人而存在，不利于学生的全面发展。

中国传统文化视域下的教学评价方式较为注重结果评价，如"仕而优则学，学而优则仕""劳心者治人，劳力者治于人③"。第一句话的意思是做官做得好的是有学问的人，学习优秀的人就可能会做官。可见，传统文化中对教学的评价是以做官来衡量的，学习优秀者就可以做官，这是唯一的评价方式。第二句话的意思是说脑力劳动者的地位比体力劳动者的地位高。中国传统文化下的这类评价方式有失偏颇，阻碍了社会发展。俗话说："三百六十行，行行出状元。"社会中职业千差万别，职业虽有不同，但没有高低贵贱之分，都是为了社会发展做出贡献，都有存在的必要性。

在古代，科举制度是文官选拔考试的重要手段，凭借考试结果，即分数择优录取。科举制度虽然是中国封建社会的文官选拔考试制度，但其"学而优

① 梁漱溟. 中国文化要义 [M]. 上海：上海人民出版社，2005：212-213.
② 艾伦·韦伯. 有效的学生评价 [M]. 国家基础教育课程改革"促进教师发展与学生成长的评价研究"项目组，译. 北京：中国轻工业出版社，2003：25.
③ 傅进军. 大学校园文化 [M]. 上海：上海交通大学出版社，2001：61

则仕"的观念,也深深影响着当时的教育,以致形成"储才以应科目"的办学目的。教育的评价指标是科举考试的结果,即是否被选拔为官员。中国传统文化中"唯分数论"的评价方式深深地影响着一代又一代的文人,可见当时教育评价指标的单一化导致了高分低能的局面。"唯分数论"的评价方式影响了中国教育数千年,在今天,"唯分数论"的思想违背了人才选拔的基本原则,"唯分数论"的评价方式不利于学生情感的发展。对于学生而言,分数仅仅代表一次测验的结果,反映测验当时学生对知识的掌握情况。

探究教学的评价不仅注重教学结果的评价,同时也注重教学过程的评价。探究教学过程中形成的问题如何、提出的假设如何、收集的资料是否齐全、验证假设过程中解释得是否清晰、交流过程中是否表达顺畅,评价结果和反思是否合理等,这些探究过程中的每个环节都是教学评价的组成部分。除此之外,评价主体也不再是单一的,可以是多方主体共同构成探究评价主体。探究教学的评价主体可以是学校的教师,可以是学生本人,也可以是学习共同体中的一员或小组其他成员,还可以是家长和社区工作人员,甚至可以是开展项目内容的相关部门负责人。在探究教学中,多元的评价主体将提供多角度、多层面的评价反馈信息,从而更利于被评价者的进步和发展。传统文化对当今教育的影响依然存在,因此我们在教育教学过程中,特别是开展探究教学的时候,应该根据探究教学的宗旨实施,教师要转变观念,将教学评价从"唯分数论"向多元立体化转向。

教学目的强调获得取向,而忽视参与取向;师道尊严盛行,民主氛围不足;被动接受占主流,自主构建偶有出现;"唯分数论"高扬,多元立体化的评价方式被隐藏……这些是我国目前探究教学遭遇困境的原因所在。因此,对于探究教学的研究,只有历经历史、文化、传统的精神之旅,探究教学的开展才会更加顺利。

2. 中庸思维方式对探究教学的影响

中国传统文化中的思维方式是一种中庸的思维方式,这种思维方式在日常社会生活中扮演着至关重要的角色。孔子明确提出:"中庸之为德也,其至矣乎!民鲜久矣。"其意思是说中庸作为一种道德,它是最高的,但是现在老百姓已经很少有这种东西了,很久都没有中庸这样一种德了①。朱熹阐述中庸思想说:"中者,不偏不倚,无过不及之名。庸,平常也。"② 换言之,中,就是

---

① 钱逊. 《论语》里的人生之道:大字版 [M]. 北京:中国盲文出版社,2014:136.
② 吕友仁. 礼记讲读 [M]. 上海:华东师范大学出版社,2009:197.

不走极端，不要求创新，行为适度；庸，就是在复杂变化的环境中保持稳定的因素。中庸作为中国传统哲学文化的结晶，注重综合、全面、和谐的处事态度，而非片面、极端的处事态度。辜鸿铭在一次演说中对外国听众讲到："当你们考虑我所试图阐释的中国人的精神这一问题时，你们应该清楚，它不是自然科学、哲学、神学或任何一种主义……中国人的精神甚至也不是你们所说的大脑活动的产物。我要告诉你们，中国人的精神是一种心灵状态、一种灵魂趋向，你们无法像学习速记或学习一门外语那样去掌握它——简而言之，它是一种心境，或者用诗的语句来说，是一种恬静如沐天恩的心境。"① 辜鸿铭的演说表明中国传统文化中的中庸思维方式是一种心境，即一种平和的心境，不需要拔尖，也不需要创新。

中庸思维方式强调的是和谐的思想，重视整体性，因此导致缺乏创新思维和缺乏批判精神。中国传统文化中的中庸思维方式至少包含以下两层意思：第一，重视整体，轻视个体。重视整体当然有可取之处，但是针对探究教学而言却不利于开展教学工作。重视整体，侧重于从全局把握，从整体的观点出发，满足于笼统的解释，不利于局部的把握。探究教学不能从整体上把握，而是需要从局部去理解和掌握，并将探究思维贯穿始终，让探究思维延伸到日常生活中来，让大家都形成反省思维和探究态度。探究教学产生于美国，美国推崇个人主义精神，这无疑也是探究思想的源头。美国学者萨姆瓦（Samovar）强调个体主观能动性的发挥，强调个体要独立行动、追求利益。在美国社会，一个人只有具备了独立能力，并且能够自主判断问题、分析问题以及解决问题，才能被大家所认可②。探究教学的理念是尊重每个个体，让每个个体都能得到全面发展，自主构建属于个体的知识。第二，行为适度，不需要创新。中庸的思维方式强调和谐，不走极端，注重综合、全面、和谐的处事态度，这一点正好与探究教学的初衷相违背。探究教学强调创新，强调培养学生独立思考的能力和批判精神以及追求实事求是的态度。中庸思想不提倡创新，不推崇具有独立个性的人出现。中庸思维方式不利于探究教学的开展，不利于探究思维的培养，不利于探究态度的形成。

中国古代教学的任务主要是让学生被动地接受知识，识记"四书""五经"的内容，这不需要有任何的自主创新，只需要识记书中的内容。毫无疑问，这种教学方式培养的学生对知识的理解是片面的，这样的教学方式只适合

① 辜鸿铭. 中国人的精神［M］. 黄兴涛，宋小庆，译. 海口：海南出版社，1996：40-41.
② 王锦瑭. 美国社会文化［M］. 武汉：武汉大学出版社，1996：57.

于现成的既定知识的把握，不利于理科的学习。探究教学的宗旨是培养学生的独立性和自主性，让其在教学过程中能够自主构建属于个体的知识，并在此过程中发展探究态度和探究精神。探究教学倡导学生积极主动参与学习过程，自主构建新知。这里的自主构建新知可以从三个方面理解：第一，学生愿学。学生对所学的学科有强烈的学习愿望，对所学的知识非常感兴趣，积极主动地奔向课堂或教室，主动与教师取得联系，发表自己对所学学科内容的看法。第二，学生乐学。学生在课堂学习和课下学习中，感受到学习带来的身心愉悦，并且学生可以将这一快乐迁移到日常生活中，同家人和朋友分享学习的快乐。第三，学生会学。学生在学习过程中能够建立起一套适合自己的学习方法，并会运用一定的教学策略，让学习成为日常生活中快乐的源泉之一。在教学中要达到自主构建这样一种教学境界，需要教师做好充分的准备。首先，教学目标的设立要具有参与性。教师能够根据教学进度以及学生的身心发展特点，为学生充分准备相应的教学情境，让学生愿意参与到学习活动中。其次，拓展教学空间。探究教学的开展不应拘泥于教室这一固定的教学场景，应该将教学空间拓展到社区、大自然、农场、科技馆、家庭中去，特别是家庭对探究教学的开展起到举足轻重的作用，家庭的经济支持和精神支持才会让探究教学顺利开展。再次，教学内容要具有特色。每个学校应根据自身的学校文化特色，有目的地开发适合自身发展的校本课程，不要被国家课程和地方课程束缚。特别是中小学校本课程的开发，还会形成学校的特色文化，如果这一特色文化发展完善，会让学校声名远扬。最后，教学评价要具有多元性。评价主体和评价方式都不能过于局限，评价主体可以由教师、家长、学生本人、同伴甚至是社区的项目负责人组成；评价方式可以采用结合平时表现、期末考试、课外活动等共同考核的方式。

显然，中国传统文化的中庸思维方式不利于探究教学的开展，我们应该批判地接受中国传统文化中的中庸思维方式。我们在鲜活的课堂教学中，应该注重将教学过程从"被动接受知识"的局面向"自主构建新知"的方向转变，让学生乐学、愿学、会学，实现真正学有所长、学有所获。

三、探究教学误区的文化追因

教学的根本目标在于传承文化，从文化的角度审视探究是理所当然的。从文化学的视角探讨探究教学，也是一种基于课堂的有益延伸。探究教学本身也是教学文化的一种存在方式。杜威认为，人类所在的生活、行动和探究的环境，并非简单的物理环境，也是一种文化环境①。因此，从文化学的视角探讨探究教学是有必要的。

（一）探究教学是一种文化存在方式

探究教学在实践中存在诸多问题，有学者认为，原因是教师的观念没有转变，角色没有调整好；有学者认为，原因是教师将探究教学过度结构化；有学者认为，原因是教学评价的影响。可以从文化方面考虑造成问题的原因。徐继存认为，教育改革不能得以有效贯彻，往往是因为受到教学文化的抵制与抗争②。文化就是人的生存方式，在学校教育中，文化是指师生的价值取向、思维方式和行为方式。教学既是一种文化现象，又是整个人类文化的有机组成部分，还是一种文化实践，必须透过文化的思考才能被理解③。学校文化若没有发生根本性转变，教师教不好，学生也学不好。美国规模最大的改革运动之一——基础学校联盟没有规定学校遵循一系列的理想实践，而是确立了学校文化的特征——以此作为指导思想来推动学校的改革。这些文化特征强调让学生进行有效的思考，以探究为核心，建立个性化的师生关系，塑造民主的教学实践等④。可见，文化与教学的关系是如此紧密，从社会文化学的视角来考察学校课堂教学的问题是非常有必要的。探究教学的问题如果从文化的视角去审视将是另一番景象。文化学的核心是价值观、思维方式和行为习惯。不同的学科，其价值取向是完全不同的，科学学科、人文学科和数学学科的价值取向迥然不同，因此追求的目标也是不同的。不同的学科思维方式也完全不同，理科注重抽象思维，文科注重形象思维。学科不同，文化背景不同，自然开展探究教学的方式方法、思维手段也会不同。

探究文化是教学文化的一种存在方式。探究教学本身也是一种文化存在，体现在课堂桌椅的安排上、教学实践活动的设置上以及师生之间的关系上等。探究课堂桌椅如何安排，究竟是秧田式排列，还是按照马蹄形、新月形、方形、圆形、模块形排列，可能取决于一个地方的传统，也有可能依赖教师的教

① DEWEY J. Logic：The theory of inquiry ［M］. New York：Henry Holt and Company，1938：42.

② 徐继存，车丽娜. 教学文化研究引论 ［J］. 天津市教科院学报，2007 (4)：21.

③ GIROUX H. Education and culture studies：Toward a performative practice ［M］. New York：Routledge，1997：231-24.

④ EDWARD B FISKE. Smart schools，smart kids：Why do some schools work? ［M］. New York：Simon & Schuster，1991：26.

学观念①。探究教学课堂上，有的教师为了便于小组讨论可能会把桌椅按照模块形排列，有的教师喜欢圆形的排列，有的教师喜欢方形的排列。有的教师不会去调整桌椅的排布，而是按照以前的排列方式，让学生调动，这都反映了教师的一种文化观念。杜威强调探究教学是"做中学"，特别强调实践活动。因此，开展探究教学的课堂上都会看到实验或者是活动的教学形式，这也跟探究教学文化来源于科学学科有关。探究教学课堂是一种民主的文化课堂，师生之间的关系不是权威与服从的关系，而是一种合作、和谐、友好、民主的关系。

（二）基于课堂延伸的生活语境

探究教学的目标是在探究过程中树立学生的探究意识，形成探究思维，学会表达探究的结果。换言之，探究教学不仅仅是一种教学方式，更为重要的是通过探究教学，使教师和学生形成稳定的探究思维方式，并将这一种思维方式运用到更为广阔的天地——现实生活中。正如杜威所言，探究是一种解决现实问题的工具，在探究的过程中，个体得以成长，共同体也得以发展。杜威提出，探究最大的收获就是作为工具的作用，并在此过程中反哺民主生活②。这就是说，真正的教育是使每个人都诚挚地融合到整体的人类文化中去，也就是进入人类完整的文化之中，探究的品质必须也必然在这种完整的文化中形成。这样对文化价值的追求使得探究教学从教学方式变为以寻求探究品质为目的的一种生活方式。把探究教学看成教学方式的教师与把探究教学看成生活方式的教师在教学实践活动中的表现是截然不同的，前者的课堂中，探究教学是课堂教学的一种点缀和装饰，探究的氛围并没有真正形成，课堂中仍存在竞争；后者的课堂中，教师更加注重学生探究思维、探究品质的养成。

---

① 施良方，崔允漷. 教学理论：课堂教学的原理、策略与研究 [M]. 上海：华东师范大学出版社，1999：158-165.

② JAMES SCOTT, JOHNSTON. Inquiry and its contexts：John Dewey and the aims of education [D]. New York：Routledge，2000：9.

第四章　探究教学的文化生态圈

　　文化生态是指在人类创造文化的过程中，在适应和征服自然环境的基础上所创造出来的人工环境以及在此过程中形成的相互调适的内在与外在关系。广义的文化生态是指人类在社会发展进程中所创造的文化生存的环境和状态。狭义的文化生态是指社会的意识形态以及与之相适应的制度和组织机构①。

　　以斯图尔德为代表人物的美国文化生态学派认为，文化生态的含义是人类的文化和行为与其所处的自然生态环境之间互相作用的关系。文化生态还有另一层含义，那就是一种类似自然生态的概念。它把人类文化的各个部分看成一个相互作用的整体，而正是这种相互作用才使得人类的文化历久不衰、导向平衡②。

　　马克思、恩格斯指出："思想、观念、意识的生产，最初是直接与人们的物质活动，与人们的物质交往，与现实生活的语言交织在一起的，人们的想象、思维、精神交往在这里还是人们物质行动的直接产物。表现在某一民族的政治、法律、道德、宗教、形而上学等的语言中的精神生产也是如此。人们是自己的观念、思想等等的生产者，这里所说的人们是现实的、从事活动的人们，他们受自己的生产力和与之相适应的交往的一定发展——直到交往的最遥远的形态——所制约。"③ 马克思、恩格斯所说的思想、观念、意识即是文化，而物质活动、物质交往与现实生活就是文化生态。

　　探究教学是一种文化，是文化就存在与之关联的文化生态，探究教学文化也是如此。探究教学的文化生态把探究教学文化的各个部分看成一个相互作用的有机整体，其突出表现为探究教学文化内部各要素之间的相互依存以及与外部环境的动态关联。

---

　　① 张犇. 设计文化视野下的设计批评研究 [M]. 苏州：江苏美术出版社，2014：75.

　　② 方李莉. 文化生态失衡问题的提出 [J]. 北京大学学报（哲学社会科学版），2001, 38 (3)：105–113.

　　③ 马克思，恩格斯. 马克思恩格斯选集：第1卷 [M]. 中共中央马克思恩格斯列宁斯大林著作编译局，译. 北京：人民出版社，1995：72.

一、探究教学的内部本体：课堂文化生态

课堂是在教育情境中由教师、学生等教学主体与环境动态共同构成的教育系统。学校教室作为一种具体的、静态的物质存在形式，是课堂教学活动的主要场所，其直接影响着教师和学生的教育活动。探究基于教室教学活动的课堂文化生态对于开展探究教学有着积极意义。

（一）探究课堂教学文化

1. 目的观：生活、生长和经验的改造

（1）良好的目的标准。如何确定我们的探究目的是正确的、没有偏离主题？换而言之，如何判断探究的目的是合理的，它相应的标准是什么？良好的目的标准至少应该符合以下三个条件：首先，所确定的探究目的必须是符合现有情况的。这个目的必须是以正在进行的研究为前提或依据，结合所处情境中可能遇到的各种困难和阻力来设定。我们的教育理论也应该与此标准相契合，而非在活动之外去寻找其他的目的，一定要遵循目的和所处的情境是有关联的这一准则，尤其是根据所处的情境来设定目的。其次，探究的目的不是一成不变的。探究的目的不像我们规划蓝图来建筑房屋一样，它可能会根据所处情境的变化而有所调整。预先设定目的主要是一种预期，实际行动所得到的结果才能测验它的真正价值。我们可以根据所处情境的实际情况进行修订，使其能够更好地符合活动的具体要求。如果只是一味强加外部目的，在教学活动中，既不去适时推翻，也不去思考、验证修改，那么探究目的就变成了一种机械性的活动，教育者和受教育者只能去被动地执行和接受教育活动，这样不利于探究教学活动的开展。此外，一个合理的、不断修正的探究目的，是我们应对环境文化生态、改造环境生态的有力工具，教学活动可以借助这个目的，使环境生态产生有益于探究教学的明显改变。一个良好的探究目的，先是对学生现状进行调查，进而制定一个试验性的预期目的，随后在教学活动中根据学生所处情境生态的变化适时调整、更新这个目的，推动探究教学活动不断向前发展。最后，良好的目的可以增强教学的主动性，使教学活动自由展开。"目的"这个词往往含有暗示的意思，它可以使我们自主地把活动的结果放在心上，推动探究教学活动的开展。例如，一个学生如果把考研作为一种发自内心的目的，他就会自主地根据自己的作息时间有效制订学习计划，有序开展复习。因为他心

里总是希望达到考取研究生这一结果，所以他就会自主地、不断地付出努力，朝着这一目标前进。如果是外在因素或家长强迫他考研，缺乏了主动的目的观，他复习的过程就很可能敷衍了事。同理，在科学探究教学方面，良好的目的观，尤其是教学主体自主的探究目的观，也会极大地促进教学活动良好、自由地开展。比如说，学生如果自己想探究橡皮泥在水中的沉浮情况，他们就会带着极大的好奇心和实践欲望，去探究自己想要达到的目的。因为探究的内容是自己感兴趣的，是发自内心的，所以探究活动的开展就会变成一件自然的事情。在这个过程中，学生会感到自由，也会乐于去主动探究。

（2）探究目的的特征。良好的探究目的应该具备什么显著特征？首先，探究目的必须根据受教育者的自身需要而制定。其次，探究目的还需要根据儿童心理和年龄特征制定。不同年龄的儿童，他们的心理发展水平是有差异的，即使是同一个年龄段的儿童，其心理发展水平也有差异。探究目的的制定需要注重儿童的个体差异，不能千篇一律地提出"样本"目的，忽视个人的特殊能力和要求，一切知识都是个体在特定的时间和特定的地点获得的[①]。尊重学生，就意味着探究目的要适合学生的个体优势和兴趣爱好。例如，在多元文化的学校里，用琳达·哈蒙达的话来描述："我们要让学生发现他们是谁，他们的情感、天赋和能力如何，他们关心什么以及他们如何对他人做出自己的应有贡献。"[②] 最后，这个探究目的必须要能够建立一个适应探究活动的环境生态。如果探究目的是合理的，有了这个环境，受教育者才能够在这种环境下以这个目的为目标良好地开展探究活动。相反，如果探究活动仅仅是上级教育主管部门下达给教师的强制性目的，没有考虑到学校、学生的实际情况，无法提供一个良好的探究环境，那么探究活动很可能导致学生自身的价值观与探究教学的目的发生冲突。在这样冲突的情况下，探究教学就会缺失动力和目的性，变成一种填鸭式的灌输模式，不利于探究活动的开展以及学生的成长。这种与教学实际脱节的外部的探究目的，不仅不能对学生所进行的探究活动提供有力的指导，甚至会把学生的学习活动带入歧途。

（3）生活、生长和经验改造在探究教学活动中是循序渐进的发展过程，探究教学的目的贯穿这一过程。如同杜威所言，学习的目的是不断生长的过程，是学生经验不断增长的过程。生长的前提条件是未成熟。未成熟是指有生长的可能性，有向前发展的可能性，是一种现状。在现实教学过程中，很多教

---

① 约翰·杜威. 民主主义与教育 [M]. 王承绪，译. 北京：人民教育出版社，2001：119.

② LINDA, DARLING-HANNOND. The right to learn and the advancement of teaching：Research, policy, and practice for democratic education [J]. Educational Researcher, 1996, 25 (6)：5.

师经常会认为未成熟是一无所有，是一种缺陷，是亟待填补的某种东西，这种观念的缺陷是用比较的观点来看待问题，而不是以发展的观点来看待儿童的未成熟，这必将导致教师忽视儿童成长这个特性。未成熟的人为了生长而具有一种特殊的适应能力，这就是所谓的可塑性①。这种可塑性主要是指通过经验学习的能力，根据已有的经验来应付未来的情境中可能会遇到的困难和阻碍。换言之，这种可塑性是指以先前的经验为基础，在自己遇到困难或障碍时，改变自己的行为适应变化的情境，这就为发展各种能力提供了可能。

习惯是生长的表现。同时，习惯是一种执行能力，是一种做事的效率，是利用周围环境达到自己的目的，通过控制动作器官而改变环境。习惯通常有两种理解：其一，被动的习惯。就如同我们把习惯等同于机械的和固定的外部动作，这种被动习惯只适用于遇到相同的困难情境，如果遇到新的刺激、新的环境、新的障碍，往往就不能解决。其二，主动的习惯。这是生长过程所必需的能动性习惯。主动的习惯往往包含思维、发明以及使自己适应新情境的能力，这种主动的习惯可以极大地促进经验、知识的增长。此外，这种主动的习惯还与智力、道德、态度相联系。它可以培养理智的和情感的倾向，还可以提高工作的效率②。一方面，这种主动的习惯可以将思维、观察和反思变成生活、学习中各种有益的技能。例如，主动的习惯使人成为工程师、建筑师、医生和商人等。另一方面，主动的习惯是需要和智力相关联的，否则养成的习惯也是呆板的习惯。例如，流水生产线上工人的工作就是一种呆板的习惯，不需要智力参与。这种没有智力参与的习惯，工作再多都是旧有的方式，没有新意和变化，注定要束缚行为主体的发展。

我们需要注重发展以促进成长为目的的探究教学价值观。以促进成长为目的的教学和强行注入现有认知的教学差别是巨大的，强行注入现有的、成熟的教学模式重视的是以"符合"为代表的知识，它仅仅强调掌握知识的数量，与知识的质量没有关系，所强调的往往是最终的成绩，而不考核个人的态度和价值观以及过程中的收获；以促进生长为目的的教学模式注重的是在真实的和广泛的情境中去学会如何处理、应对各种不同的问题，掌握处理这些问题所采取的措施，而不仅仅是积累知识③。这两种不同的教学目的，就如同卢梭所言："你看看你的学生的知识和我的学生的无知之间的差别，你的学生学习地

① 约翰·杜威. 民主主义与教育 [M]. 王承绪，译. 北京：人民教育出版社，2001：52.
② 约翰·杜威. 民主主义与教育 [M]. 王承绪，译. 北京：人民教育出版社，2001：56.
③ 约翰·杜威. 学校与社会·明日之学校 [M]. 赵祥麟，任钟印，吴志宏，译. 北京：人民教育出版社，2005：221.

图，我的学生学习如何制作地图。"教学的目的更多在于，当需要的时候，懂得如何掌握获取知识的方法，而不是追求知识本身。

2. 师生观：平等交流合作的师生关系

从文化生态学意义上来看，班级是一个由教师和来自不同家庭文化背景、不同社区文化背景、不同成长经历文化背景、不同的个性以及气质类型的学生共同构成的文化生态组织。师生关系不再是压迫者与被压迫者的关系、灌输与静听的关系、权威与一无所知的关系，而是平等独立的合作关系。师生作为平等自由的独立的"人"组成班级，这样的班级就类似一个社群，教师是这个社群的领袖。在这个班级社群里，师生共同努力形成批判思维，师生之间是一种密切的合作伙伴关系，也是能够同舟共济的解决现实问题的协作关系。

（1）平等交流合作的师生关系的意蕴表达。传统的师生关系是一种统治者与被统治者的关系。在这种关系中，教师在年龄、学识和权威等方面具有至高无上的地位，而学生则处于求知的、被统治的地位，这样的关系已经根深蒂固①。探究教学中的师生关系有望从根本上得以转变，学生作为一个独立自主、有尊严的人，积极地参与教学活动，与教师在相互尊重、信任和平等的交流合作中促进双方共同成长，并在这个过程中获得成就感和价值。

第一，教师角色。教师在学校文化生态中扮演着重要的角色，是一种无法替代的重要的教育资源之一，是校园文化和缄默知识的重要组成部分。教师角色文化在学校文化生态中之所以如此重要，是因为教师在教育活动中的重要贡献。教师在教育教学活动中对于精神世界尚未定型的学生而言是"重要他人"。G. 西奥多森和 A. 西奥多森所编的《现代社会学辞典》指出："重要他人"是指那些一个人评价对自己影响最大的人，或者是对于自己接受或拒绝接受社会规范有重大影响的人②。每个教师的角色文化都体现着一定的教育思想：教师在教学活动中帮助学生认识外部世界、认识自己、构建属于学生自己的精神世界。因此，教师的角色文化自身也就是客观世界的反映，对于学生而言，是学生精神世界构建的重要参照物。乌申斯基曾指出，在教育中，一切以教育者的个性为基础……没有教师对学生的影响，就没有真正性格的形成。当代教育家苏霍姆林斯基继承了这一宝贵的思想遗产，他强调，人只能由人来建树，教师的人格就是施教的关键③。

---

① 联合国教科文组织国际发展教育委员会. 学会生存：教育世界的今天和明天 [M]. 上海师范大学外国教育研究室，译. 上海：上海译文出版社，1979：118.

② 黄育馥. 人与社会：社会化问题在美国 [M]. 沈阳：辽宁人民出版社，1986：40-41.

③ 肖川. 文化生态视域中的师生关系 [J]. 高等师范教育研究，1999（4）：45-50.

教师对学生的影响主要通过三种途径：模仿、暗示和言传身教。教师的思想境界、价值观、思维方式和行为方式，无时无刻不对学生的价值观念、思维方式和行为方式进行浸润；教师的知识水平、知识结构和教学方式，影响着学生的知识水平和学习成绩；教师的专业修养、对学生的期望，影响着学生的个人抱负、升学计划以及专业选取等。总之，教师在教学活动中往往以个人的学识、人格魅力和为人处事的风格去赢得学生的信任，这种信任无形中就形成了一种精神环境，对积极调动学生的学习热情和培养学生的道德情操起着至关重要的作用。

在指导学生探究时，教师的角色与魔术师颇有相似之处。教师需要凭借自己对学生的了解，自己的文化功底、学习经验，来决定如何吸引学生、设计教学任务和鼓励学生学习。

在探究教学中，教师需要不断做出决定。例如，如何创设探究情境，引起探究；如何鼓励学生质疑；如何鼓励学生讨论；何时从小组活动转到全班讨论；何时解决学生的错误概念及如何解决；何时直接教授科学知识；如何提炼典型的科学技能和科学态度并将它们模型化。在整个探究过程中，教师要处理好知识学习与探究过程之间的关系①。

在探究教学中，教师需要做的一个重要决定，就是给予学生多少指导，或者说"支架式"的支持提供多少为宜，在给予学生探究指导时，要结合教学目标。教师如果想培养学生独立思维能力，就应给予学生较少的知识指导，教给学生进行研究的步骤，从过程中引导学生独立思考。年龄偏小的学生经验相对不足，教师也需要给予较多的指导。教师该在什么时候给予指导、指导多少呢？以表 5-1 为例加以说明。

表 5-1　探究式科学课堂特征呈现的不同水平

学生自我指导水平			
探究式课堂的必要特征	水平高	水平中	水平低
1. 学生明确探究问题	学生自己提出探究的问题	学生从教师提供的问题中筛选问题	问题由教师或他人提出

① 阿瑟·A. 卡琳，乔尔·E. 巴斯，特丽·L. 康坦特，等. 教作为探究的科学 [M]. 北京：人民教育出版社，2008：119.

表5-1(续)

学生自我指导水平			
2. 学生在制订计划和做研究时，优先考虑证据	学生自己开展研究、收集信息	学生在教师的指导下开展研究、收集信息	学生按教师要求的步骤开展研究，从教师提供的信息中收集资料
3. 学生用证据进行描述、解释和预测	学生根据自己收集的证据进行描述、解释和预测	学生在教师的指导下进行恰当的描述、解释和预测	学生模仿教师进行描述、解释和预测
4. 学生在证据和解释的基础上形成科学知识	学生自己在证据和解释的基础上形成科学知识	学生在教师的指导下，在证据和解释的基础上形成科学知识	教师告诉学生怎样将证据和解释与科学知识相联系
5. 学生与他人批判性地讨论探究过程、证据和解释	学生在展示、讨论、解决问题、收集证据和解释中起主要作用	学生在交流探究过程、证据和解释时需要指导	学生在交流时按照教师要求的步骤进行
教师指导较少————————————————————→教师指导较多			

第二，师生共同努力，批判思考。在教学活动中，往往可以发现师生关系的基本特征是讲解，即教师讲解、引导学生机械地记忆所讲的知识内容。更为糟糕的是，这种教学模式下，讲解把学生变成了"容器"，变成了可由教师"灌输"的"储存器"，往容器里装得越多的教师，越是好教师；学生越是温顺地让自己被灌输，越是好学生①。在这样的师生关系下，教育就变成一种储存行为，学生是保管人，教师是储户，教师不去交流，而是公布，学生耐心地接受和记忆这些要储存的材料，这也就是所谓的"灌输式"教育。在这样的教育制度和师生关系下，学生缺乏创造精神、缺乏变革精神、缺乏创造知识的能力，终究是会被淘汰的。因为没有探究、没有实践，一个人很难在教师原有的知识体系下走得更远。知识只有通过发明和再创造，通过人类在世界上永不满足、持之以恒的探究才能得以继往开来。

在探究教学中，教师需要与学生共同努力，进行批判性思考，追求双方人性化的理解。教师的努力需要充满着对人与人创造力的深信不疑。学生要学会

---

① 保罗·弗莱雷. 被压迫者教育学 [M]. 顾建新，赵友华，何曙荣，译. 上海：华东师范大学出版社，2014：35.

养成批判思考的习惯，要具备怀疑精神。探究教学中教师和学生需要像科学家一样去思考、探究新问题，研究、发现新现象，同时对自己及他人的研究结论保持怀疑、批判的态度。当有证据不支持已有的解释时，即使最初的结论是自己提出的，也必须去改变它。在探究教学中，"我们如何检验这个观点""会有其他的解释吗""为什么这么想""相关的证据是什么"……这些问题应该是教师和学生经常用到的，教师可以询问学生，同样学生也可以询问教师，师生之间应该共同努力，养成批判性思维。

具有怀疑精神和敢于批判别人的观点有时候会与一些传统的态度和价值观相矛盾，比如与人合作、社会的支持、接受教师和长辈的权威。教师和学生应该认识到，在探究教学领域，权威的观点是可以接受检验和挑战的，只是在对别人的观点提出质疑时，应该选择恰当的时间和地点。

第三，合作伙伴关系。师生关系的核心是把教师和学生看成真正意义上的"人"，即师生之间价值平等，没有高低贵贱之分，要把学生真正纳入一种民主、平等、互相理解的师生关系之中。威廉姆·多尔（W.Doll）对教师角色的界定是"平等中的首席（first among equals）"，这种界定没有使教师的作用被削弱，而是一种重新构建，从单纯地构建学生情境到教师和学生情境共存，教师是情境中的首席，而不是独立于情境之外的统治者①。在这样的师生关系中，学生作为一个独立的人、有尊严的人，能够积极地参与教育教学活动，并在教学活动中与教师相互尊重、相互合作、相互信任。师生之间是一种伙伴关系，而不再是一种压迫与被压迫、统治与被统治的关系，也只有在这样民主、平等、和谐的合作伙伴关系中，学生才能够轻松自由、无拘无束地学习，才能够获得成就感和生命的价值体验，感受到人格的尊严。

师生之间的合作与学生之间的合作有所不同，学生之间的合作通常以小组合作为主。小组合作一起提出问题、分析数据、回答问题、解决困难、发表报告等。成功的小组合作之间有相互依赖性，组员之间相互学习、相互促进、相互补充，乐于接受同伴之间提出的建议和批评。师生之间的合作伙伴关系是另一种不同的伙伴关系，教师和学生之间的合作交流能够让学生学到更多不同的经验。

（2）平等交流合作师生关系的生成。探究教学中平等交流合作的师生关系主要通过对话达成。教学活动的良性发展需要师生和衷共济。和衷共济需要的是双方在自愿互信的基础上真正地交流、对话，而不是单纯地在一起。只有

---

① 陆有铨. 躁动的百年：20 世纪的教育历程 [M]. 北京：北京大学出版社，2012：173.

这样，探究教学活动才真正具有意义，学生思考的真实性才能反馈教师思考的真实性。当然，真正的思考是对现实问题的思考，不但发生在探究教学活动的思考中，也发生在师生的对话交流中。

重视文化传递，即重视经典知识或科学知识的教育传递，这样的教育被认为是不完整的，它忽视了教育的能动性，忽视了教师和学生之间的相互作用。只有师生之间的平等对话关系才是发展责任感、性格和自我实现所必需的①。平等的对话关系的建立。对于学生和教师而言都是一种促进教育成长、教育发展的良好方式。

弗莱雷认为，人的学习和认识过程具有个体性与社会性两大特征，而作为认识途径的对话则是这一过程中不可或缺的重要组成部分②。"对话是一种人与人之间的接触，这种接触以客观世界为媒介，目的在于改造世界，这不应该是少数人的特权，而应该是人人享有的一种特权。"③ 因此，作为认识世界和改造世界的对话方式，也应该体现出民主平等的关系。在教育教学领域中，知识不是教师恩赐给学生的礼物，而是通过师生之间民主、平等的对话教育方式产生的。师生之间是一种民主平等的合作关系，师生之间通过平等对话交流的方式创造和改造个体的经验，从而促进师生双方的共同进步、共同发展。此外，师生之间在共同学习、共同完成一项任务时，需要通过交流达成一致意见，师生之间的对话是相互尊重的一种体现，同时也是一个增强教育教学凝聚力和创造知识财富的过程。对话可以促进人们相互理解、相互信任，也能引领人们为迈向公平、民主的社会采取进一步的行动。

3. 过程观：从经验中构建知识

学生在课堂上保持了生活的乐趣，坚定了自信心，释放了被动学习的压力，使其从心里喜欢上了学校。这样学习作为经验的辅助产品就会慢慢地在无意识的情况下完成，使学生收获到比认识知识本身更有意义和价值的学习经验。

传统教学的过程以教师讲授为主，学生以记忆和练习为主地被动接受知识，这样的教学过程观忽视了文化知识和经验世界的有机关联。探究教学的过程与之相反，不再以教师讲授、学生静听为主，而是以学生在实践中学习、教

---

① 瞿葆奎. 教育学文集·教育目的 [M]. 北京：人民教育出版社，1989：447-448.

② FREIRE P, MACEDO D P. A dialogue: Culture, language, and race [J]. Harvard Educational Review, 1995, 65 (3): 379.

③ 保罗·弗莱雷. 被压迫者教育学 [M]. 顾建新，赵友华，何曙荣，译. 上海：华东师范大学出版社，2001：38.

师协助丰富和改造其个体经验为主的教学过程。这样的教学过程观意味着教学知识观是截然不同的，因为知识不是商品，不能直接从一个人手上传递到另一个人手上，教学过程应该是以丰富学生经验为主的过程，教学应该从学生的已有经验出发，通过丰富、扩展学生直接经验的方式学习人类的科学文化知识，并最终实现对人类文化知识的系统掌握。

（1）探究教学过程观从经验中构建知识。教学过程的基本任务是使学生努力学会不断从不同方面丰富自己的经验世界，努力实现个人的经验世界与社会共有的"精神文化世界"的沟通和富有创造性的转换，逐渐完成个人精神世界对社会共有精神财富富有个性化和创新性占有。

并非所有的经验都具有教育性，具有教育性的经验必须满足两个标准：连续性和交互性①。经验的连续性主要是指其要起到一个承前启后的作用，不仅仅要考虑满足学生已有的经验基础，而且要考虑他们后续的经验的生长性。因此，教师或者说教育工作者在给学生提供教育资源和探究情境时，务必要考虑到学生已经掌握的知识以及学生的心理发展状态，不能拔苗助长，要适合学生心理发展规律；同时务必考虑到学生本身的需要以及学生所感兴趣的材料，而不是教师感兴趣的或者说教师从自身的角度考虑给予学生提供材料。教育工作者要从经验的角度出发考虑问题，传统教育存在的弊端在于教育哲学从基础开始就已经产生偏差，因此教育的结果就可想而知了。传统教育存在诸多的专制性质，杜威所提倡的进步教育与传统教育相比而言更符合人民所信奉的民主观念。从教育目的和教育假设来说，传统教育假定教育者拥有知识，这些知识是可以通过传授的方式传递给学生的，即认为这些知识是静止不变的。杜威提倡教育本身并无目的，如果说教育有目的，那应该是培养学生的反省思维，让他们学会如何思考，这比学会静止的知识更重要。经验的连续性原则要以习惯的事实作为基础，习惯的基本特征是每项做过和经历过的经验会改变做着和经历着这种经验的人，不论我们愿意与否，这种改变都会影响以后的经验的性质②。拥有这样的经验的人，同以前的自己相比会有些许的变化，或者在某种程度上来说是一种进步或成长。

经验的交互作用原则是为了解释教育的作用和力量。经验的交互作用是指内部条件和客观条件的交互作用。这里的客观条件，在教育中，包括的范围就

---

① 约翰·杜威. 我们怎样思维：经验与教育 [M]. 姜文闵，译. 北京：人民教育出版社，2005：254.

② 约翰·杜威. 我们怎样思维：经验与教育 [M]. 姜文闵，译. 北京：人民教育出版社，2005：255.

极其广泛，比如说教育者的个性品质，教育者说话的语气、语调，教育者为受教育者提供的图书、资料、设备以及布置的教室环境，设计的教学游戏等，都属于客观条件。换言之，这里的客观条件包括同受教育者发生交互作用的各种资料，更为关键的是，包括个人参与其中的各种情境的整个社会的结构。所以说，教育过程是一个复杂的过程，涉及的因素众多。任何正常的经验都有这两种条件的相互作用，两者的交互作用形成我们所说的情境。经验就是人与其当时所处的环境相互作用的结果。换句话说，环境就是那些同个人的需要、愿望、目的和能力发生交互作用，以创造经验的种种情况[①]。学校教育应该为受教育者设置这样的一种环境，使受教育者和环境发生交互作用，获得认知，以便于使认知变成进一步指导经验的工具。经验的交互作用清楚地表明，若教师提供的教材不适宜个人的能力发展，那将会失去经验的教育作用。同样，如果个人不适应教材，也会使经验丧失教育的意义。

经验的连续性和交互作用是经验的两个重要方面，或者说相当于经验的经和纬，两者相辅相成。经验的连续性原则可以让人从一种情境转换到另外一种情境的时候，让某些东西可以继续地传递下去，给后面的情境提供借鉴。在一种情境中学到的知识和技能，可以成为在后面的情境中运用的工具。

经验的独特性在于其具有主观能动性，重视人与环境的交互作用。杜威所说的经验是一种反省经验，是指实践的经验、行动的经验，强调人的主观能动性，重视实践，重视人与自然和社会环境的交互作用。经验的"真资料"应该是动作、习惯、主动的机能，行为和对遭受结果的适应，感官运动的相互协调[②]。杜威所论及的经验包括主观因素和客观因素两个方面，不是被动接受，不是"静观"；而柏拉图的经验属于"静观"，他认为经验是属于过去的、属于习惯的，经验类似于习惯的意思，不是由理性或思维指导下的行动，而只是存在于过去头脑中静止的图像。既往经验的结果只是作为习惯，这些习惯在以后被盲目地遵守着，或者被盲目地毁坏了[③]。例如，在小作坊里面从事机械工作的工人们，他们的经验就是盲目地机械地重复着一系列枯燥的动作。经验是以旧经验为基础，予以指导新方法、新目标，从而发展新的经验。从这个角度来说，经验是具有建设性的。杜威的经验并非只限于解决同样的情境、同样的问题、同样的目标，而是更强调解决不同的情境、不同的问题、不同的目标，

---

① 约翰·杜威. 我们怎样思维: 经验与教育 [M]. 姜文闵, 译. 北京: 人民教育出版社, 2005: 262.

② 约翰·杜威. 哲学的改造 [M]. 许崇清, 译. 北京: 商务印书馆, 2011: 54.

③ 约翰·杜威. 哲学的改造 [M]. 许崇清, 译. 北京: 商务印书馆, 2011: 57.

经验并非静止不变，而是不断变化、不断发展的。探究教学的过程也就是构建经验的过程，同时在构建经验的过程中获取知识。

（2）如何实现探究教学的过程观呢？第一，教师应转变对知识的认识。教师对知识的认知将会驱使教师在探究教学过程中采用不同的态度，传统的教学认为知识是静止的、是现成的，可以从一个人传递给另外一个人，因此教师的教学主要采用传授的方式进行。那么什么是知识呢？知识的发展脉络如何？

什么是知识？这个问题不是每个人都能给出一个明确的答案。这个问题涉及两个方面：一方面，从逻辑上来说，这个问题关系到知识标准的问题；另一方面，在日常生活中，知识的外延非常广泛，对知识下一个明确的定义不是一件易事。不仅在教育学方面对知识下定义不容易，在哲学方面也是如此。教育哲学家们由于学术背景不同，很难对知识下一个确定的定义，他们只是为了帮助读者能够更好地理解知识，促使读者结合工作的需要对此有一定的思考。

在西方哲学史上，哲学家们对什么是知识这一问题有不同的答案。柏拉图的著名命题是"知识就是回忆"。他的这个回忆，不是简单储存在记忆库中的印象的反映，他认为"知识"是人类理性认识的结果。对此，罗素进一步阐述："他们认为从感觉中根本不能阐述可以称得上是知识的东西，唯一真正的知识与概念有关，根据这个观点，'2+2＝4'是真正的知识，而像'雪是白的'这种陈述充满不确定性，不会在哲学王国中有一席之地。"① 在柏拉图那里，知识是理性的作品。理性是知识得以成为知识的核心要素，因为知识的确定性、可分析性、可言说性和普遍必然性都只能在理性的基础上才得以成为可能。

柏拉图关于知识的认识在西方哲学史上被一些哲学家所认可，尽管他们处在不同的时代和历史文化背景下。笛卡尔作为西方现代哲学的奠基人之一，在知识问题上和柏拉图一样，对感觉经验的可靠性持怀疑态度。笛卡尔的名言是"我思故我在"，在他看来，这是一切知识的前提，也是一切知识最为牢固的基础。笛卡尔认为，感官获得的知识是混乱的，是人与动物共同具有的，只有通过思考获得的知识才是清晰可靠的，也是人所独有的②。

笛卡尔之后的哲学家，斯宾诺莎、莱布尼茨以及康德等也都强调知识的理性作用。斯宾诺莎认为，在人类认识过程中，感情的参与只会让知识陷入混乱状态，只有纯粹的理性才能获得笛卡尔所说的清晰可靠的知识。莱布尼茨认

---

① RUSSEL B. A history of western philosophy [M]. London: Unwin Paper-backs, 1979: 163.

② 石中英. 知识转型与教育改革 [M]. 北京: 教育科学出版社, 2001: 14.

为，宇宙是只有理性才能解码的数学-逻辑秩序。灵魂是外部因素无法影响的独立存在，知识无法从外部触及灵魂，而必须从灵魂自身产生①。莱布尼茨非常强调逻辑在知识获得过程中的作用，认为凭借逻辑，在形而上学和道德领域就可以像在数学领域一样推理。康德宣称知识是由先天综合判断构成的，分析判断是先天的，无需诉诸经验就能知晓，后天综合判断获得的知识是不确定的，因此确定性的知识唯有存在于先天综合判断中。康德没有完全否定感觉经验在知识构成中的作用，因为他认为感性为他们提供了构成知觉对象的感觉性质，这些知觉对象也必然会被知性理解或构想②。

在西方哲学史上，与上述理性主义的知识概念相对立的就是经验主义的知识概念。经验主义的知识概念反对任何先验的观念，认为人类一切知识都来源于感觉经验，都是对外部世界的各种联系的反映。经验主义的代表人物有培根和洛克。培根指出，人们的所有知识都源于感觉，只有个别事物存在，心灵对由感官提供的材料施加作用，知识既是理性的也是经验的，但是理性自身并没有真理。知识的典范是自然科学，方法是归纳法，目标是发明创造的技术③。真正的知识就是对外界事物忠实的反映，观察和实验是获得这些知识最可靠的方法。

洛克认为，全部知识都是以经验为基础，并最终从经验中派生，所有知识都是通过观念获得的。他提出一个鲜明的观点：人的心灵如同一张白纸，没有任何先验的观念，所有的观念都是通过感觉得来的，感觉是获取知识的唯一途径。

经验主义和理性主义的知识概念在西方哲学史上存在较长时间的分歧，在这之后又出现了新的知识概念，即实用主义的知识概念。实用主义的知识概念是在美国历史中逐渐形成的，这种知识不再将知识与主体的理性相联系（理性主义），也不再将知识与客体的属性相联系（经验主义），而是将知识看成一种工具，因此也被称为工具主义的知识概念。实用主义的知识概念的代表人物是詹姆斯和杜威。詹姆斯认为，知识就是两部分纯粹经验之间的特殊联结，就是先验的形式和经验的内容生动地融合到一起，融合到生活的经验之流中。

① 弗兰克·梯利. 西方哲学史 [M]. 贾晨阳，解本远，译. 北京：光明日报出版社，2014：364.

② 弗兰克·梯利. 西方哲学史 [M]. 贾晨阳，解本远，译. 北京：光明日报出版社，2014：386-387.

③ 弗兰克·梯利. 西方哲学史 [M]. 贾晨阳，解本远，译. 北京：光明日报出版社，2014：264.

知识是一种工具，它为生活的目的而存在。检验知识的标准在于它是有用的，因为它是真的，或者说因为它是有用的①。检验其是否是知识的标准就看其是否能够产生令人满意的结果。

杜威认为，知识是有机体和环境之间相互作用的中介，是有机体为了适应环境刺激做出探究的结果。如果一种知识是有效的，那么它一定能够提高有机体适应环境的能力，否则就是无效的知识。杜威说："如果观念、意义、概念、学说和体系，对于一定环境中的主动改造，或者对于某种不确定情境确实是一种工具性的东西，它们的效能和价值就与工作的成功与否有关。"② 布尔斯廷说："在美国的种种发明中，对世界影响最大的莫过于关于知识的概念。"③ 他认为，正是这种知识的概念将美国文化从大量的形而上学和教条主义中解放出来，使美国人的眼光转向周围世界的变化，对新的问题有一种高度的敏感性。

探究教学的知识观就是继承了实用主义的知识观，因而教师应该持这样的知识观，知识是有机体与周围环境相互作用的结果，是为了提高有机体适应环境的能力。传统教学认为，教学内容是一种确定的、封闭的知识，是存在于教科书中的科学知识的组合，知识可以被发现，但是不能被创造；知识可以被传递和接受，但是不能被构建④。教师应该转变传统教学的观念，学生获得知识的途径和方式也应该发生相应的变革，不再是静静地听讲，机械地记忆已有的科学文化知识，而应该注重做中学，让学生在实践中感知和获得知识。

探究思想的知识观不是一成不变的，而是一种解决问题的"方法"或"工具"，知识是假设性的、暂时的、工具性的。探究教学的知识应该不是给定的，而是动态生成的，是学生在经验中主动构建的，探究内容必定是一种师生共同参与生成新知的过程，是一种师生共同构建的体验性过程。这种动态的生成知识具有探究性，教师应该在探究过程中为学生提供探究的空间和资源，促使学生探究，从而培养学生的探究精神和创新品质。

第二，把课堂还给学生，让课堂充满生命气息。传统的教学过程中，大多数学生的大部分时间都是在静静地听教师讲授，或者是在被动地听教师提问、

① 威康，詹姆斯. 实用主义 [M]. 陈羽纶，孙瑞禾，译. 北京：商务印书馆，1979：104.

② 约翰·杜威. 哲学的改造 [M]. 许崇清，译. 北京：商务印书馆，2017：84.

③ 布尔斯廷. 美国人开拓历程 [M]. 中国对外翻译出版公司，译. 北京：生活·读书·新知三联书店，1993：170.

④ 袁维新. 从接受到建构：论知识观的转变与科学教学范式的重建 [J]. 全球教育展望，2005（2）：18-23.

其他同学回答问题的过程中度过，这样的过程不可能实现让每个学生都积极主动地参与到课堂中来，丰富学生个体经验的可能性较小，更谈不上改造个体经验。学生没有真正的机会参与其中，感受毕竟是有限的。因此，要改变传统课堂的静听模式，让探究教学真正落到实处，教师首先要做的就是真正把课堂还给学生，让每个学生都参与其中，为学生内在能量提供释放的空间和时间；让每个学生都动起来，这不仅仅是肢体的运动，更为重要的是调动学生大脑的运动，让他们从以前的静听模式中彻底摆脱出来，解放他们的肢体和大脑，这样才是符合学生身心特点的。

中小学的教师或许还是比较迷惑，到底该如何把课堂还给学生？如何从时间以及空间上把握？尤其是对老教师而言，在实施新课程改革以前，老教师已经习惯了自己那一套自成体系的教学方式和教学流程。新课程改革实施后，既定的、习惯的教学方式遭到质疑，要求采用探究教学的方式，教师最初还是感觉迷茫、疑惑，而且心理上接受需要一段时间。教师应该采取循序渐进的方式实施探究教学，在课堂上把握"将五个方面还给学生"。这五个方面分别是时间、空间、工具、提问权、评议权[①]。

在时间方面，时间可以逐渐递增，刚开始可以把每节课 1/4 的课堂时间还给学生，让学生拥有自己的时间。教师压缩自己讲授课程内容的时间，压缩课堂上一问一答的时间，给予学生时间让他们预习、提问、发表感受等。

在空间方面，教师不要固定座位，根据教学的需要，学生可以自行调整自己的位置，也可以随意地走动讨论。教室的座位也不要固定成一排一排、一行一行的，可以采取圆桌式，也可以采取小组式，总之不要给人一种过分整齐划一的感觉。在教学过程中，学生的座位可以根据需要改变朝向和变动位置。

在工具方面（这里的工具不仅指学习用具，而且包括教学内容的结构化），教师应该教会学生学习结构和掌握、运用结构，能够在各种场合、各种情况下主动地、独立地学习。学习用具不再只是教师准备的特权，也应该放手给学生，让学生根据自己的预习情况，准备第二天上课的学习用具，学生充分准备学习用具也是一种学习的过程，他们知道该如何运用这一种学习用具，甚至有的学习用具可以让学生开动脑筋，自己制作，充分发挥学生的主观能动性。

在提问权方面，这也不再是教师一个人的独享，而是变成每个人的权利和

---

① 叶澜. 重建课堂教学过程观："新基础教育"课堂教学改革的理论与实践探究之二 [J]. 教育研究，2002，23（10）24-30，50.

义务，课上课下提问应该随时发生，让提问成为生活中的常态。教师应让学生在预习和独立思考的基础上提出自己的疑惑之处，遇上疑难问题自己想办法解决，在自己查阅了相关资料的情况下仍然不能解决，可以把自己的困惑带到课堂上，向教师和同学提出。学生提问的过程是思考的过程，同时也是与教师和同学之间相互交流的一个很好的机会，因此教师必须要让学生学会提问。

在评议权方面，探究教学的评价不再只是单方面地以教师评价为主，而是一种多元评价的方式，结合了过程性评价和总结性评价、他评和自评等。在探究教学过程中，学生的自评和他评以及小组评议在每一节内容结束后都会进行。在自评的时候，教师应让学生表达自己的感受，发掘自己在本节内容的学习过程中最满意的部分是什么、当时是如何思考的、如何做的。教师应让学生学会对他人的探究过程提出意见和建议，说出自己认为做得最好的同学是谁，并给予评价，让学生在自评和互评的过程中，学会欣赏他人的成果，学会找到自身的不足。

4. 评价观：以行为表现的评价模式为主

教学和评价是教学活动中不可分割的两个方面：评价可以指导教学，反过来，教学也可以促进评价；评价应该是一个通过倾听、观察和提问促进学生智力发展的持续不断的过程①。

（1）什么是评价。所谓评价，就是依据一定的标准，对某些事和某些行为进行评判。探究教学的评价需要解决两个问题：其一，学生将走向哪里？即评价的目的是什么或探究的用途是什么；其二，学生现在在哪里？即如何使用相关的评价技术了解学生目前的学习状态。

第一，评价的用途。在不同的环境中，教学评价的作用各不相同，而且对于不同的使用者，评价的作用和目的也会存在差异。评价对于环境存在一定的依赖性，那么评价的适切性就会根据它对环境所产生的要求和需要的程度如何而定②。评价需要收集相关的资料，运用收集到的资料对学生的学习行为进行判断，并进一步提出后续的学习任务和调整学习目标。教师、学生、行政管理人员和家长基于不同的目的，处于不同的环境中，因而需要的评价信息截然不同。

教师通过每天的课堂观察获得学生的行为信息，他们根据学生的学习情况制订相应的教学计划，控制和评估教学进展情况，帮助学生学习。学生根据自

---

① 阿瑟·A. 卡琳，乔尔·E. 巴斯，特丽·L. 康坦特. 教作为探究的科学［M］. 北京：人民教育出版社，2008：182.

② 约翰·杜威. 评价理论［M］. 冯平，余泽娜，等，译. 上海：上海译文出版社，2007：21.

己的学习进展情况以及与教师的交谈反馈，进一步了解自己的学习进展情况，从而对学习行为进行反思。行政管理人员需要有精确的评价资料，以便他们可以制定学校的预算，确定学校的规则、学校人员安排，分清各级各类人员的责任、学生的升级和毕业，了解哪些学生在哪些方面具有优势以便做出其他方面的安排。为了配合学校的相关工作，父母也需要知晓孩子在学校的学习情况。父母需要的评价结果可以用多种方式传达，传统的方式是一学期一次的家长会。当然，随着现代通信技术的发展，家校联系的形式多种多样，如电话、QQ群、微信群、共育云平台、成绩单等。接到信息的父母可以用多种方式帮助孩子学习，如增加陪伴孩子的时间，监督、辅导孩子完成基本的家庭作业，与孩子一起完成科技创新作品等。

不同评价者因不同的评价目的使用评价方法的具体情况如表 5-2 所示。

表 5-2　不同评价者因不同的评价目的使用评价方法的具体情况①

评价资料的使用者	目的	频率	结果	评价方法
教师	计划、控制、评估和判断教学过程，帮助学生学习，分出等级	每天	即时的，课堂观察获得学生行为和进步的信息	各种评价方法，正式和非正式的行为评价任务，传统测验
学生	对学习行为和进步情况进行反思	每天	直接与教师交流获得	传统测验，行为任务，教师观察，自我评价
行政管理人员立法者	分清责任，确定预算、政策、人员安排，明确学生的地位，分清升级和毕业	每年一次	滞后的，在校外精心策划，较晚发挥作用	标准化测验，能在短时间内做出评价的选择题和简答题
父母	反思孩子的学习行为和进程	根据需要，至少每学期一次	即时的或滞后的，直接与教师或学生交流获得	传统测验，行为任务，教师观察

第二，评价的分类。根据评价发生的时间节点不同可以将评价分为诊断性评价、形成性评价和总结性评价。

---

① 阿瑟·A.卡琳，乔尔·E.巴斯，特丽·L.康坦特. 教作为探究的科学 [M]. 北京：人民教育出版社，2008：184.

诊断性评价又可以叫做前测，通常运用在教学活动开始之前，评价学生已经掌握的知识、学生的兴趣爱好、学生的能力水平以及学生已有的经验基础等。教师在新课开始之前，可以先通过提问的方式了解学生对某一主题掌握的程度处于哪个阶段，了解学生对该主题的哪些方面感兴趣；再通过行为评价、纸笔测验分析、了解哪些探究活动能有效促进学生发展。诊断性评价可以有效帮助教师调整探究教学策略，从而促使探究教学有序高效开展。

形成性评价是探究教学评价中最主要和最为关键的评价手段。探究教学过程中师生互动可以帮助教师了解学生现有的水平。特别是教师在教学过程中的提问，可以让教师了解学生对该问题的掌握情况，了解学生对知识点的理解力，了解学生的错误之处和已有的经验。教师还可以根据学生在学习过程中的行为表现，知晓学生对探究的态度。这些形成性评价可以为教师改进教学方法提供最直接的材料，同时也可以促进学生发展探究技能，形成良好的探究态度。

总结性评价通常是在教学结束以后，采用纸笔测验的形式进行，主要是为了评价学生的记忆力和理解力，这类评价针对的是概念性知识。这类评价也经常运用在教学进入下一个主题或下一个阶段之前，评价学生对前面知识的掌握情况，这类评价结果便于呈现给家长和管理者。但是，总结性评价不是探究教学的唯一评价方式，如果仅仅运用这一评价方式，无法测量探究态度和探究技能。另外，总结性评价本身也会受到多种因素的影响，如考试环境、心情、天气等客观因素，而且仅有总结性评价属于典型的结果论，很难全面评价整个探究教学过程。

第三，评价模式。评价模式主要有两种：第一种是传统评价模式，也叫做纸笔测验；第二种是行为表现模式。传统评价模式主要包括选择题、判断题、简答题、问答题。选择题和简答题易于评判，教师可以在较短的时间内考核学生对知识的掌握情况，但是，选择题、判断题和简答题使学生不需要进行推理，这三种题型仅仅考核学生掌握知识的情况如何，对于学生其他方面的能力无法考查。相对而言，问答题要灵活一些，需要学生自己组织语言，这有利于锻炼学生的写作能力和写作技巧。问答题可以让教师了解学生对该问题的认知程度如何、是如何看待这个问题的以及遇到类似的问题学生的解决策略是什么。这类题型的弊端在于如果学生的写作能力较弱，就会大大影响学生的作答情况。在探究教学中，如果采用传统评价模式，也需要采用开卷的形式进行，因为测验不是向教师表明学生已经识记了多少知识，而是要通过开卷的形式，发现学生使用知识的能力有多大进步，这更为关键①。

与传统评价模式相比，行为表现模式为学生提供了更多的机会展示自我，学生可以在行为表现模式中展示自己能够做什么、表达和交流自己学到了什么、使自己印象最为深刻的教学内容和教学环节有哪些。在形成性评价中，行为表现模式是被运用得最多的，日常教学中都可以使用，学生也比较适应和喜欢这样的评价模式。一方面，评价过程与学生在探究教学中学习一样，可以很大程度上降低学生的压力；另一方面，教师把行为评价贯穿于日常探究教学活动中，对于教师也是一种行为解放。与行为表现模式相比，纸笔测验更加正式，更具有严肃感，让学生感到那是在测试，是在评价，这样的氛围无疑会影响评价结果。当教师想了解学生应用知识、拟定计划和探究的能力时，行为表现模式更加适合②。

（2）探究教学的评价。第一，探究教学的评价结果应该与学生分享，让学生保持学习的动力和兴趣，明确学习的方向。评价结果与学生分享和交流，可以达到以下效果：让学生明确重要的学习目标；让学生知晓自己对某个主题的掌握情况；让学生看到自己在学习过程中的点滴进步；让学生自己也感受到在学习上的进步，不管进步有多小，都是进步，能够帮助学生获得成就感、保持继续学习的热情；让学生学会用积极的心态看待问题，学会自我导航，了解自己的优点和缺点，明确自己的现实水平和可能的发展方向；让学生感到教师和家长是多么关注他们在学习中的进步。

第二，常用的行为表现评价形式。有效的评价不是偶然发生的，它必须经过教师精心的思考和设计，并在日常教学工作中检验。教师如果想让学生保持学习的热情，就要运用评价。教师在教学过程中的每一个提问、每次观察都应从了解学生的知识体系、了解学生的心理状态、了解学生的学习状态、了解学生对教师教学的反馈等方面出发。这些都能为教师更好地改进教学方法提供重要的理论支撑。

设计行为表现评价首先要明确学生应该学什么，想让学生知道什么、理解什么、掌握什么；其次，就是确定要评价的内容。评价可以采用多种方式呈现，如书写的形式、动手操作的形式等。关键问题是通过行为表现评价方式能够激发学生解决问题的积极性，让学生乐意参与到解决问题中来。如果条件允

---

① 约翰·杜威. 学校与社会·明日之学校 [M]. 赵祥麟，任钟印，吴志宏，译. 北京：人民教育出版社，2008：228.

② 阿瑟·A. 卡琳，乔尔·E. 巴斯，特丽·L. 康坦特. 教作为探究的科学 [M]. 北京：人民教育出版社，2008：191.

许，教师应该尽量设置真实的情境，或者是无限接近真实的情境，因为只有真实的情境才更能接近生活的自然状态。只有将生活和学习有机结合起来，才能更好地激发学生学习的动力和热情。只有把探究教学评价任务变成一个有趣的学习活动，在活动中学习、在活动中评价，才能更好地促进教师的教和学生的学呈现良性循环发展。常用的行为表现评价形式如表 5-3 所示。

表 5-3　常用的行为表现评价形式①

在行为评价中，学生可以做以下包括复杂行为的活动	
①设计和操作一个实验 ②写一篇故事、作文或诗歌 ③做一个口头报告 ④设计制作一段录像 ⑤做一个科学模型 ⑥操作计算机模型 ⑦辅导同学 ⑧编科学杂志 ⑨采访科学家 ⑩带领同学在本地进行旅行 ⑪与一位科普作家通信	①图表数据 ②做一个概念图 ③到图书馆搜集信息 ④完成一个艺术项目 ⑤画一个图表或坐标图 ⑥做一个幻灯片并进行说明 ⑦创作一首歌 ⑧提科学问题 ⑨为植物生长做长期记录 ⑩照顾小动物并记录 ⑪准备一份健康的午餐
学生可以长期收集上述活动的评价资料，放入记录袋中	

第三，探究教学的评估指标。教师进行探究教学的评价，制定相应的评估标准至关重要，否则无法进行价值判断，无法确定教学质量。教师有了相应的评估指标，就可以根据探究教学的评价指标进行合理的评估，正确反映探究教学的优点和不足之处。探究教学的评估指标是探究教学的评价标准的具体化，但目前还没有完善的探究教学评价体系。探究教学的评估指标大体可以从以下三个方面揭示探究教学的效果。

首先，探究精神和探究态度。探究教学的知识观假设知识不是一成不变的，而是发展变化的。探究教学要求学生解放思想，不迷信权威，这就是所谓的探究精神。探究教学的评估指标有以下几个方面：一是客观精神；二是探索精神，在科学研究方面或是在学习方面能够专心致志，勇于尝试，敢于创新；三是质疑精神，不唯书，不唯上，敢于质疑权威，有自己独立的思想；四是公平竞争与合作精神，善于与他人合作共事，能够正确看待竞争，能够与他人协作共同完成任务。

---

①　阿瑟·A.卡琳，乔尔·E.巴斯，特丽·L.康坦特. 教作为探究的科学 [M]. 北京：人民教育出版社，2008：193.

探究态度是指在探究过程中对待客观事物行为倾向的表现。关于探究态度，重要的指标有三个：一是要有探究兴趣，对待新鲜事物的好奇心和浓烈的求知欲望；二是要有探究动机；三是要有探究爱好，热爱科学实验和创造发明活动①。

探究精神和探究态度是科学素养的关键要素，对这两个要素的评估适宜采用行动表现评价形式，因为运用纸笔测验这一传统评价方式是无法测量探究精神和探究态度的。

其次，探究方法和探究能力。探究方法是指在进行科学探究活动时的思维方式和行为方式以及采用的相关手段，如提问、观察、提出假设、收集资料、实验、分析、提出结论等相关的一系列活动。探究能力是指采用上述探究方法时所需要的心理品质，如观察力、思维力、想象力、创造力等。

探究方法和探究能力所包含的指标有以下几种：一是搜集资料的能力，即面对疑难问题时，能够及时搜集到和甄别出对解决问题有帮助的信息，对科学信息的检索有自己独特的方法。二是观察能力，即能够有敏锐的观察意识，可以及时捕捉到有益的信息，观察细致、准确度高，观察结果具有可靠性。三是建立假设的能力，即对于疑难问题能够根据收集到的相关资料和自己已有的经验，提出自己的假设，思维具有一定的创新性。四是实验能力，即掌握科学实验方法和基本的操作程序，能够独立完成科学实验，实验步骤规范、实验结论有效，能够独立设计实验方案，并能够体现科学性和可操作性。五是表达能力，即具有较强的概括能力，学会撰写实验报告，善于积累研究成果，注重表达，对于自己的研究成果能够自如地表达心得体会，并与他人分享，能够提出自己的独到见解。六是实际操作能力，即能够实际操作运用科学探究所需要的工具和仪器；能够自己制作模型和作品，而且作品看上去要美观；能够自己创设科学研究所需要的条件、设备等；能够自己动手装备实验室；能够自己动手制作实验工具和仪器。

最后，探究行为习惯。探究行为是人对待世界的一种态度的外在具体表现和外在标志。如果一个人的探究行为成为一种持久的惯例，也就形成了探究习惯。学生爱动脑、会动脑的探究行为习惯的主要表现有：一是想象力异常丰富，对周围的一切事物都充满好奇，思维敏捷。二是求知欲望强烈，爱好看书，喜欢提出问题和想办法解决问题。三是具有较强的意志力，在探究活动中坚持到底，直到解决问题为止。

---

① 靳玉乐. 探究教学论 [M]. 重庆：西南师范大学出版社，2001：267.

（二）探究课堂环境文化

1. 自由的交往

学生在课堂上自由交往，每个学生的思想观念、暗示、学习心得、过去的失败的教训和成功的经验，都可以在学生之间自由交流，学生之间平等交往，这是课堂氛围的主要表现。学科竞赛也是学生之间相互沟通交流的一种特殊形式，这种个体之间的比较，不是以吸取知识的多寡为衡量标准，而是以所完成任务的质量为衡量标准，也就是用真正的社会价值的标准来加以衡量①。这里的自由交往不仅是学生之间的自由往来，也包括教师和学生之间的自由交往。在传统的课堂上，教师的权威地位导致教师高高在上，学生对教师都十分畏惧，更谈不上自由交往。探究教学的课堂应该是民主、平等、自由的课堂，教师和学生之间处于平等的地位，教师权威被消解。只有这样，教师和学生之间才可以自由交往、平等交流。

2. 民主、开放的课堂氛围

探究课堂本身的文化生态是一种民主开放的课堂。在探究课堂里教师和学生之间是民主、平等的关系，是一种人与人之间的"你我"关系。教师和学生是在民主、平等、融洽的氛围中共同学习。教师不再是知识的拥有者，而是和学生一样是探究者，教师和学生之间相互协作、相互促进、共同进步。教师和学生之间不分彼此，自由畅谈，这样民主、开放的课堂氛围会让学生感到更加轻松，进而更愿意走进课堂。探究课堂是一种开放的课堂，而非封闭的课堂。探究课堂不受地域限制，不拘泥在一个封闭的室内空间，可以在运动场、森林、公园、气象站等。探究课堂即使在室内教室进行，也是对外开放的，可以欢迎校内外的教师随机推门听课。推门听课的教师不仅仅是来静听学习，也可以根据上课的情况，提出自己的见解，这样可以开阔学生的视野。探究课堂还欢迎各行各业的知名人士带来理论和实践知识，以此打开学生的眼界。学生在课堂上可以自由发表自己想法和探究思路，自由交流，充分享受民主、开放的课堂氛围。

3. 共有、共享的课堂制度

每个人都生活在一定的制度中，生活在一定制度中的人在态度、性格和精神状态等各方面都表现出一定的相似性。课堂制度主要指维护课堂劳动和课堂

---

① 约翰·杜威. 学校与社会·明日之学校 [M]. 赵祥麟，任钟印，吴志宏，译. 北京：人民教育出版社，2005：30.

运作的各类关系的守则与规范，是教育主体为维护和协调各类课堂行为而形成的规章制度①。课堂制度的核心思想就是在课堂教学运行过程中教师对学生的规范，以确保课堂教学有序进行。

接受教学的课堂制度是一种规范化的课堂，是一种外在约束力的课堂制度文化，由一系列的课堂规章制度构成，学生只需要默默地遵守即可。探究教学的课堂制度是一种相互协商、民主的课堂制度，课堂制度的形式是共有、共享的形式。共有、共享的课堂制度是民主的课堂制度，因为这种制度隐含民主的本义——"由人民直接或通过分区选出代表来治理或统治国家"②。对于每一位课堂成员而言，这种课堂制度意味着对课堂强者和课堂弱者的肯定与保护③，是现代民主课堂制度的典型形式。

探究教学文化中，教师的权威地位被弱化，教师和学生处于平等地位，课堂制度不再是教师强制对学生行为的一种规范。探究教学文化中，课堂制度是在教师和学生协商的形式下共同产生的，是教师和学生共有和共享的一种课堂文化。课堂成员有能力自己管理自己，教师和学生共同拟定一份课堂制度，起到教师和学生相互监督、自我约束、自我提醒的一种作用。课堂制度是维护全体课堂成员正当权利的一种方式，课堂制度的制定和实施由全体成员共同商讨决定，要代表广大师生的利益。课堂的每个成员都有投票权，每个人都有表达自己意见的机会。成员众多，不可能每个人的意见都被兼顾，按照少数服从多数的原则、自愿投票的原则，共同商议课堂制度。课堂制度在师生共同商议决定后，大家要自觉遵守课堂制度，以此确保课堂教学的有序开展。

二、探究教学的外部保障：家庭、学校、社区文化生态

（一）和谐民主的家庭文化生态

家庭生活是教育的中心和启蒙之地，从某种程度上来说，家庭为教育机构提供了一种教育模式，在家庭生活中，各种物体，如桌子、椅子、庭院中的树木、围栏上的石头，都含有社会意义。它们为人们所共同使用，并且影响着他

---

① 田千兴. 课堂经济学 [M]. 北京：警官教育出版社，1998：128.
② 石中英. 教育哲学导论：第2版 [M]. 北京：北京师范大学出版社 2004：292.
③ 石中英. 教育哲学导论：第2版 [M]. 北京：北京师范大学出版社 2004：291.

们在生活中的一言一行①。

探究教学所需要的理想家庭生态环境应该有一对贤明的父母，他们知晓孩子需要什么，知道什么对孩子是有益的，知道如何引导孩子。他们通常会通过交谈和家庭组织让孩子在家庭生活中愉快地进行学习。

1. 家长和谐民主的养育方式

（1）通过交谈和家庭组织进行学习。孩子在家庭中通过与家长和来访客人的交谈进行学习。在谈话时，家长会有意识地注意哪些谈话内容是对孩子有益的，哪些谈话内容是孩子感兴趣的，哪些谈话内容是对孩子有价值的，家长会有意识地加以提问，甚至是讨论。孩子根据自己已有的经验表达自己的想法时，如果是不正确的想法会得到及时的纠正。在这个过程中，孩子不断学习、不断成长、不断丰富自己的经验。

（2）参与家庭劳动。贤明的家长应该让孩子参与家庭劳动，并让孩子在这个过程中养成勤劳、有序的习惯。在孩子参与家庭劳动的过程中，家长还应让孩子学会如何尊重和关心他人，让孩子感到自己在家庭中的重要地位。

（3）儿童的生活空间拓展到户外自然环境。支持探究教学的家长应该理解和知晓探究的本质，知道探究的源泉在生活中，探究应该发生在自然生活的方方面面。支持探究教学的家长应善于利用周末、节假日时间带孩子到周围的公园、田野、森林等更广阔的世界中去探究。在公园、田野和森林里，孩子们可以看到平时看不到的动物、植物以及大自然的奇妙之处。在这些本真的地方，孩子尽情玩耍、尽情探究。

2. 家长支持学校的探究工作

家校合作有利于学校探究工作的顺利开展，学校应该培育良性的家校关系。学校应该积极争取家长支持学校的探究工作，通过各种方式与家长取得联系，传递孩子在学校的信息，如可以通过邮寄信函、学校网站开发、校园开放日以及传统的家长会的形式，还可以通过 QQ 群、微信群、家校互通平台等方式。孩子的教育不能仅仅依靠学校，家长是孩子的第一任老师，家长对孩子的教育起到至关重要的作用，家长应积极与学校保持联系，积极主动支持学校的相关工作，在一种互信、互谅的氛围中，促进孩子的成长。此外，学校、家庭和学区之间的伙伴关系对学生的学习和学校的成功至关重要，这已经不再是一个公共关系的问题。当然，发展这种伙伴关系需要时间、组织和多方的努力。

---

① 约翰·杜威. 学校与社会·明日之学校［M］. 赵祥麟, 译. 北京：人民教育出版社，2008：246.

如果学校、家庭和学区形成了伙伴关系，这无疑会对探究教学的顺畅开展起到锦上添花的作用。

家长支持学校探究工作的前提是家长了解学校的探究文化，并且愿意为孩子的成长付出时间，同时家长需要具备相关的条件。因此，问题的关键是学校应该为家长充分了解学校探究文化做出努力，让家长有更多的机会参与到学校探究文化的形成过程中来，确保每学期至少让家长参与两次学校的探究活动，让家长感受探究文化是什么、对于孩子的成长有什么帮助以及与其他文化的异同点。家长可以在家里开展探究活动的时候加强亲子沟通，这样有助于亲子关系的和谐。在家里和孩子一起参与探究活动，这也是家长支持学校探究工作和谐的表现之一。有的探究活动对于孩子而言有一定的难度，需要家长的协助，在这样的情况下家长就应该责无旁贷地参与其中。

（二）促进探究共同体形成的学校文化生态

社会是一个大的生态系统，学校是其中一个较小的生态系统，同时也是一个人工生态系统。学校教育的产生、发展反映了一定历史阶段的社会发展水平。学校本身有各种各样的生态因子，杜威指出："学校是一种特别的社会环境，它用专门的设备来教育孩子。"学校还受社会中各种生态因素的影响，学校的目的、功能、内容、形态与方法无一不受生态环境的作用和影响①。

学校为民主的目的而存在，为公民的利益而存在，一个社会如果意识到它的学校是公民活动中一个强有力的因素，就会很快做出回应，给予支持和帮助，或者扩大使用社会的设备，或者给予必要的人力、物力、财力的直接支持②。

1. 发挥校长的作用

萨乔万尼指出："最成功的学校领导会告诉你，形成正确的文化以及关注教师、学生及其家长所共同认同的意义，是人们普遍认为创造成功学校的两条基本规律。"③ 成功的学校领导都知道如何有效利用学校文化，有效管理学校。学校管理文化是在学校管理过程中形成的一种特殊的文化倾向，是以学校教育价值观为核心的观念、制度、组织架构、行为方式的集合体，对师生具有正面

---

① 鲁洁. 教育社会学 [M]. 北京：人民教育出版社，2007：289.

② 约翰·杜威. 学校与社会·明日之学校 [M]. 赵祥麟，译. 北京：人民教育出版社，2008：318.

③ SERGIOVANNY T J. Organization or communities? Changing the metaphor changes the theory [J]. Eeducational AdministrationQuarterly，1994，30（2）：214-226.

导向、凝聚激励、约束规范、同化辐射等作用①。学校管理只有以人为本，实行民主管理，才能创造出和谐、轻松、愉快的育人环境，也只有在这样的环境下，教师和学生才能充分发挥自身的主观能动性。

一项新的教学计划有效实施的重要保障是学校领导的支持，学校校长起着至关重要的决定性作用。美国洲际领导证书联盟建立了一套校长标准综合体系，其中有代表性的六项指标如下：第一，校长是促进所有学生获得成功的教育领导者，要推进学校共同体所共享和支持的学习远景的确定、明晰、实施和服务。第二，校长是促进学生获得成功的教育领导者，要倡导、培育并维持一种有益于学生学习和教师专业成长的学校文化与教学计划。第三，校长要为创设一种安全、高效率和有效探究共同体对组织、运行和资源进行管理。第四，校长要与家庭和社区进行合作，对社区的各种利益和需要作出回应，并积极争取有效利用各种社区资源。第五，校长是促进学生获得成功的重要人士，需要以公平、公正、公开、透明的方式形式进行管理。第六，校长要对政治、经济、法律和社会文化环境有所知晓和了解，并有能力在必要的时候做出反馈，发挥影响力②。

学校领导要体现出仁者爱人、智者知人的品质。学校领导要注重以人为本，处处体现民主的思想，实施民主管理。唯有民主管理，学校才能走向更加美好的明天。

2. 以校本课程为依托，形成探究文化

学校文化特色建设是当今教育发展的主题。《国家中长期教育改革和发展规划纲要（2010—2020年）》指出："树立以提高质量为核心的教育发展观，注重教育内涵发展，鼓励学校办出特色、办出水平，出名师，育英才。"学校文化特色是一个学校的标志和名片，体现一个学校的教育风格。

校本课程开发强调以校为本，学校以此为依托，培育探究文化，形成学校的特色。同时，校本课程的开设让学校从课程决策的边缘走向中心，学校可以以此为契机，考虑学校的办学传统特色和转变教育理念，明确学校发展的方向，并逐步把校本课程转变为课程实施与发展过程中的重要环节。

当前，每个学校都在探寻自己的办学特色，以此打造学校的特色。校本课程开发有利于学校整体性的突出，尤其是有利于学校在观念文化、制度文化和

---

① 范国睿，赵瑞情，王加强. 历史文化名校的现代化转型：上海市浦东新区百年老校扫描 [J]. 教育发展研究，2007，27（4A）：57-62.

② Michael Fullan. 教育变革的新意义：第4版 [M]. 武云斐，译. 上海：华东师范大学出版社，2010：229.

行为文化上的整体更新与优化。从一定意义上讲，校本课程开发能够极大地促进探究文化的形成①。

学校重视校本课程开发，领导会在人力、物力、财力等各方面予以支持。例如，某学校以技能为特色，领导就会划分专门技能培训费用，重视各种技能竞赛，鼓励教师和学生积极参与省市级技能竞赛以及全国技能竞赛，鼓励教师在专业课程设置及人才培养计划上向技能竞赛方向倾斜。此外，学校还会鼓励教师从事相关科学研究，并划拨一定的经费用于教师进行研发和发表科研成果，鼓励教师积极申报各类技能类研发课题等。如果该校以科技校园著称，学校领导、教师还有学生都会在科技方面投入更多的时间，学生的科学探究也会花费更多的时间和精力。在这样的学校，有了学校对校本特色课程开设的支持，探究教学文化的形成就变成了水到渠成的事。同时，探究文化的形成有助于推动更有效的、社会公正的教学实践。两者是相互联系、相互协调统一、密不可分的关系。教师会在日常行为中有意无意地重建学校的主流文化和意识形态，学校探究文化的形成也能够更好地促进学生的学习，促进特色校本课程的开设，为所有学生提供丰富的课程。

3. 探究共同体的形成

学校如同其他专业场所一样，要实现成员间高效能的发挥，需要增强同行之间的密切沟通和相互认可。在学校里，教师群体可以通过相互学习，多方交流形成探究共同体，发挥每个教师的最大潜能，促进教学活动的开展。创生性的学校文化中需要教师有意愿、有能力并有机会不断反思他们教学的每个方面②。这种探究教学要求教师不应一味追求应试教育的灵丹妙药，而应积极建设反映教师、反映学校文化特色的探究教学文化。

在民主社会的学校中，将科学实验方法作为学校课程的精髓，以反省探究活动为主要的形式，不仅是一个培养理智人的科学活动，而且是一个合作民主的活动。在反思探究活动中，需要合作的方式、自由的氛围、宽容的态度、客观的立场，这些品性作为生活方式的民主具有内在的一致性。学校课程应该选择那些能够培养学生合作精神的活动，通过课程活动中的合作培养学生对他人的尊重以及民主的精神。

综合实践活动的开展需要具有综合能力的教师。这样的教师不仅仅需要精通自己所教学的具体学科的专业知识，而且还应该具备对于人与自然和社会普

---

① 叶波. 论学校课程开发与特色学校建设 [J]. 教育发展研究，2011 (20)：11-14.

② MICHAEL, FULLAN. Change forces：Probing the depths of educational reform [M]. London：Falmer Press，1993：22.

遍联系的丰富知识。教师的精力和时间有限，需要具备如此丰富的知识，不是一件容易的事情。为了有效地解决这个问题，一个切实可行的办法就是增强学校教师之间的相互沟通、相互协商、分工合作。"学校可以力图把各项工作交给专家负责，让他们去协商和合作，保持一致与协调。根据相同的一般原则控制各种课程与作业，以取得目的与方法的统一。"① 通过合作，形成探究共同体，在这样的学校里，合作代替了竞争，共同的目的消除了利益之间的藩篱。教师之间探究共同体的形成有助于他们协同工作，为学生创设真实的探究环境，让学生在游戏、活动和问题解决的过程中结成真实的社会关系，并逐步将这种关系扩展到校外生活，进而扩展到社会民主生活中去，为民主社会的形成奠定基础。

探究共同体的形成以探究小组的形式展开。探究是教师、管理者、学校支持人员和校外"批评性朋友"之间的动态对话。探究小组成员从教学经验方面来看，既有经验丰富的老教师，又有初任教师；既有来自不同学科的教师，又有来自校外的人员。探究小组每周在固定的时间相聚一堂，在探究小组的活动中，每个人可以自由表达，哪怕是初任教师，也可以将自己的观点和想法表达出来，其他教师应给予其尊重，并仔细倾听，在和谐的气氛中开展探究活动。在小组中，每个成员都要尽力为探究小组做出贡献，把自己最新的课堂经验和自己的研究成果带到探究小组与大家分享。在探究小组内，大家不仅可以交流教学实践及与教学相关的最新成果，还可以共同阅读和讨论重要的教育理论著作。这样的探究共同体可以改变教师之间的关系，改变课堂教学方式，构建新的学校探究环境。

4. 学校与社区紧密联系

学校所处的社区可以通过两种方式影响学校：一是社区环境影响学生，进而影响学校文化；二是社区环境直接影响学校采取的教育措施，进而影响学生的成就与行为②。学校与所在的社区的这种密切联系，不仅能丰富学校的活动，增强学生的动力，而且还能增强社会的服务能力。

（1）学校邀请社区知名人士到校。社区是社会学中的一个从空间形式来反映人们社会生活的概念。这个概念源于腾尼斯提出的"gemein-schaft"一词。学校应该有一个能够形成公共意见的集会场所，在这个场所可以唱歌，可

---

① 凯瑟琳·坎普·梅休，等. 杜威学校 [M]. 王承绪，赵祥麟，赵端瑛，等，译. 北京：教育科学出版社，2007：26.

② 林清江. 教育社会学新论：我国社会与教育关系之研究 [M]. 台北：五南图书出版公司，1989：39.

以聆听高年级的学长讲解有趣的实验，或者由烹饪班的学生宣布物美价廉的事物单，或者听社区医生讲解如何可以改善家庭周围环境的卫生状况，或者是讲解如何养生、如何保健的医疗常识等。

学校可以邀请社区的政治家来给学生讲解时事政治，也可以邀请社区高校的知名教授到学校为师生员工讲解探究教学的哲学根源；或者与社区的其他兄弟院校的教师合作，邀请其他学校的教师来校上同质异构的课程，让学生感受不同学校的文化气息。学校甚至还可以邀请本校的知名校友回校为学生讲解成长历程，让学生感受榜样的力量。

（2）利用社区的公共资源。学校可以有效利用学校周围的社区公共资源为学生的探究提供更为广阔的素材，比如带学生到社区的博物馆参观，给学生讲解博物馆里面的相关历史知识，让学生自己查阅相关的资料，充分发挥学生的想象力，想象恐龙时代的现实状况和自然条件是怎样的以及恐龙是如何生活的、恐龙生活所需要的社会文化条件又是怎样的。学校可以带学生到社区内的公园参观，根据一年四季植物的变化，让学生感受春、夏、秋、冬。学校可以带学生到社区的公共图书馆去，让他们学会阅读或查询相关资料，或者让学生学会如何利用图书馆查阅自己想要查询的书籍。学校可以带学生到社区的高校进行参观，特别是到物理学院参观机器人等设备，开阔学生的视野。

（3）学校成为当地社区人民的财产。学校不仅要从社区获取有利于发展的相关资源，同样学校也应该为社区提供应有的设施和设备，让学校成为当地社区居民的财富。社区需要各种专门的课程和娱乐活动，学校可以给予社区提供种种便利，如为社区提供与社会生活密切相关的实用课程，还可以为社区提供各种娱乐设施，让社区的居民无条件使用。这样社区和学校就建立起了紧密的联系，使学校成为社区的重要部分，社区和学校的关系也自然就会融洽。学校在开展探究教学时，社区也会积极支持。

学校活动的核心，就应该到活动中去寻求，而不是到传统的所谓学科中去寻求。实验学校找到的一个共同的中心，就是把学校当成家庭的思想，社会生活的各种活动都在这里进行①。在杜威学校中，他用手工、缝纫、烹调、戏剧、商贸等家庭和社会活动取代了传统的分科课程②。这些课程的设置是建立在学生探究、建造、交往的兴趣基础上的，同时又以生活情境和问题情境的形

---

① 凯瑟琳·坎普·梅休，等. 杜威学校［M］. 王承绪，赵祥麟，赵端瑛，等，译. 北京：教育科学出版社，2007：3.

② 凯瑟琳·坎普·梅休，等. 杜威学校［M］. 王承绪，赵祥麟，赵端瑛，等，译. 北京：教育科学出版社，2007：218.

式呈现，把学生的游戏与工作结合起来，学生游戏的过程就是工作的过程、学习的过程、探究的过程，学生在生活的过程中获得经验，并将这样的经验与社会经验建立联系。

（三）长远与当前兼顾的学区文化生态

1. 学区发展意愿规划

学区发展意愿规划决定了该学区中小学的发展方向，起到一个引领作用。因此，探究教学的学区文化生态环境就由学区发展规划所决定。如果学区的发展意愿规划是以素质教育为导向，那么探究教学实施和开展也会如鱼得水，会有更多时间和空间。例如，某区教育发展意愿规划是以素质教育为导向，该区所涵盖的幼儿园、小学、中学都会以此为方向，在教育教学目标的制定上更加倾向学生能力的发展、注重学生素质的提升、关注学生的全面发展，不再以升学竞争为指挥棒。学区的整个发展规划决定了该学区的学生发展方向。根据调研情况发现，学区的发展意愿规划会根据学区科研情况进行适当调整。例如某区申报的一个重大课题是关于区域幸福教育课堂的实践研究，那么该区涉及的小学、中学就会围绕这个主题进行实践，这将影响探究教学的实施。同时，探究教学的理念也会随之发生变化，探究教学的主题也会因此受到影响，甚至课堂教学的实践也会随之变化。构建课堂策略需要通过优化"2个区域6个基础模块"，让学生全面地"站出来"，让教师勇敢地"退出去"。

如果某区实施探究教学以后，不仅没有影响学生的学业成绩，而且促进学生各方面的全面发展，这将鼓舞教师、教育行政人员以及家长，促使他们更加有信心开展探究教学。教师积极对待探究教学的实施，学校对于探究教学的开展也会满怀希望。这样的氛围将对探究教学的顺利开展起到积极的推动作用，当然这跟学区的教育发展意愿紧密相关。学区的教育发展意愿规划直接影响探究教学的发展，学区教育发展意愿规划直接关系学生的发展，直接决定该学区学校的发展。

2. 升学竞争降压

为升学竞争降压需要开展素质教育，推行素质教育是一项长期而艰巨的工程。要彻底地根除应试教育的弊病，需要做好相关的工作，特别是为升学竞争降压。

升学竞争降压可以从以下几个方面入手：首先，教育行政部门注重全面贯彻落实素质教育，这样可以有效为升学竞争降压。教育行政部门从宏观层面把控，全面传递素质教育对于学生发展的重要性。素质构成一切发展，而又在这一切发展中存在，并始终起着具有构成性的动力源作用。基础教育课程作为概念体系的组织，之所以能够成就素质，是因为它使孩子有文化地体验世界和生活①。教育行政部门所在学区传达素质教育在基础教育阶段开展的必要性以及对学生未来发展的益处所在，让教师真切领会素质教育以及在基础教育阶段能够让学生更加欢乐地体验生活世界。

其次，教师传达素质教育的重要性。教师在真切领会素质教育的基础上，才会在言谈举止、一言一行中表现出对素质教育的喜爱，他们的言行会潜移默化地影响学生。教师通过自己的言行潜移默化地对学生灌输开展素质教育的必要性，让学生不再为升学而发愁。教师通过多种途径与家长取得联系，为家长传达素质教育在基础教育阶段开展的重要性。让家长与学校共同努力，有效开展素质教育；让家长放下思想包袱，不要给孩子施加过多的压力，让孩子在欢乐愉快中度过美好的童年。

最后，升学竞争降压要与学区发展目标一致。学区意愿发展规划朝着素质教育的方向前进，学区教育从幼儿园、小学、初中和高中都会统一步调。不能仅仅在幼儿园和小学实施素质教育，否则升入初中以后，学生就会感到学习格外吃力，不能完全适应学校的教学进度。这就需要学区相关部门统一步调，让学区从幼儿园到高中都实施素质教育，唯有这样才有利于教师工作的开展，有利于学生的发展，同时也有利于探究教学的顺利实施。

3. 学区教师专业共同体

近年来，西方非常重视为教师提供一个协作的环境，让教师们共同学习，以此强化他们的专业发展，解决教师孤立的问题。教师专业共同体已经作为教师专业发展的一种重要方式被大家所广泛采纳。

哈格里夫斯（Hargreaves）与富兰（Fullan）曾对教师专业发展提出三种取向：作为知识和技能的教师发展、作为自我理解的教师发展、作为社会生态转变的教师发展②。

追溯"教师专业共同体"的词源，就不得不追溯到圣吉（Senge）在《五项修炼》一书中使用的"学习型组织"一词，这一概念后来被教育学者所使用，克鲁斯等在此基础上提出校本共同体的概念，1997 年，霍德（Hord）首度提出了教师专业学习共同体这个概念，之后许多学者对此进行相关论述。佩里（Perry）指出："教师专业共同体是教师专业发展过程中建立起来的，具有

---

① 宁虹. 严格科学地实现素质教育：教师的专业 [J]. 教育研究，2012 (11)：7.

② HARGREAVES A，FULLAN M. Understanding teacher development [M]. London：Cassell，1992：3-24.

相同的目标，共同参与专业发展、实施和反思的智力团体。"① 教师专业学习共同体是一个舶来品，在中国，教师专业共同体的形式通常是在中小学内部的教研组。提到教研组大家并不陌生，本书提出的学区教师专业共同体是指打破学校的界限，将教研组扩大到学区中来。这样的学区教师专业共同体不会受限于本校较为狭隘的文化生态的框架中，可以在学区不同的学校、不同的文化中相互交流、相同传播、相互学习。

教师专业共同体中教师的身份首先是学习者的身份。教师为了能够促进学生不断发展，唯有不断学习，从而优化自身的知识结构，增强创新意识，提升探究能力。在教师专业共同体中，教师是以学习者的身份出现的，教师之间相互学习，取长补短，特别是不同学校之间拥有不同的文化环境、不同的传统、不同的教学方式和教学理念，通过教师专业共同体这一形式，共同体之间的成员相互促进，共同提高。其次，教师专业共同体中教师的身份是合作者的身份。教师专业共同体中教师之间的沟通、交流可以促进大家的相互合作，教师可以以此为平台，共同探究大家在教育教学实践过程中遭遇的困境，比如教学难点如何突破、探究时间如何掌控、教学课堂如何管理等问题，大家可以贡献自己的教学经验，相互参考。在学区的教师专业共同体中，教师的关系是一种共荣、合作、共生的关系。在学区的教师专业共同体中，大家不仅仅探讨教学的问题，更为重要的是合作——共同协作课题研究。因为在学区中，课题可能需要涉及本学区不同的学校，需要中学、小学的教师共同参与其中。在教师专业共同体中，大家以课题为依托相互合作，就有共同的话题探讨。在课题的分工协作中，大家是平等的关系，不会因为学校的层次而受到歧视或不公正的待遇。

（1）自主、平等与合作型教师文化。学区教师专业共同体中最为稳固、牢靠的即是共同体的文化。共同体的文化由共同体的教师文化组成。教师专业共同体中的教师文化毫无疑问是一种民主、平等、自主和合作型的教师文化。探究教学所需要的文化就是一种民主、平等、合作的文化，它与作为探究教学保障机制组成之一的学区教师专业共同体文化属于同一文化。一个真正的教师专业共同体，所有成员朝着共同的目标奋进，而且在此过程中，每个教师的不同意见都得到充分尊重。在教师专业共同体中，合作是自主的，而非强迫的。

---

① PERRY N E, WAHON C, Calder K. Teachers developing assessments of early literacy: A community of practice project [J]. Teacher Education and Special Education, 1999, 22 (4): 218.

这种合作是发自教师内心，而非外部强制的硬性合作①。教师的合作是积极主动的、自愿的，而且教师每周固定的时间是期盼这样的专业共同体的集合，这样有助于保持教师工作的积极性，有助于教师的专业发展。教师之间是民主、平等和相互信任的关系。教师专业共同体的各个成员之间相互平等，不会因为学校等级不同，或者因为学校的地理位置原因，而让个别教师处于不平等的地位，这样的教师专业共同体是不能长足发展的。教师之间的相互平等、相互信任，可以让大家敞开心扉、畅所欲言，让大家听到不同学校教师的心声，大家相互交流、相互切磋、相互学习、彼此支持，这样能促进大家共同进步、共同发展。

教师专业共同体的文化为完全的协作文化，教师之间是一种尊重与信任的关系，合作分享成为教师工作中的重要组成部分。教师专业共同体不仅为教师提供物质支持，更通过协作文化与信任关系，在精神层面给予教师支持和力量②。

（2）制度和机制作为保障。教师专业共同体要能健康、持续、长久的发展，唯有通过建立相应的制度和机制作为保障。具体可以通过三个方面来实现：首先，教师专业共同体内部建立民主、平等、合作的机制，弱化教师专业共同体行政命令的色彩。只有这样大家才能平等地参与教师专业共同体的活动，因为这是发自教师内心的活动，不是外部强迫的行为，让各位教师感受到参与教师专业共同体的活动可以切实提升自我，每次的活动都让人受益匪浅。其次，在教师专业共同体内部建立激励评价制度。每周一次的教师专业共同体活动都进行评比、激励，通过同伴之间的互评、自评等形式开展，对于在教师专业共同体活动中表现突出的教师给予一定的奖励，这样可以有效促进教师专业共同体中大家积极分享自己的最新成果，积极贡献自己的教育教学实践经验。最后，采用形式多样的教师专业引领制度。教师专业共同体充分发挥学区内部的教育智慧，吸纳在学区内有一定威望、专业优势明显的教师加入教师专业共同体中来，让这部分优秀教师不定期为大家组织和开展教师专业共同体活动，让大家接近优秀教师，与优秀教师同行。这样的引领方式可以让初任教师快速进步，能够在较短的时间内极大地提升教育教学能力。

① DORMER A, MANDZUK D, CLIFTON R A. Stages of collaboration and the realities of professional learning communities [J]. Teaching and Teacher Education, 2008, 24 (3): 564-574.

② HARGREAVES A. Changing teachers, changing times: Teachers work and culture in the postmodern age [M]. London: Cassel, 1994: 65-89.

第五章 探究教学文化生态圈的构建

通过第四章探究教学文化生态理论的构建的论述，我们明晰了探究教学内部构成要素之间的内在联系及其与环境的关系，突显探究教学的整体互动性，符合辩证法原理，是对以往研究中对象性思维的超越。探究教学文化生态内部各要素之间是有机联系、不可分割的，与周围环境之间是相互影响、相互制约的关系。本章选取个案学校，将探究教学的文化生态理论应用于个案学校，经过两年时间的行动研究，对其行动研究进行检视，总结取得了哪些长足的进展。

本章选择了重点访谈和观察专任教师的方法来进行研究。本研究访谈教师的选择主要以探究教学开展情况为选取标准，同时考虑教师的教龄、年龄、职称的分布。具体标准如下：第一，教学认真，具有较高的教学水平；第二，注重教学研究，如获得校级、市级的相关立项；第三，尽量兼顾学科、职称、年龄、教龄分布的合理性。本研究选择了访谈及观察对象后，对访谈对象进行了编码。本研究对访谈记录编号规律如下：I-教师-教龄-教师姓名汉语拼音首字母，如 I-T-24-YH 表示对教龄 24 年的 YH 老师的访谈。本研究还选择访谈部分学生，对学生的访谈考虑到学生的年级，重点是个案学校三至六年级的学生，对学生访谈记录的编号规律如下：I-学生-年级-学生姓名汉语拼音首字母，如 I-S-5-LJR 表示对 5 年级 LJR 学生的访谈。

一、指向探究教学之实的课堂生态

（一）营造和谐、民主、开放、自由的探究环境

探究教学需要一种和谐民主的文化氛围。换言之，和谐民主的氛围有利于

探究教学开展。探究教学是教师和学生多边的交往互动活动，教师不仅仅是知识的传递者，更是学生的导师以及共同探究的伙伴。传统的师生关系中，教师的地位至高无上，学生仅仅是知识的接受者，学生在课上课下对教师都有敬畏之心，究其原因就是没有形成建立一种和谐民主的文化交流氛围。因此，在探究教学交流过程中，首先需要构建和谐民主的文化交流氛围。只有在这样的氛围下，师生之间的关系才能真正得到改善。也只有营造这样的氛围，教师才能加强与学生的交流，在互动交流中理解，在理解的基础上加深文化交流，从而完成教学的主要内容，并可据此进一步反馈探究教学工作。

个案学校采取了一系列措施去营造探究环境。在物质环境方面，首先，个案学校致力于发挥每一位学生的创造力，使其积极参与班级布置的任务并定期更换，让每一堵墙都"说话"，形成班级良好的物质文化育人环境。其次，个案学校通过民主讨论，形成并执行本班班规、评价细则等，形成完善的规章制度，从而做到有章可循。再次，个案学校建立班级岗位责任制，实行岗位轮换制度，让每一位学生参与到班级的管理中来，培养学生的责任感，鼓励学生发挥主人翁精神。最后，个案学校建立班级图书墙，本着"从学生中来，到学生中去"的原则，调动每一位学生的读书积极性，让全体学生"感激书籍，享受阅读"，让每一位学生都学会阅读、爱好阅读，从阅读中搜集探究材料。

在精神环境方面，第一，个案学校教会学生尊重他人，让学生公开承认别人的劳动，学会为别人着想，既能正视自己的缺点，也能接受别人的意见，还能尊重他人的成果，这也是学习活动中必不可少的人格品质。第二，个案学校夯实自主学习基础，因为自主学习是合作探究的基础，离开学生的独立学习和深入思考，相互间的合作探究就不可能有深度，不可能有真正的互动和启示，对小组内的不同见解、观点根本无法提出真正意义上的赞同或反对，也无法做到吸取有效的成分，修正、充实自我观点。第三，个案学校促进学生有效的合作探究。促进学生有效的合作探究可以从以下几方面着手：首先，努力营造民主、平等、尊重的学习氛围，激发合作探究的意愿，提出或生成合作学习的问题和任务；其次，教师深入小组合作探究中去，进行必要的组织和引导，注重教给学生合作探究的技巧、组织讨论的要领，有针对性地提供具体的帮助；再次，努力使合作成员的表达机会均等，制止小组合作探究过程中的话语霸权，扩大学生的参与范围；最后，积极肯定和赞扬合作探究的共同成果，鼓励成员特别是小组发表独立见解，善于把个人或小组的创造性观点转化成全班同学集体的智慧。

（二）建立平等、交流、合作的师生关系

师生关系在某种程度上影响教学活动的进程和效果，是教学实践活动中的重要关系。探究教学中的师生观认为师生在人格上是平等、自由、相互信任的；探究教学中的教师观所认为的教师是具有反省思维的引导者；探究教学中的学生观所认为的学生是积极主动的探究者。从访谈的资料来看，个案学校 T 小学师生关系良好，课上是师生关系，课下是朋友关系。

1. 教师观：具有反省思维的引导者

联合国教科文组织明确指出，教师现在已经越来越少地传递知识，而越来越多地激励思考。除了正式职能以外，教师将越来越成为一位顾问、一位交换意见的参加者、一位帮助发现矛盾论点而不是拿出现成真理的人[①]。探究教学的目的是培养学生具有反省思维的能力。要想学生具有反省思维的能力，教师作为学生的引导者，作为学生的榜样、模范，更应该具有反省思维的能力。教师在日常生活和教学活动中要善于观察、勤于反思，养成反省思维的好习惯。观察也是一种主动的探究过程，观察即探索，是为了发现先前隐藏着的、未知的事物，以达到实际的或理论的目的而进行探究[②]。教师的反思包括在教学活动之前、教学活动之中、教学活动之后养成反思的习惯，并将教学反思记录下来，这也是教师成长的一种方式。教师通过反思，特别是教学活动之后的反思，可以对比教学活动之前和教学活动之中的想法与思路，让自己不断总结、不断反省，从而获得成长经验。探究教学中，教师的权威地位逐渐消解，课堂上教师是与学生共同构成探究共同体的一员，是学生主动积极探究的引导者、领导者。教师作为学生的引导者、领导者，首先要拥有丰富的知识储备，才能为学生创设良好的教学情境，便于学生探究。毋庸置疑，教师必须拥有丰富的知识，才能在知识上给予学生指导，才能处理课堂上的各种突发情况，才能娴熟地驾驭课堂。

2. 学生观：积极主动的探究者

学生是学习的主人，是探究的主角，因此在课堂上不能"袖手旁观"，不能"坐等观之"。而应该在课堂上积极主动地探究。学生应该保持儿童期的好奇心和探究欲望，这样更有利于探究的深入开展，有利于疑难问题的解决。好

[①] 联合国教科文组织国际教育发展委员会. 学会生存——教育世界的今天和明天 [M]. 北京：教育科学出版社，1996：106.

[②] 约翰·杜威. 我们怎样思维：经验与教育 [M]. 姜文闵，译. 北京：人民教育出版社，2005：207.

奇心就是一种无形的动力，便于学习的开展。学生如果保持积极主动的探究身份，就会爱上学习、欣赏学科，之后达成理智与情绪、意义与价值、事实与想象的有机融合，进而成为品性和智慧的有机整体。任何教学的检验最终应以学生对该学科生动的欣赏程度为评判依据[①]。在访谈中我们了解到不少学生喜欢科学这门学科，说明学生是发自内心地欣赏这门学科。如果每一门学科都达到让学生欣赏的地步，探究教学的开展就是成功的。

3. 师生观：平等、对话、交流、合作

从历史发展脉络来看，在教学过程中形成的师生关系，不论是主体与客体，还是主导与主体、双主体等观点，都没有摆脱二元对立的思维模式，这就是主体与客体对立的模式[②]。探究教学的理念与要求完全打破了传统教育教学中的二元对立的师生关系模式，走向和谐的师生关系模式。现在的师生关系是一种关系思维，而非二元对立的思维模式。探究教学的和谐师生关系，要求教师和学生之间是一种平等、民主、对话、交流、相互信任、相互尊重、相互合作，共同成长的一种关系。探究教学的师生观，从存在论视角而言，是一种"你与我"的关系，而不再是"人与物"的关系，也不再是主客体之间的关系。教师不再高高在上，而是走下讲台，不再是建立"报告"式的"一言堂"，而是抛砖引玉，由"主演"退居为"幕后"的"导演"，把原本属于学生的课堂"还给"学生，激励、帮助、调节、引导学生完成学习。学生不再是被动洗耳恭听，绝大部分的课堂时间都是学生在主动发现、探索，努力去表达、表演、表现，学生成了课堂学习真正的"主人"，课堂是在学生有感情的参与和智力活动中构建和生成的。

访谈中个案学校的师生关系已经得到了很大的改善，以下几位教师和学生谈到，师生关系是一种平等、和谐、民主、合作的关系，能够充分体现探究教学的师生关系，而不再是一种授受关系。

（1）平等的师生关系。

实际上，课堂上教师和学生是平等的，教师只不过是比学生多了一个身份。就像一部电影，教师是一个导演，要设置整个片子的拍摄过程。教师和学生的互动应该包括三个方面：第一，情绪方面，教师和学生的情绪是不是达到一种默契，教师是不是把学生的情绪调动起来。第二，思维方面，很多教师去

---

① 约翰·杜威. 我们怎样思维：经验与教育 [M]. 姜文闵，译. 北京：人民教育出版社，2005：226.

② 李定仁，徐继存. 教学论研究二十年：1979—1999 [M]. 北京：人民教育出版社，2001：109.

152 探究教学的文化生态研究

上课有一个问题就是比较怕生，遇到陌生学生没有默契，上课就像机器人一样机械化地把课上完。这种互动又是一种表面的形式，没有真正的互动。第三，情感方面，教师是否与学生达成共鸣。（I-T-16-WHM）

从这位教师的谈话可以看出，他平等地看待学生，认为教师像导演一样，对于整个"片子"的拍摄过程要有一个全局的把控。他还认为教师和学生之间应该在情绪方面、思维方面、情感方面产生共鸣，这样更有利于探究教学的有效实施。

（2）和谐的师生关系。

教师的形象不是那种让人感觉高高在上的了，学生也更亲近一些了。在课堂以外，学生有什么事也跟教师讲。（I-T-7-XY）

上课时是师生关系，下课后是朋友关系。（I-S-5-LJR）

我们跟老师关系都很好，特别是语文、数学和科学课老师特别好，因为科学课有很多活动，跟语文课老师接触最多，因为他是我们班主任。（I-S-5-QYYT）

从这位教师和这两位同学的谈话中，我们可以发现，教师不再是高高在上的形象，与学生之间的关系也就会更亲近一步，课堂以外也是朋友关系。学生认为和教师的关系在上课时是师生关系，在下课后是朋友关系，说明师生关系非常和谐。

（3）民主的师生关系。

课堂上的互动非常民主，教师创设的都是非常民主、轻松的氛围，很多的时候，教师的话说得少一些，学生的话说得多一些。（I-T-24-YH）

（4）合作的师生关系。

我们教师其实就是一个组织者，是一个引导者，学生才是课堂上的主人。像很多问题我们还是会抛出来，让学生自己来研究。你看这个（向访谈者展示纸质材料），它其实不规律，这些都是通过学生自己来发现的。其实学生就是课堂的主人，教师只是在旁边做引导。这些在课堂上随时都能体现出来。（I-T-7-XY）

（三）注重互动的教学过程

苏联教育家巴班斯基认为，教学过程是教师和学生之间有目的的、不断变化的相互作用，在相互作用过程中解决受教育者的教养、共产主义教育和一般发展的问题①。巴班斯基所持的观点如下：教学过程是指教师和学生之间的一种相互作用，并且在相互作用过程中完成教学目的。我国著名教育家李秉德认为，教学过程是学生在教师的指导下，对人类已有知识经验的认识活动和改造主观世界、形成和谐发展个性的实践活动的统一②。李秉德把教学过程定位于学生的认识活动与实践活动的统一联系上。裴娣娜认为，教学过程是教学活动的状态变化过程，是教学或教学活动、教学系统的现实存在形态③。教学过程应该是学生积极思考、主动参与的一个过程，是师生之间、生生之间互动的一种动态的课堂局面。

教学过程中人与人之间的关系是一种相互联系与作用的关系。在传统的课堂中，师生之间是一种被动的授受关系，即单纯被动接受与主动授予的关系。在教学过程中，学生也已经习惯被动接受，不愿意主动提问，甚至不愿意回答问题，如果教师提问，学生们相继低下头，恐惧被教师提问。探究教学的文化生态学认为，教学过程应该打破这种传统的灌输与接受的方式，唤起学生学习的积极性，调动学生的主动性，让学生全程参与其中，无论是身体还是头脑都积极地调动起来，建立一种师生之间、学生之间的相互交流、相互探讨、相互提问的活跃场景。教学过程应该是师生共享知识、共同进步的过程，应该赋予学生主体地位，在教学过程中将学生作为有感情、有个性的人来看待。

（四）构建多元化的探究评价体系

探究教学评价不仅评价学生掌握知识的情况，也评价学生在学习过程中是否形成探究精神和探究态度，是否掌握探究方法，是否提升探究能力以及探究行为习惯是否符合探究的标准。因此，探究教学的评价观应该是多元化的，而非用一种单一的评价方式衡量。探究教学的评价不仅需要关注学生共性，还要关注学生个性的发展，唯有学生个性得到充分发展，学生的创造力才能得以发挥。探究教学要尊重个体差异，培养学生个性。加德纳的"多元智力理论"认为，智力不是一种，而是一组相互独立存在的能力，每一位学生智力的优势与特点不同，他们都有自己的智力强项和独特价值，对所有学生都采用同样的评价标准和评价方式是不合理的④。

---

① 巴拉诺夫，沃莉科娃，斯拉斯捷宁. 教育学 [M]. 李子卓，赵玮，等，译. 北京：人民教育出版社，1983：146.
② 李秉德. 教学论 [M]. 北京：人民教育出版社，1991：24.
③ 裴娣娜. 教学论 [M]. 北京：教育科学出版社，2007：129.
④ 赵嘉平. 课堂探究教学的理论与实践 [M]. 北京：世界图书出版公司，2009：69.

评价是探究教学的重要组成部分。探究教学中的评价不拘泥于传统的纸笔测试，还应该结合真实性评价（也叫行为表现评价）、互动性评价以及日记评价等多种形式进行。琳达·哈蒙德认为，评价应以真实情境下的有意义表现为基础，而且这些表现应该紧紧围绕探究本身。首先，真实性评价包括完整操作一个实验、写一个故事、做一个口头报告、画一个图表、编一首歌、到图书馆搜集资料、舞蹈表演等。真实性评价就以上述这些作品的形式来反映学生的学习情况。这些探究行为表现是不能用传统的纸笔测验及考试测验的。其次，互动性评价是指教师在教学过程中，根据教学的需要，随时以提问题的形式了解学生的情况，学生可以不用急于回答，这里也没有对错之分，学生可以想清楚再作答。在互动性评价中，教师可以根据学生的反应，及时给予学生帮助、解释和提供反馈。通过互动性评价，教师还可能引出一些错误信息，如果这些错误信息不及时更正，可能会影响学生后续的探究。最后，日记评价是教师与学生进行个别沟通的重要方式。学生可以通过记日记的形式，记录下他们平时的探究过程以及在探究过程中的所思所想，还有他们感兴趣的东西。日记为学生提供了反思的机会，同时也是教师与学生进行个别沟通的重要方式。教师通过查阅学生的日记，当然并不一定需要查阅所有学生的日记，教师觉得需要重点了解的学生，可以通过这种方式进行评价。通过日记，教师可以了解学生的学习情况，学生可以通过在日记中提问的方式与教师沟通。教师可以在学生的日记中写下相关激励评语，学生看到教师的评语也会增强学习的信心，会对学习产生更加浓烈的兴趣。多元化的探究评价方式比单纯的通过测验的方式进行评价效果更佳，而且也不至于像传统评价方式那样将学生分出等级，让等级偏低的学生感到自卑，早早地失去学习的自信。

对学习小组的评价也是学生评价的重要组成部分。评价制度一定要体现"奖罚分明，奖罚并举"的原则，不能有失偏颇。评价制度还要体现"个人成长评价"与"学习小组评价"相结合的原则，培养学生的集体观念和合作意识。此外，教师对评价结果要给予一定的物质奖励和精神奖励。评价制度由原有的单一考试分数评价转变为语言激励、课堂打分评价、试卷检查考核等多元化方式，基本实现从考试需要到终身发展的转变，从知识育人到文化育人的转变。

（1）评价主体多元。探究教学的评价不应该是以教师为单一评价主体，评价主体可以多元化，如下面这位老师谈到：

一年级学拼音和学汉字之后，都会给学生一张评价量表，首先家长评价，

其次学生之间互相评价，最后是我们老师评价，一步一步进行。（I-T-24-YH）

从这位教师的谈话可以看出，语文的评价也不再是以教师的评价为最终的考核结果，而是先由家长评价，再由学生之间互相评价，最后一个环节才是教师评价，并且各个评价主体的评价结果都是有效的。

（2）对学生的肯定适当。

探究，从语文方面来说，应该贴近主题才能给予肯定，不能够随便说什么都肯定。比如说，学生在探究中特别有探究精神、创新精神，是一定要肯定的，但是从内容上来说还是要有方向性，也不能说学生说的都对。（I-T-16-WZQ）

倡导探究教学，并非意味着对学生一味地肯定，对学生的评价也要适当，要引导学生朝着一定的方向去探究，如果学生在探究中体现了探究精神、创新精神，可以在这方面予以肯定，但是对于其探究内容也要予以指正。

（3）评价形式多样。

对学生的评价形式比较多：第一，个人评价；第二，小组内评价；第三，和家长沟通，让家长表扬；第四，全班内评价。如果学生回答积极，教师可以让他们得到全班同学的关注。年龄小的孩子很在乎受到同学的关注。（I-T-10-CJQ）

探究评价不仅评价主体应多元，评价形式也应多样化。如这位教师所谈到的，评价形式可以有个人评价、小组内评价、在家庭中评价，全班内评价。学生如果在全班内的评价中得到肯定，可以受到全班同学的关注，这对于孩子的情感态度方面是极为关键的。

（4）通过探究都有所收获。

有一些学生在探究教学中表现得很活跃，特别是比较大胆的学生，上课注意力集中、喜欢发言的学生，这一部分学生表现比较好。但是也有一部分学生在探究教学中可能还有一点被动。但是不论学生是主动还是被动，通过学生的交流、教师的引导，或多或少还是能学到很多东西。总体来说，我觉得学生在探究教学中表现得还是比较令人满意的，都能够有一些收获。（I-T-7-XY）

个案学校探究教学的评价主体多元，评价形式多样。

二、搭接探究教学旅程的学校生态

（一）重塑管理者的探究理念

对于探究教学的学校文化生态构建而言，学校管理者的探究理念至关重要。首先，学校应重塑学校管理者的探究理念。学校管理者要清楚明了探究教学的发展愿景以及未来的蓝图是怎样的，只有在这样的情况下，学校管理者才会愿意顶住升学压力，坚持实施探究教学。学校管理者只有在学习探究教学前沿理论的前提下，深入了解探究教学真正的价值所在，真切知晓探究教学的价值在于将民主作为一种生活方式，才会将民主的思想贯穿到学校管理系统之中，也会愿意为探究教学付出心血。在新课程改革的推动下，各个学校的管理者都对探究教学有所了解，至于贯彻落实的程度则存在差异。如果希望对新课程改革广泛提倡的探究教学进行深入了解，学校管理者应查阅相关的文献。学校管理者应该是一个积极主动的学习者，学习的方式主要有以下两种：其一，最为重要的方式就是通过学习中外文献加强了解和深入学习。关于探究教学的书籍数不胜数，学校管理者应该选择经典的书籍学习，可以通过阅读经典名著，或者是读相关的名人著作，如杜威、施瓦布、布鲁纳等人关于探究的相关书籍。学校管理者只有成为探究专家后，才能更好地支持探究教学，从而也能够更好地指导校内教师开展探究教学。其二，与知名探究专家进行交流学习。这里的知名探究专家可以是国内探究教学的专家、教授，也可以是国外的探究教学专家。只有与高水平的探究专家进行交流，学校管理者才能知晓探究教学的前沿问题，才能知悉探究教学的全貌，才能全方位把握探究的方向和探究的蓝图。学校管理者可以通过网络查询国内关于探究教学研究的专家、教授，并主动与之取得联系，可以与探究教学研究的专家、教授达成合作协议，使其与本校建立合作关系，探究教学研究的专家、教授可以深入一线为探究教学的实践保驾护航。同时，学校管理者和教师们可以向探究专家讨教实践中遭遇的难题，共同商讨、切磋，达成共识。如果学校管理者愿意在探究教学方面花费时间和精力，知晓了解掌握探究的本质所在，他们心中就会清晰地出现探究教学的蓝图，他们也会顶住压力坚持下去，因为他们坚信，开展探究教学是为了学生的长远发展考虑，是为了社会进步的深远考虑，这样做是值得的，也是非常必要的。

学校管理者对探究的支持，重点表现在以下三个方面：第一，学校管理者应该鼓励教师阅读，通过博学工程鼓励教师多读书、读好书并读出成果；第二，学校管理者应该是探究教学的专家，能够为教师提供最直接的指导，起到示范引领作用；第三，学校管理者应该为教师提供学习的平台，不仅要把专家学者请到学校，还要为学校教师提供走出去的机会，让他们开阔眼界、增长见识。

1. 博学工程

博学工程是学校为了鼓励教师多读书而创设的，不仅让教师学习本学科书籍，而且还鼓励教师广泛涉猎其他相关学科书籍。学校大力提倡教师博览群书，学校在博学工程上有相应的经费资助，学校每年为每位教师提供 300 元的购书经费，鼓励教师们买书。对于全校范围内书读得最多的教师，学校会给予一定的奖励。学校不仅鼓励教师读书，而且鼓励教师科研成果的发表。读书之后，教师的成果以读书感想、读书心得等形式呈现。学校还会以研讨会的形式对读书心得进行讨论评比，以此促进教师的不断成长。

学校曾经发了一些书籍，就是有关探究教学的。印象比较深刻的是靳玉乐教授关于探究教学、对话教学、合作教学一系列的丛书。这些书籍为我们提供理论支撑。(I-T-16-WGP)

学校有一个博学工程鼓励教师读书，每个教师都要学自己学科的新东西。(I-T-16-WGP)

学校鼓励大家多读书、读好书，让大家把读书心得写出来，每年要在全校展出一次。学校还专门成立了一个学术鉴定小组，评审教师的读书成果，最终要评出一、二、三等奖，评上一等奖的教师，第二年买书的博学经费就会上浮20%。学校以这样的方式鼓励教师多买书、多读书、多交流读书心得体会，希望教师都能读有所获，不断发展和进步。(I-T-25-LJ)

2. 示范引领

学校领导对开展探究教学起到了积极的促进作用。例如，陈校长在科学探究教学过程中，通过课堂示范，展示探究风采。此外，学校领导通过设置每周微课堂，把优秀教师的探究教学课堂成果进行校内展示，一方面增强教师教学活动的沟通与交流，另一方面也提高了教师探究教学的实践能力。(I-T-25-XQ)

学校主要是方向引领，比如说在课程组织上，还有就是提供一些平台，组织一些活动，像教研活动之类的，让教师自己去研究、学习。外出听课机会也很多，像浙江名师课堂，每年都有人去听。每个教师都有机会，我们学校学习的机会很多。(I-T-16-WZQ)

我们领导来听课，然后现场进行点评，点评哪些做得好、哪些做得不好以及应该如何改进，说得人心悦诚服。他们经常会推门听课，从前年开始，不管哪个校长都是挨着上课，就是上研究课，有市级骨干教师上课，然后是区级骨干教师上课。这个学期和下个学期都会有一个校级骨干教师上课。（I-T-24-YH）

3. 走出去、引进来学习

学校支持开展探究教学，以前那种教学方式行不通，要被批评的。学校鼓励教师外出学习培训、教师之间互相学习，学校还流行"转转课"，即大家相互学习。学校开展市级骨干教师上课、区级骨干教师上课、校级骨干教师上课，相互学习，相互探究。（I-T-10-CJQ）

第一，引进来。学校邀请西南大学教授到学校指导探究教学，同时会邀请比较前沿的小学语文界的名师、专家来指导，还会邀请国际知名专家到学校指导工作。学校的国际交流也比较多，比如与新加坡、美国、英国等学校交流。第二，走出去。学校邀请每个学科中在全国非常顶尖的专家来为我们讲课。比如小学语文，学校邀请像清华大学附属小学的校长窦桂梅授课，我们都会听专家讲课，听专家的讲座，学习的机会很多。（I-T-24-YH）

学校领导对探究教学的开展起着积极作用，这是实话。学校对这个自主合作探究交流的学习方式是一直都很倡导的。我是 2009 年到学校的，工作多年了，每一年我都觉得探究教学落实得扎扎实实的。（I-T-7-XY）

（二）探究共同体的形成

1. 教师们彼此合作相互支持

在学校中，如同其他专业场所一样，实现高绩效的最大潜在力量是同行之间的密切沟通和认同①。因此，教师彼此合作、相互支持和相互促进显得尤为重要。教师是教育教学活动的主力军，教师应该相互协作、相互支持、共同发展。教师之间的合作与支持通常有以下两种情况：

1. 新入职教师和老教师之间的帮扶关系。不论学校有没有这样的相关规定，作为教师团体，可以自行达成这样的规定：新教师刚刚入职，应该有一名资深的老教师帮扶，使新教师能够更快成长。在这种情况下，老教师也不要感觉这样会耽误自己的时间，老教师应发扬助人为乐的精神，这样有利于拉近新

---

① 珍妮·奥克斯，马丁·利普顿. 教学与社会变革：第 2 版 [M]. 程亮，丰继平，等，译. 上海：华东师范大学出版社，2008：378.

老教师关系，并且在帮助新教师成长的同时，老教师也会从中学到很多新的知识，获得更多乐趣。作为新教师，如果在大学就读期间是非师范生，在教学教法、教学管理、教学技能方面会较为欠缺，在这种情况下，老教师的悉心指导是非常关键的，也是非常必要的。老教师不仅能在日常教学管理方面予以指导，而且也可以给予专业引领，毕竟其在学科专业方面拥有丰富的教育教学经验。新教师应该积极主动地向帮扶自己的老教师请教，不论是在课堂管理方面，还是在教育教学方面，都应该做一位谦虚的学习者。新教师还应该利用自己的空闲时间，主动申请到老教师的课堂听讲、学习，在老教师言传身教下，可以提升得更快。新教师和老教师通过这样的帮扶关系，建立和谐的合作关系和友谊，相互促进、相互影响，共同成长和进步。

第二，相同专业教师之间的相互合作、相互支持。相同专业的教师之间沟通交流应该是最为密切的，也是最多的。每个学校每周至少一次的教学研讨会就是同专业教师之间的沟通探讨平台。每周研讨会内容可以是集体备课，可以是课题研讨，可以是共同学习相关的理论知识，可以是出现了共同的问题需要大家研讨解决。如果是集体备课，大家都要做好充分的准备，而不是单纯地去倾听。集体备课可以让每位教师都对下周要开展的课程提前准备。在教研活动中每个人都以说课的方式呈现自己的备课情况，通过这样的形式，可以有效提高教育教学的质量。如果是相关理论知识的学习，教研组组长可以提前就相关书籍、相关理论知识告知大家，然后确定一个探讨的主题，让大家阅读理论书籍后，就自己关于该理论的想法以及如何有效地将此理论运用到课堂教学之中发表自己的见解，在教研活动中发生思维碰撞，大家相互沟通、相互交流、相互合作。在这样和谐平等的氛围下，教师的成长将会是显著的。

我们的教研活动不能说多久开一次，集体探讨就是每周四下午进行，但是教研活动可以说随时都在进行。我们有一个"转转课"，每个月每个人至少上一次"转转课"，我们6个老师，每个星期至少一节，这也是一个教学研究。上了课以后，我们就会坐在教室里一起谈问题，探讨如何改进，其他老师应该如何吸取经验。学校每学期会有统一的大型教研活动，分学科进行。例如，开学初教研活动会探讨寒假集体备课的反馈、教学计划的反馈。(I-T-24-YH)

2. 组建跨学科探究共同体

探究教学的开展应该要有这样的思想，即打破学科的界限，组建跨学科的探究共同体。跨学科的探究共同体不仅要关注教学生活，也要关注学校价值观的基本信念，只有当教师开始对他人负责，真实地表达自我，反思学校教育中的问题，民主学校才有可能实现，民主社会的实现才会指日可待。跨学科探究共同体的人员组成包括不同学科、不同年级段的教师（5~7人），学校管理者，学校支持人员。跨学科探究共同体开展活动的方式主要有以下三种：

第一种，跨学科探究共同体每周在固定的时间开展活动，先由一名教师上课，然后探究共同体针对上课情况进行探讨。探究活动可以让探究共同体的成员发表自己的看法和见解，这样教师可以有机会与其他教师一起反思自己的教学实践，可以通过不同学科、不同年级段的教师以及学校管理者、学校支持人员的角度获得不同的见解。一堂课通过同行以及其他专业的教师共同研讨打磨后，课堂教学的质量亦会不断提升。

第二种，在跨学科的探究共同体活动中，还可以开展同质异构的课程活动，让具有不同思维方式、不同价值观的其他学科教师上非自己专业的课程，这样的探究活动效果会更佳。不同专业、不同年级段的教师上其他年级段的其他专业的课程，通常会运用自己学科的专业思维去思考相关的问题。在这种情况下会产生不同的教学效果。不同的学科具有不同的探究文化、不同的探究范式，如文科文化背景的教师上理科的探究教学课会产生什么效果呢？这种情况可以引起相关学科教师的深层次思考，反思自己的教学，从而有利于教师更好地理解本学科的探究文化。

第三种，跨学科探究共同体中的不同学科教师可以定期相互检查班级学生的作业样本，分享和检查教师自身的知识以及学生的思维。跨学科探究共同体要努力创造一种平等和谐的友好氛围，在这样的群体里面，不能有人控制话语权，大家都是民主平等的。在这个探究共同体中，哪怕是没有经验的年轻教师也可以自由地表达自己的思想，发表自己的见解，在轻松的氛围中感受到集体的温暖。在平等和谐的氛围中，大家可以无拘无束，毫无保留地分享自己在教育教学中的经验以及在听课过程中产生的思维火花。这样的环境和氛围能够让探究共同体的成员感到自己是其中重要的一员。此外，在探究共同体中还有学校的支持人员，这些支持人员既可以是家长也可以是高校的专家、教授，甚至可以是社区热心的公民，只要他们愿意参与其中，并且对探究教学抱有积极的热情，他们都可以成为探究共同体坚定的支持者。

3. 对外开放

（1）学校对外开放。任何系统只有开放、起伏、对外有交流，才可能走向有序[①]，学校也是如此。学校应该对外开放，与外界保持交流，以获得最新

---

① 朱慕菊. 走进新课程：与课程实施者对话［M］. 北京：北京师范大学出版社，2002：131.

的信息，与时俱进，促进自身的发展。学校对外开放主要有两个方面：一方面是对高校的开放以及对兄弟院校的开放，另一方面是对社区的开放。

首先，学校应增强与高校以及兄弟院校的沟通交流。民主需要拥有协商和讨论的权益，每个成员的观点都应有机会被考虑，这一点是非常关键同时也是非常基础的问题。民主所要协商和讨论的对象，可以是高等院校也可以是兄弟院校。高等院校的教授可以给中小学带来理论养料，让实践不至于太过盲目。中小学对高等院校开放，可以为中小学带来新鲜的血液，可以让教师的行动具有方向性，同时也可以为高等院校提供实践的基地，可以实现"双赢"。特别是对于中小学而言，其在实践中遭遇的各种困惑，可以向高校寻求理论的解释，并探寻正确的解决方法。对兄弟院校开放，可以实现信息互通，共同完成课题研究，共同探讨实践难题，也可以带来不同学校文化的交流，便于探究教学的开展，这有利于民主学校的实现。此外，与兄弟院校的交流，相同学科教师有共同的话题，对于同样的一堂课，大家可以相互观摩、相互学习，取长补短。

其次，学校对社区开放。学校对社区开放包括两个方面：一方面，学校对社区的居民开放；另一方面，学校对学生家长开放。学校对社区的居民开放，可以让学校附近的居民更加了解学校的情况，同时还可以让附近的居民享受学校的部分设施，与附近居民建立良好的关系，这样有利于学校到社区开展探究教学。当然，社区的居民也会为探究教学的开展提供帮助，如果学校有教学的需要，学校可以带领学生前往社区实践。学校向社区开放，社区也同样对学校开放，双方是一种民主、平等的关系。学校对家长开放，家长可以全面了解学校的运行情况，家长更加放心让子女在学校就读，也会积极支持学校的探究工作的开展实施。如果家长充分了解学校开展探究教学的目的是培养孩子的探究思维能力、探究态度和解决问题的能力，家长如果认同探究的目的，就会全力支持学校开展探究教学，甚至有时间的家长也会积极参与其中。此外，学校对家长开放，让家长充分了解和信任学校，家长的资源也会成为学校的资源。例如，在社区资源欠缺的情况下，为了支持孩子、支持学校，哪怕家长在其他区域工作，家长也愿意为学校提供帮助。

（2）课堂开放。学校对外开放的重要环节是课堂开放。课堂是学校的窗口，是学校的灵魂所在。缺少其他人搭建的脚手架，缺失其他人多样化的观点，缺乏其他人互补的视角，没有其他人充当积极的听众，个体从自身的经验中学习几乎是不可能的事情①。课堂开放是非常必要和非常关键的。课堂开放从内容上来说，是指书本世界走向生活世界，探究教学回归生活。学生早晚要走向社会，走向生活，课堂内容应该涉猎学生在生活中能够接触到和感受到的问题，这样学生在课堂上才不至于感到枯燥乏味。同时，这也是探究教学的宗旨所在。

从过程的角度而言，课堂开放应给予学生更多的自由空间，这样有利于学生创造力的培养。从空间的角度而言，教师的上课区域不局限于固定的教室内，可以拓宽到学校外面，可以到社区，可以到博物馆，可以到田间野外等。这样不仅可以丰富师生的教学活动，而且也可以拓宽师生的视野，让学生能够获取第一手资料，而不仅仅是从书本上获得知识，从实际的生活世界获取知识，这才是真正的探究。这不仅仅让学生学会查阅图书、利用图书馆，同时也会利用已有的知识和经验去探究未知的世界。

课堂开放的对象主要有三类：第一是家长，在这里就不再赘述。第二是学校管理者。课堂对学校管理者开放，学校管理者可以随时听课，这样可以让任课教师认认真真对待每一堂课，按照学校管理者来听课做好充分准备，养成良好的备课习惯，同时也能激励学生认真听课。教师和学生都做到领导是否来听课，教学课堂都一样。学校管理者来听课，可以了解任课教师的上课状态，便于及时提出改进措施。对于讲课讲得好的教师，学校管理者可以让其他教师观摩学习。第三是同行以及高校的教研人员。课堂开放后，教师可以主动从同行那里学习教学经验，教师之间还可以相互交流和切磋，弥补自身的不足。对于高校教研人员而言，其可以通过课堂观察，了解教学工作一线的具体情况以及存在的问题，可以运用自己所掌握的理论知识加以阐释。同时，高校的教研人员可以通过课堂观察，发现第一手素材，不至于使自己的理论研究如同空中楼阁，有助于理论与实践相结合，让理论为实践服务。

（三）基于校本课程开发形成探究文化

开发校本课程，既是形成探究文化的重要途径，也是推进素质教育发展的迫切需要。这不仅有助于更好地挖掘和发挥学校教师的潜能与特长，促进教师的专业成长，更能促进学生的发展，提高学生的综合素质。

校本课程开发不是单一的、片面的，既不能把校本课程开发理解为编一套

① Shulman L S. The wisdom of practice：Essays on teaching，learning，and learning to teach ［M］. San Francisco：Jossey-Bass，2004：480.

教材，在课堂上进行教学，也不能把教育目标异化，把校本课程等同于第二课堂，更不能定位在知识的传递与技能的培养方面。校本课程是一个综合性的课程体系。

校本课程应根据需求开设。个案学校对教师、学生、家长发放了问卷调查，摸清了教师的特长、学生的爱好、家长的需求，根据上级的要求，结合学校师资、场地及本地资源实际，发扬传统的科技优势，开设了科技、贴画、手工编织、种植、舞蹈、声乐、书法、绘画、武术、象棋、跳绳、篮球、乒乓球、魔方、实践大课堂15门校本课程，并按计划有序开展以下活动：一是每周集中安排半天时间进行，二是实践大课堂六年规划轮流开展。低年级学生主要在校内开展主题活动；中年级学生在校内或校外开展探究活动、时令性节庆活动等；高年级学生主要在校外开展实践活动，如利用"开心农场""红领巾气象站""新能源科普教育基地"等场所开展实践大课堂活动。

以个案学校科学课为特色的校本课程为例，其科学课校本课程的开发通过以下四个方面进行落实：

第一个方面，依托师资队伍优势。个案学校师资队伍具有一定的优势，首先个案学校的陈校长是科学课程方面的专家，是多所高校的客座教授。陈校长是科学课程方面的专家，能够为个案学校带来科学教育方面最前沿的信息和知识，有利于校本课程开发，从而为形成独特的探究文化奠定基础。其次，教师团队中有多位教师都在省市级小学科学方面取得了一定的成绩，如省市级科学课赛课一等奖。这样的荣誉体现的是教师团队集体的智慧及专业成长方面的发展。个案学校重视师资队伍的建设，重视教师自身的发展，为科学课教师提供诸多学习平台。

第二个方面，课程资源。个案学校拥有教材编委会团队，个案学校通过这个团队了解校本教材是如何形成的、编者的意图是怎样的、教材是怎么编写的，这些可以帮助个案学校更好地理解科学教育发展的一些观念。个案学校还拥有美国STC课程一至六年级全套教材，有3位教师全程实施了这套教材，这是个案学校科学课程资源方面的优势。个案学校教师通过实验研究，能够针对教材和教学内容开发一些课程资源。

第三个方面，校本课程。个案学校利用自身的教学环境，做了一些科学教育方面的开发，如建成了太阳能、新能源的一些设施，并开展了相关的活动，个案学校也成为新能源科普教育基地。个案学校建有红领巾气象站，这个气象站给国家数据库提供数据，由学生通过观察天气记录数据，做气象方面的科学研究。

第四方面，团队建设。个案学校打造学习型、研究型团队，不仅注重学校自身的教师队伍建设，而且还重视跨区域的教师团队之间的联系，跟全国的同行建立了教育教学网的机制。

（四）增强家校联系的成效

探究教学中家庭的支持是重要的外部要素，也是探究教学全方位推广的必要条件。家庭对于一个孩子的成长至关重要，家长是孩子的第一任教师，孩子在家庭中的时间远远多于在学校中的时间。家校合作是教学改革的重要支持条件，家校合作不仅有利于学生的成长，更有利于学校新政策的落实，赢得家长的支持是学校新教学方式成功实施的第一步。家长的支持会给学校教师和学生以极大的信心，为学校继续开展探究教学提供坚强的后盾。家庭对学校的支持有以下几种类型：一是亲子教育。家长对学校的支持，可以表现在加强亲子沟通方面，如与孩子进行更多的接触、谈心；每天了解孩子在学校的情况，并听其分享在学校中的美好时光；在孩子需要的时候陪伴孩子一起准备探究教学所需要的各种物品，像是通过网络和书籍收集相关资料等。二是家校沟通。家长应通过学校开放的软件、QQ群、微信群以及电话等形式，主动与教师取得联系，了解孩子在学校的学习、生活情况，配合教师做好教育教学工作。在学校开展重大活动的时候，家长应积极参与学校的活动，成为其中的一员。例如，学校家长会、学校开放日、学校科技活动节，在这些活动中，家长的积极参与也是对学校的莫大支持。三是决策参与。家长通过学校家委会、学校理事会等相关的形式，参与到学校决策、管理和支持学校的行动中，为学校的教育教学改革以及学校的进一步建设提供自己的建议和见解。

1. 亲情课堂

亲情课堂能够增强家长和教师之间的沟通。亲情课堂是指学生的至亲，即爸爸、妈妈、爷爷、奶奶、外公、外婆都可以到学校为班级同学讲课。亲情课堂可以让亲人零距离感受学校课堂氛围，更加有利于其配合学校教师开展工作。

亲情课堂——只要是学生的至亲，或者是关心他、爱护他的人来到课堂上零距离的接触。有的班级也叫妈妈讲堂、爸爸讲堂，我们班级叫亲情课堂。我们班级昨天有一位妈妈自愿报名来上课，妈妈本身就在学习和研究如何正面管教孩子，妈妈申请来上班会课，还有其他妈妈也来听课，课后还进行相关的讨论，妈妈上课以后谈自己的感受，我也会对她上课进行简短的评价，其他家长也相互讨论。孩子在听了妈妈上课后，也主动写下评价，表示自己喜欢这样的

课。家长和教师之间很和谐，交流非常多。（I-T-24-YH）

我们消除误会的方式，主要还是通过妈妈讲堂和爸爸讲堂，根据学校的需要、班上的需要由家长报名。例如，我们上周出去开展活动，参观纪念馆，就会请一些家长来参与妈妈讲堂和爸爸讲堂，讲解相关的知识，让他们一起参与这个活动。讲解的过程中，有4位家长帮忙，然后学校还给爸爸妈妈颁发奖状奖品，他们会一起照相然后发到学校群，在大屏幕展示，他们都很积极。通过妈妈讲堂和爸爸讲堂，家长亲身感受学生的校园生活，他们也会更加理解教师，更加支持教师的教学工作。（I-T-25-XQ）

2. 学校开放日

学校开放日可以让家长全程参与学校的教学过程，更加理解教师。学校开放日每个月开展一次，让家长全方位了解学校的教学情况，有利于家长和教师的沟通。家长全程参与学校教学活动后，会更加理解学校、理解教师，可以更好地支持教师的教学探究工作。

学校的开放日活动，爸爸妈妈都可以来，还有爷爷奶奶也可以来，所有活动，家长愿意来的都可以来，有的家长从早上到晚上观察我们一整天的生活。他们就会很支持教师，询问有没有需要帮忙的，有需要的家长都帮着做。（I-T-10-CJQ）

每年学校开展科技活动的时候，都会邀请家长参与。每年的儿童节，也会邀请家长参与学校的活动。还有一些其他活动，如百合花变蓝色，也会邀请家长到学校参观。学校开展的科技模型展活动需要家长经济支持，有的甚至需要在家进行培训，耐心的家长还会帮助孩子制作科技模型。有的家长会在家里陪同孩子学习，特别是科学课需要做一些相关的实验，也需要家长配合在家里做实验，比如养蚕也需要家长配合，在家里每天喂蚕并陪同孩子一起观察蚕宝宝的成长。学校开展探究教学肯定是离不开家长的积极支持和配合的。（I-T-11-FYM）

3. 家校联系本

家校联系本搭建了家长和教师之间沟通的桥梁。教师和家长分别把孩子在学校与家庭的学习表现情况记录在本子上，有利于双方及时了解孩子的情况，及时进行教导。

我们学校专门发有家校联系本，孩子做作业之后家长还要签字，签字的时候就会看看孩子的作业情况。为将孩子在家、在学校完成作业的态度进行对比，教师也会把学生在学校的情况写在本上，让家长了解孩子在学校的情况。（I-T-7-XY）

4. 校园平台应用程序（App）

学校有一个校园平台 App，教师和家长每时每刻都能够联系。我今天布置这个作业是排序的题，排序对于孩子来说，二年级刚刚开始接触，到了三年级、四年级算是比较重要。这样一个排序的题，教师是教了方法，但是二年级孩子写字很困难，我就把这个题通过校园平台 App 发送给家长，教学之后让家长在家检验学生是否掌握。第二天在课堂上交流，比如你为什么要这样排序？你找到了哪些关键的字词给你一些提示？这样就又进行了相关的巩固练习。昨天的排序主要是勾画出时间词，今天的排序可能就要勾画一些关联词……看学生能不能找到这些关键的词。（I-T-16-WGP）

学校与家长的联系通过学校开发的共育云软件。有什么事情学校就会通过这个软件及时联系家长，把相关的信息发给家长。让家长知晓孩子在学校的学习情况和生活情况。（I-T-7-TQ）

个案学校家校联系除了常规的家长会、QQ、微信平台外，还有专门的 App 平台直接让教师和家长沟通，可以是学习方面的，也可以是日常管理方面的，让家长和教师零距离沟通。个案学校还有特色的亲情课堂和学校开放日活动，让家长全方位了解学校的日常教育教学工作，更加有利于家长了解学校、了解教学工作，可以让家长对学校、对教师更加理解和支持。工作繁忙的家长还可以通过家校联系本与教师进行书面沟通。个案学校家校联系方式多种多样，并且取得了一定的成效。

三、保障探究教学实效的学区生态

探究教学内部要素与外部要素之间相互影响、相互制约、动态平衡、缺一不可，仅有探究教学的内部要素，探究教学是不能有效实施的，必须有外部要素的支持，才能构成探究教学的文化生态，探究教学才能在中国的土壤生根发芽、蓬勃发展。因此探究教学的外部要素也是非常关键的，下面就探讨探究教学的外部要素。探究教学的外部要素主要有两个方面：第一，需要拥有高校研究促进者的积极支持和有效协作；第二，需要家庭、社区和学校保持一种和谐平衡的状态，需要家长、学生和教师之间相互信任、彼此尊重，才能有效促进探究教学的实施。

（一）拥有高校研究促进者

任何一项改革都离不开理论的指导，否则就会显得苍白无力。新课程改革也是如此，在探究教学的实施过程中，也同样需要理论导航、研究引领。在中小学开展探究教学，需要学校领导至少联系一所高校，为探究教学的开展保驾护航。联系高校不是联系任意一所高校都可以，而是要通过大量调研，谨慎选择，首先需要考虑的因素是哪所高校拥有探究教学的专家、教授其长期研究探究教学，必定对此有更深刻的理解；其次考虑的因素是高校地理位置，如果离自己太远不利于实地指导。这当然不是说不与外地高校联系、交流，而是考虑到如果找高校长期予以指导，就近原则为宜。学校联系到高校的专家、教授可以与之建立长期的合作关系。

高校研究促进者到一线为教师们提供指导，让理论与实践对话，一线教师能够以弥补自身理论的空白，高校研究促进者也能够以此为契机，寻找研究问题。有人形象地将两者的合作称为"两个离不开"，高校研究促进者离不开一线教师、一线教师离不开高校研究促进者，两者相互促进、相互支持、共同进步。学校与高校研究促进者建立联系后，应让高校研究促进者到学校了解探究教学开展的具体情况。高校研究促进者经过一段时间的听课、访谈和调研，知晓学校的情况，根据探究教学的相关理论，对该校探究教学的实施制订相关的行动方案，选取某个年级的某班级作为实施该方案的示范班级。学校按照高校研究促进者提出的行动方案实施探究教学，在实施过程中，逐步改进与完善学校存在的不足之处。高校研究促进者应定期和不定期参与学校的教育教学活动中，可以成为学校探究共同体中的一员，经常深入探究课堂，发现探究过程中存在的问题，与一线教师一起共同探讨如何解决实践的难题。高校研究促进者不仅要深入课堂，也要参与学校教师的研讨会，即教研组活动，进一步了解学校教师的所思所想以及教师之间的相互协作状态。

高校研究促进者在人数上以两名及以上为宜。一项新的改革的实施，在某种程度上需要一种信念的力量支撑两名及以上的高校研究促进者会使这种信念更加坚定，如果是一名高校研究促进者，在某些观点上或许会引起教师的反对意见，如果是两名及以上的高校研究促进者提出共同的观点，大家就会更容易信服。高校研究促进者往往身兼数职，并且也有研究的压力，他们也需要随时"充电"学习，时间、精力有限，与中小学的合作研究，只是他们教育教学生活中的一小部分。如果是一名高校研究促进者，其在时间和精力上有限；两名及以上的高校研究促进者可以相互协调时间，这样对于学校开展探究教学可以有更好的人员保障。总之，拥有高校研究促进者，对于学校顺利实施探究教学而言是至关重要的，并且也是探究教学有效实施的重要外部保障之一。

个案学校所在学区紧靠重点师范院校，拥有众多教育教学方面的专家，这些专家经常到学校开展指导，为学校带去最新的前沿理论知识。还有硕士研究生、博士研究生到个案学校调研和听课，这对于研究生而言是一种学习，对于个案学校的教师来说也是一种促进作用，有助于相互学习。

我们学校经常邀请专家来学校指导工作，而且专业所在学校的硕士研究生、博士研究生也会经常到班级听课。这对于我们而言也是一种学习，教学相长，相互学习。(I-T-24-YH)

（二）注重形成利益相关者的合力

学校应该摆脱相对封闭状态并与我们的社会生活保持有机联系，社区、学校和家庭彼此信任，三者之间建立伙伴关系。在我国长期存在的一种状态是中小学都处于相对封闭的状态，这主要有三个方面的原因。第一，学校管理层认为教学是学校内部的事情，与外界无关；第二，社区及家长参与管理的观念也相对淡薄，没有意识到他们参与学校事务也是一种责任和义务；第三，由于传统观念的影响以及社区发展不够成熟，大家已习惯家长不参与学校事务的管理，因此社区与家庭对于学校知之甚少。要改善家庭、社区和学校的关系，可以从以下三个方面着手：

其一，学校要着力培养良好的家校关系，力求从两个方面推动家长参与学校事务：一是争取家长支持学校的工作。学校要积极主动争取家长支持学校的教育教学工作，学校可以通过多种方式与家长取得联系，如通过发邀请函、家长会、QQ 群、微信群等给家长传达这样的信息：孩子的教育不能仅仅依靠学校，家长也必须积极参与其中①。家长参与学校教育教学管理工作有利于提高学生的学业成绩，而家长不参与学校的教育教学工作，是学校教育成效不佳的重要因素之一。家长是孩子的第一任教师，家长对孩子的关注度和参与学生学习的程度有重要的作用。学校要时时给家长传达家庭教育的重要性这一观念，告知家长为孩子的上学做好充分的准备——保证孩子充足的睡眠、合理的营养、适当的学习资料和适宜的学习指导。学校通过各种渠道不时地给予家长提醒，相信会引起家长的重视。开展探究教学更需要家长的支持，不仅需要物质支持（如资金），而且也需要家长精神上的支持。有时候学生为了探究教学会到离家较远的郊外采集水草，有时候会需要到山上捉蚂蚱。对于小学生而言，年龄毕竟太小，要完成探究教学的相关准备工作，需要家长陪同前往。家长的

---

① 珍妮·奥克斯，马丁·利普顿. 教学与社会变革：第 2 版 [M]. 程亮，丰继平，等，译. 上海：华东师范大学出版社，2008：399.

支持是探究教学顺利开展的重要因素之一。如果学校与家庭建立良好的关系，学校可以成立家委会。在家长开放日或学校大型活动开展之时，家委会的家长也会成为主力军，比如为学校复印相关资料、维持会场秩序等，甚至还可以参与学校的日常教育教学管理，成为学校的重要一员。家长参与学校工作，还有利于教师更加全面知晓学生的家庭情况，能够更加清楚学生的优缺点，更好调整教师的教学计划，做到因材施教。二是学校尽力为家庭提供支持。学校希望取得家长支持的同时，也要尽力为家庭提供支持和帮助。教师可以通过定期的家访，了解学生家庭存在的具体困难，并帮助其解决。

其二，完善社区制度，通过社区赋权让家长参与学校的活动。社区应完善相关制度建设，通过社区层面为家长做思想工作，让家长真切了解到学校开展探究教学的意图以及探究教学未来发展的蓝图，让家长感到探究教学确实能够为家庭、为社会带来好处。社区的工作人员为家长做工作，让社区、家庭与学校建立和睦的关系，家长、教师和学生相互信任、相互尊重、相互了解，唯有如此，探究教学才能顺利实施。

其三，学校加强与社区联动。学校应加强与社区的沟通，例如到社区开展丰富多彩的活动。这样不仅有利于拓展探究教学的空间，而且还可以获得更多的探究信息，拓宽学生的视野。教师需要深入社区，理解和回应影响学生生活的环境与社区的文化环境。教师与社区的沟通，可以依靠家访或社区随访的形式。教师通过不定期的家访，走进学生的家庭，全面了解学生的家庭情况以及家长的教养方式等。教师通过到社区随访，与社区邻里近距离接触，逐步全面深刻地了解和认识学生，知晓学生所处的生活环境、文化环境，教师也就能理解学生在学校表现出来的各种言行举止，并能接纳学生的言行举止，对学生表现出更多的信任和尊重。学校和社区的这种沟通，有助于建立相互关爱、互相信任、互相尊重的师生关系，从而有利于创建探究教学的文化，促进探究教学的顺利开展。部分家长不愿意主动与教师取得联系，在这样的情况下，教师更应该主动与家长保持接触和联系，让家长了解学生发展的教学文化和学校文化。

个案学校通过社区参观、在社区设立开心农场、开办儿童之家、到社区展演等形式与社区建立密切的联系。

1. 社区参观

前一段时间班级家委会组织去自然博物馆参观。我们也会组织一些德育活动，像上周我们才去了卢作孚纪念馆。卢作孚纪念馆是我们的一个德育基地，张自忠纪念馆也是。根据教学情况学校会安排学生前往参观，去之前会布置作业，让学生去了解，比如提前了解卢作孚，然后去参观，参观之后回来我们会帮助他们回忆、加工，因为学生的记忆比较粗浅，我们还会组织看纪录片，然后组织学生进行讨论。（I-T-16-WZQ）

我们班级家长从事各种职业的都有，我们可以联系到他们单位参观，每个家长都希望自己孩子能够在学习上得到帮助，让自己的孩子更加的自信，他们都很乐意提供这方面的帮助。我们班有个孩子的妈妈在消费总队工作，孩子就会觉得到他妈妈单位参观，他很自豪。平时这个学生很调皮，参观那天表现得特别乖，感觉自己的妈妈很伟大。（I-T-25-XQ）

2. 开心农场

学校开心农场设立在学校外面的一块空地，那是一块"微基地"，由科学课专享。根据教学计划，科学课教师会带学生前往这块农场开展教学工作，如种植蔬菜、水果。（I-T-7-TQ）

3. 儿童之家

社区开办了儿童之家——"四点半课堂"，解除家长和教师的后顾之忧，小学在下午4点左右放学，对于大多数双职工家庭而言，这个点都是上班忙碌的时段，没有办法接送孩子。开办了儿童之家为家长解决了一个重大难题。（I-T-8-CY）

4. 社区展演

学校到社区举办展览活动、表演节目，开展这样的活动能够在学生、社区、家长之间建立更深厚的联系。到社区开展活动可以让孩子学习到课堂上学不到的知识，让学生走进社区，将所学习的知识加以运用。

我们学校有让学生进社区表演节目、演讲。像前一段时间我们组织孩子去广场卖报纸，效果还是很好的。学校领导与社区联系，开展相关的活动，比如在社区举行科学比赛，开展科技展览活动，还邀请国外专家参观，以此丰富校园生活。（I-T-16-WZQ）

到社区开展活动我觉得影响还是比较大，让孩子感受到很多，学到很多学校里面学不到的东西。书本上的很多东西还要学会去运用。比如说，农作物知识，学生不晓得这个知识是怎么来的，学习了之后，他就会知道粮食来之不易，要珍惜。在这个过程中，学生要进行归类，把学到的知识运用到自然中，不懂的马上问教师。我一般不会直接给出答案，而是先让学生自己去找答案，然后去问，和同学进行交流，掌握方法，把语文知识迁移到其他学科。（I-T-25-XQ）

个案学校与社区之间的联系较为丰富，不仅到社区表演节目，而且到社区参观博物馆、纪念馆、消防总队，还有到社区敬老院慰问孤寡老人。个案学校到社区开展的活动丰富多彩，如到社区参观，到社区科技站、气象站参观，开拓学生的视野。学校有专门的开心农场供科学课专用，还有儿童之家，解决学生放学太早家长不能接孩子的困扰，还有到社区展演，到社区表演节目，丰富社区的文化生活。

（三）加强校际互通合作

探究教学的外部支持，不仅仅是高校引领、社区和家长支持，而且还包括与其他学校建立合作伙伴关系。同级别的学校合作不限制地域，不限制学校的层次，不限制学校的个数。在合作学校的选择上，同区的学校优先建立合作关系，这样便于开展更多的交流和合作。学校与学校之间的教师可以相互学习、相互借鉴、取长补短。办学历史悠久的学校底蕴深厚，学科文化丰富，可以发挥学校的学科优势和师资优势。学校可以邀请合作学校的教师到本校为师生上示范课，互相学习。对于其他区域，特别是其他省市的合作学校而言，学校领导可以借与合作学校交流的机会，带领本校教师游学，学习其他省市不同文化的学校的优点，为本校所用。交流合作的学校数量不限，学校领导层能够争取多少合作交流的学校，就尽最大努力去争取，因为交流合作的学校越多，本校教师学习交流的机会就越多；交流的机会越多，建成民主社会的可能性就越大。教师交流的机会越多，就能获得越多的关于探究教学的信息，还能获得越多的交流经验。教师之间的交流也是一种学习的方式，这种学习的方式可以让教师获得更多的支持。同级学校的教师有更多的共同话题，他们面对的教育对象年龄相当，面临的问题也类似，这会使他们有更多交流的话题，他们之间的交流可以促进问题的解决，有利于探究教学的顺利实施。民主是一种联合生活的方式，是一种共同交流经验的方式，人们参与一种共同利益的事，每个人必须使自己的行动参照别人的行动，必须考虑别人的行动，使自己的行动有意义和有方向，这样的人在数量上不断扩大，就会打破阶级、种族和国家之间的屏障①。

与同级学校之间建立密切的合作伙伴关系，可以不受地域和空间的束缚。网络化时代的今天，交流的途径多种多样。

校际探讨，我们学校有很多合作学校，全国各地都有，学校非常注重跨区域的教师团队之间的联系，跟全国的同行们建立了教育教学网的机制。（I-T-24-YH）

---

① 约翰·杜威. 民主主义与教育 [M]. 王承绪，译. 北京：人民教育出版社，2001：97.

个案学校不仅注重自身学校教师的学习培训，而且注重校际互通合作，与全国各地的多所学校都建立了相应的联系，如建立了全国同行教育教学网，跨区域之间的教师相互学习，拓宽教师的视野，让教师随时随地学习，无形中为教师创建了一种学习型的氛围。

结　语

　　将文化与生态类比，从生态视角来理解文化，可以发现一种文化现象既作为一定社会文化的重要组成部分而存在，同时也存在于特定的文化环境之中。据此，由探究教学的价值观、思维方式与行为习惯构成的探究文化，既是一种文化存在，同时也与周围的各种文化相互作用，由此构成了探究教学的文化生态。探究教学的文化生态是指探究教学的构成要素以"价值观"为核心，在与周围文化的相互作用、相互影响、相互制约中形成的具有自我生长、自我修复和自我平衡功能的有机系统。

　　本书主要探讨探究教学的文化生态，得出以下观点和结论：

　　第一，探究教学是一种文化存在。探究教学是一种文化，而非单一的技术或方法。很多学者都把探究当成一种教学方法或模式来研究，特别关注操作流程或步骤，以便教师模仿应用。探究教学与授受教学在价值、思维与行为等方面不同，不能把它当成方法或技术进行简单移植应用。该观点能够有效解释新课程改革中探究教学出现"水土不服"或"形似而神不似"等不良现象的原因。

　　第二，探究教学的开展、延续与发展需要相应的文化生态。该观点是第一个观点的自然延伸，它表明探究教学能否落实以及落实程度如何，关键要看它与周围文化环境的关系。探究教学的文化"生态"突出表现在探究教学内部要素之间的相互依存与外部环境的动态关联。其中，相互依存确保探究教学文化的整体性与独特性，动态关联确保探究教学文化的开放性、发展性与平衡性。

　　第三，探究作为一种生活方式。探究是杜威教育思想的重要组成部分。1938 年，杜威发表《逻辑：探究的理论》一书，把科学探究定义为一种有控制的或有方向的把一个不明确的情境转化为明确情境的转化行动①。杜威在

---

　　① DEWEY J. Logic：The theory of inquiry［M］. New York：Henry Holt and Company，1938：117.

《我们如何思维》一书中把"探究"一词换成了"反省思维",杜威认为一个能够思维的人,其行动取决于对长远的考虑,或者取决于多年之后才能达到的结果①。探究是生命的本能,哪里有生命,哪里就有探究。杜威说:"人生活在危险的世界之中,便不得不寻求安全。"② 无论是寻求心灵的安全还是肉体的安全,必须解决问题,怎么解决问题呢?那就需要探究。探究应该是一种生活方式,不仅在现实生活中可以作为解决问题的工具,在具体的教学情境中也可以作为一种教学方式。正如杜威所言,探究是一种解决现实问题的工具,在探究的过程中,个体得以成长,共同体也得以发展。杜威提出探究最大的收获就是作为工具的作用,并在此过程中反哺于民主生活。③ 这就是说,真正的教育是使每个人都诚挚地融合到整体的人类文化中去,也就是进入人类完整的文化之中,探究的品质必须也必然在这种完整的文化中形成。对于探究,我们还可以有一个更宽广的视野,而探究在教学中的应用不是最终的目的和最终的价值。杜威认为,民主是一种生活方式,是一种个人的生活方式,这种生活方式为个人的行为提供了道德的标准④。同理,探究是一种生活方式,也可以说是一种生活态度。当探究扩展为一种生活方式和生活态度的时候,需要一种怎样的社会环境呢?假如是需要和谐民主作为保障,如何才能建成和谐民主社会呢?教育是社会生活的必需,而不是社会体制化的产物。作为维系社会和人的发展所必需的教育,不能脱离生活而孤立地存在,因为"一切历史的第一个前提"就是"人们为了能够'创造历史',必须能够生活"⑤。教育作为人类生活的重要组成部分,在为个体能有效生活于特定文化中做着准备,在人类生活中扮演着不可或缺的角色。正是教育与生活存在的紧密联系性,使我们有可能站在人类生活及其生存和发展的高度来审视探究教学。⑥

第四,探究教学的文化属性包括探究教学价值取向、思维方式和行为方式。探究教学的价值取向共性是民主作为生活方式。将探究的思想应用到日常生活世界,有助于民主社会的形成。探究教学在科学学科的价值取向是求真,

---

① 约翰·杜威. 我们怎样思维:经验与教育 [M]. 姜文闵, 译. 北京:人民教育出版社, 2005:23.

② 约翰·杜威. 确定性的寻求:关于知行关系的研究 [M]. 傅统先, 译. 上海:上海人民出版社, 2005.

③ JOHNSTON J S. Inquiry and its contexts: John Dewey and the aims of education [D]. New York: University of Illinois Urbana-Champaign, 2004.

④ 约翰·杜威. 自由与文化 [M]. 傅统先, 译. 北京:商务印书馆, 2013:11.

⑤ 马克思, 恩格斯. 马克思恩格斯选集:第1卷 [M]. 中共中央马克思恩格斯列宁斯大林著作编译局, 译. 北京:人民出版社, 1972:32.

⑥ 何善亮. 探究学习的存在价值及其实践限度 [J]. 教育科学研究, 2009 (9):16.

在人文学科的价值取向是求善。探究教学的思维方式以培养反省思维为核心。具体学科有自身的思维方式，如人文学科注重培养形象思维，理科注重培养抽象思维。探究教学共性的行为方式包括创设适宜的教学情境，为学生设计自主、合作和探究的相关教学活动，组织学生对疑难问题进行探究以及在此过程中对学生加以引导、适时点拨、给予恰当的评价、运用激励的方式鼓励学生独立完成任务。自然科学探究行为以实验的形式开展，人文学科的探究通过查阅资料、讨论恰当的来源为解决社会问题提供新思路。

第五，探究教学文化生态圈的构成。探究课堂生态包括探究课堂教学文化和探究教学环境文化。探究教学课堂文化涉及探究目的观，即生活、生长和经验的改造；探究教学师生观，即平等交流合作的师生关系；探究教学过程观，即从经验中构建知识；探究教学评价观，即以行为表现评价模式为主。探究教学环境文化是自由、民主、开放的课堂氛围以及共有、共享的课堂制度。探究教学文化生态构建路径有指向探究教学之实的课堂生态，搭接探究教学旅程的学校生态和保障探究教学之效的学区生态。

本书虽已完稿，但在内容上仍然存在需要完善之处。由于笔者文化哲学理论基础相对薄弱，视野不够宽广，导致探究教学文化生态的构建相对狭隘。特别是哲学层面的书籍涉猎较少，以致对很多问题的论述显得相对浅显。在后续研究中，笔者将继续哲学层面的深入研读，挖掘探究教学的哲学线索，以期能够更好地解决探究的实践问题。构建探究教学的文化生态理论框架仅仅是开始，在此基础上，深入教育教学实践，研究学生的探究思维，发展学生的探究能力，将是长期的工作。

参考文献

一、中文部分

（一）专著

［1］阿尔贝特·施韦泽. 文化哲学［M］. 陈泽环，译. 上海：上海人民出版社，2013.

［2］阿瑟·A. 卡琳，乔尔·E. 巴斯，特丽·L. 康坦特. 教作为探究的科学［M］. 北京：人民教育出版社，2008.

［3］保罗·弗莱雷. 被压迫者教育学［M］. 顾建新，赵友华，何曙荣，译. 上海：华东师范大学出版社，2014.

［4］Bruce Joyce，Emily Calhoun. 归纳教学模式［M］. 赵健，译. 北京：中国轻工业出版社，2003.

［5］北京未来新世纪教育科学研究所. 探究教育新理念［M］. 呼和浩特：远方出版社，2006.

［6］露丝·本尼迪克特. 文化模式［M］. 王炜，等，译. 北京：生活·读书·新知三联书店，1988.

［7］刁培萼. 教育文化学［M］. 南京：江苏教育出版社，2000.

［8］恩斯特·卡西尔. 人论：人类文化哲学导引［M］. 甘阳，译. 上海：上海译文出版社，2013.

［9］范国睿. 共生与和谐：生态学视野下的学校发展［M］. 北京：教育科学出版社，2011.

［10］范国睿. 教育生态学［M］. 北京：人民教育出版社，2000.

［11］范思科德. 美国教育基础：社会展望［M］. 北京师范大学外国教育研究所，译. 北京：教育科学出版社，1984.

［12］斐迪南·滕尼斯. 共同体与社会：纯粹社会学的基本概念［M］. 北京：商务印书馆，1999.

［13］费孝通. 文化与文化自觉［M］. 北京：群言出版社，2010.

［14］费孝通. 美国人的性格［M］. 上海：华东师范大学出版社，2013.

［15］费宗惠，张荣华. 费孝通论文化自觉［M］. 呼和浩特：内蒙古人民出版社，2009.

［16］弗兰克·梯利. 西方哲学史［M］. 贾晨阳，解本远，译. 北京：光明日报出版社，2014.

［17］高秉江. 西方知识论的超越之路：从毕达哥拉斯到胡塞尔［M］. 北京：人民出版社，2012.

［18］辜鸿铭. 中国人的精神［M］. 海口：海南出版社，1996.

［19］黑格尔. 小逻辑［M］. 贺麟，译. 北京：商务印书馆，1980.

［20］胡斌武. 教学伦理探究. ［M］. 成都：四川教育出版社，2005.

［21］杰罗姆·布鲁纳. 布鲁纳教育文化观［M］. 宋文里，黄晓鹏，译. 北京：首都师范大学出版社，2011.

［22］杰罗姆·布鲁纳. 教学论［M］. 姚梅林，韩安，译. 北京：中国轻工业出版社，2008.

［23］戢斗勇. 文化生态学：珠江三角洲现代化的文化生态研究［M］. 兰州：甘肃人民出版社，2006.

［24］金生鈜. 理解与教育：走向哲学解释学的教育哲学导论［M］. 北京：教育科学出版社，1997.

［25］靳玉乐. 探究教学论［M］. 重庆：西南师范大学出版社，2001.

［26］靳玉乐. 新课程下的教学方式转变［M］. 重庆：西南师范大学出版社，2012.

［27］卡尔·雅思贝斯. 生存哲学［M］. 王玖兴，译. 上海：上海译文出版社，2013.

［28］克里福德·格尔茨. 文化的解释［M］. 韩莉，译. 南京：译林出版社，2008.

［29］凯瑟琳·坎普·梅休. 杜威学校［M］. 王承绪，赵祥麟，赵端瑛，等，译. 北京：教育科学出版社，2007.

［30］拉里·希克曼. 阅读杜威：为后现代做的阐释［M］. 徐陶，等，译. 北京：北京大学出版社，2009.

［31］李建中. 中国文化概论［M］. 武汉：武汉大学出版社，2005.

［32］李森，王牧华，张家军. 课堂文化生态论：和谐与创造［M］. 北京：人民教育出版社，2011.

［33］李宗桂. 传统与现代之间：中国文化现代化的哲学省思［M］. 北京：北京师范大学出版社，2011.

［34］李长吉. 教学价值观念论［M］. 兰州：甘肃教育出版社，2004.

［35］理查德·保罗，琳达·埃尔德. 批判性思维工具：第 3 版［M］. 侯玉波，姜佟琳，译. 北京：机械工业出版社，2013.

［36］吕世虎，巩增泰. 新课程学习方式的变革［M］. 北京：中国人民大学出版社，2006.

［37］刘儒德. 探究学习与课堂教学［M］. 北京：人民教育出版社，2005.

［38］陆有铨. 躁动的百年：20 世纪的教育历程［M］. 北京：北京大学出版社，2012.

［39］马凌诺斯基. 文化论［M］. 费孝通，译. 北京：华夏出版社，2002.

［40］Michael Fullan. 教育变革的新意义：第 4 版［M］. 武云斐，译. 上海：华东师范大学出版社，2010.

［41］罗伯特·威斯布鲁克. 杜威与美国民主［M］. 王红欣，译. 北京：北京大学出版社，2010.

［42］马克思，恩格斯. 马克思恩格斯选集：第 1 卷［M］. 中共中央马克思恩格斯列宁斯大林著作编译局，译. 北京：人民出版社，2012.

［43］马克思，恩格斯. 马克思恩格斯全集：第 4 卷［M］. 中共中央马克思恩格斯列宁斯大林著作编译局，译. 北京：人民出版社，2012.

［44］马凌诺斯基. 文化论［M］. 费孝通，译. 北京：华夏出版社，2002.

［45］裴新宁，郑太年. 在探究中体验科学：科学主题的研究性学习［M］. 广州：广东教育出版社，2006.

［46］任长松. 探究式学习：学生知识的自主建构［M］. 北京：教育科学出版社，2005.

［47］司马云杰. 文化社会学：第 5 版［M］. 北京：华夏出版社，2011.

［48］斯蒂文·洛克菲勒. 杜威：宗教信仰与民主人本主义［M］. 赵秀福，译. 北京：北京大学出版社，2010.

［49］史徒华. 文化变迁理论［M］. 张恭启，译. 台湾：远流出版事业股份有限公司，1989.

［50］孙有中. 美国精神的象征：杜威社会思想研究［M］. 上海：上海人民出版社，2002.

［51］石中英. 教育学的文化性格［M］. 太原：山西教育出版社，2001.

［52］石中英. 知识转型与教育改革［M］. 北京：教育科学出版社，2001.

［53］萨特. 存在主义是一种人道主义［M］. 周煦良，汤永宽，译. 上海：上海译文出版社，2012.

［54］唐纳德·L. 哈迪斯蒂. 生态人类学［M］. 郭凡，邹和，译. 北京：文物出版社，2002.

［55］田慧生. 教学环境论［M］. 南昌：江西教育出版社，1996.

［56］田千兴. 课堂经济学［M］. 北京：警官教育出版社，1998.

［57］托克维尔. 论美国的民主［M］. 董果良，译. 北京：商务印书馆，1988.

［58］托马斯·库恩. 科学革命的结构［M］. 金吾伦，胡新和，译. 北京：北京大学出版社，2003.

［59］古德，布罗菲. 透视课堂：第10版［M］. 陶志琼，译. 北京：中国轻工业出版社，2009.

［60］王成兵. 一位真正的美国哲学家：美国学者论杜威［M］. 北京：中国社会科学出版社，2007.

［61］王钢，张音. 学习方式.［M］. 上海：上海教育出版社，2004.

［62］王锦瑭. 美国社会文化［M］. 武汉：武汉大学出版社，1997.

［63］梁漱溟. 中国文化要义［M］. 上海：上海人民出版社，2005.

［64］王军，董艳. 民族文化传承与教育［M］. 北京：中央民族大学出版社，2007.

［65］王玉樑. 追寻价值：重读杜威［M］. 成都：四川人民出版社，1997.

［66］吴鼎福，诸文蔚. 教育生态学［M］. 南京：江苏教育出版社，2000.

［67］吴康宁. 课堂教学社会学［M］. 南京：南京师范大学出版社，1999.

［68］吴永军. 新课程学习方式论［M］. 南京：南京师范大学出版社，2005.

［69］徐学福. 模块课程与主题探究［M］. 成都：四川教育出版社，2013.

［70］许纪霖. 新世纪的思想地图［M］. 天津：天津人民出版社，2002.

［71］许苏民. 文化哲学［M］. 上海：上海人民出版社，1990.

［72］闫梅红，马燕. 教师的教法阐释［M］. 长春：东北师范大学出版社，2010.

［73］衣俊卿. 文化哲学：理论理性和实践理性交汇处的文化批判［M］. 昆明：云南人民出版社，2005.

［74］衣俊卿. 文化哲学十五讲［M］. 北京：北京大学出版社，2004.

［75］约翰·杜威. 自由与文化［M］. 傅统先，译. 北京：商务印书馆，2013.

［76］约翰·杜威. 民主·经验·教育［M］. 彭正梅，译. 上海：上海人民出版社，2009.

［77］约翰·杜威. 思维与教学［M］. 孟宪承，俞庆棠，译. 上海：华东师范大学出版社，2010.

［78］约翰·杜威. 经验与自然［M］. 傅统先，译. 北京：商务印书馆，2014.

［79］约翰·杜威. 学校与社会·明日之学校［M］. 赵祥麟，任钟印，吴志宏，译. 北京：人民教育出版社，2005.

［80］约翰·杜威. 艺术即经验［M］. 高建平，译. 北京：商务印书馆，2005.

［81］约翰·杜威. 公众及其问题［M］. 上海：复旦大学出版社，2015.

［82］约翰·杜威. 我们怎样思维：经验与教育［M］. 姜文闵，译. 北京：人民教育出版社，2005.

［83］约翰·杜威. 民主主义与教育［M］. 王承绪，译. 北京：人民教育出版社，2001.

［84］约翰·杜威. 哲学的改造［M］. 许崇清，译. 北京：商务印书馆，2017.

［95］约翰·杜威. 人的问题［M］. 傅统先，邱椿，译. 上海：上海人民出版社，2006.

［86］约翰·杜威. 确定性的寻求：关于知行关系的研究［M］. 傅统先，译. 上海：上海人民出版社，2005.

［87］约翰·杜威. 评价理论［M］. 冯平，余泽娜，等，译. 上海：上海译文出版社，2007.

[88] 张丛. 教师探究性学习教学能力的培养与训练 [M]. 呼和浩特：远方出版社，2005.

[89] 张岱年，方克立. 中国文化概论 [M]. 北京：北京师范大学出版社，1994.

[90] 张岱年. 文化与哲学 [M]. 北京：中国人民大学出版社，2006.

[91] 张天宝. 走向交往实践的主体性教育 [M]. 北京：教育科学出版社，2005.

[92] 珍妮·H. 巴兰坦. 美国教育社会学 [M]. 李舒驰，刘慧珍，杨京梅，等，译. 北京：春秋出版社，1989.

[93] 郑也夫. 知识分子研究 [M]. 北京：中国青年出版社，2004.

[94] 郑葳. 学习共同体：文化生态学习环境的理想架构 [M]. 北京：教育科学出版社，2007.

[95] 郑毓信. 科学教育哲学 [M]. 成都：四川教育出版社，2006.

[96] 郑金洲. 教育文化学 [M]. 北京：人民教育出版社，2000.

[97] 郅庭瑾. 教会学生思维 [M]. 北京：教育科学出版社，2001.

[98] 钟启泉. 课程的逻辑 [M]. 上海：华东师范大学出版社，2008.

[99] 钟启泉. 现代教学论发展 [M]. 北京：教育科学出版社，1988.

[100] 佐藤学. 静悄悄的革命：创造活动、合作、反思的综合学习课程 [M]. 李季湄，译. 长春：长春出版社，2003.

[101] 佐藤学. 学校的挑战：创建学习共同体 [M]. 钟启泉，译. 上海：华东师范大学出版社，2010.

[102] 珍妮·奥克斯，马丁·利普顿. 教学与社会变革：第2版 [M]. 程亮，丰继平，等，译. 上海：华东师范大学出版社，2008.

[103] 钟启泉. 在东西方对话中寻求教育意义："世界课程与教学新理论课程文库"主编寄语 [M]. 北京：教育科学出版社，2003.

[104] Ian Westbury，Neil J Wilkof. 科学、课程与通识教育：施瓦布选集 [M]. 郭元祥，乔翠兰，译. 北京：中国轻工业出版社，2008.

[105] 马克斯·舍勒. 知识社会学问题 [M]. 艾彦，译. 南京：译林出版社，2012.

（二）学位论文

[1] 陈亮. 体验式教学设计研究 [D]. 重庆：西南大学，2008.

[2] 戴联荣. 大学生态：文化人格共生和建构 [D]. 南京：南京师范大学，2005.

［3］董素静. 中学理科实验探究教学新模型研究：基于部分理科师生调查的分析［D］. 重庆：西南大学，2010.

［4］胡方. 文化理性与教师发展：校本教研中的教师文化自觉［D］. 重庆：西南大学，2013.

［5］黄鹤. 初中生物学科探究教学现状分析［D］. 长春：东北师范大学，2012.

［6］姜涛. 物理探究课有效教学评价指标体系构建研究［D］. 重庆：西南大学，2013.

［7］晋银峰. 新课程实施中的教学文化研究［D］. 兰州：西北师范大学，2009.

［8］李奋. 新疆宗教文化生态现状探究［D］. 北京：中央民族大学，2010.

［9］林克松. 工作场学习与专业化革新：职业教育教师专业发展路径探新［D］. 重庆：西南大学，2014.

［10］庞丹. 杜威技术思想的实用主义解读［D］. 沈阳：东北大学，2005.

［11］唐建军. 风筝的文化生态学研究［D］. 济南：山东大学，2008.

［12］王兵. 大连音乐文化生态研究［D］. 福州：福建师范大学，2012.

［13］王芳芳. 自由·参与·共识：民主教学研究［D］. 重庆：西南大学，2012.

［14］王晶莹. 中美理科教师对科学探究及其对教学的认识［D］. 上海：华东师范大学，2009.

［15］韦冬余. 施瓦布科学探究教学思想研究［D］. 上海：华东师范大学，2013.

［16］徐书业. 变革的趋向：转型期的学校文化生态研究［D］. 重庆：西南师范大学，2003.

［17］余泽娜. 经验、行动与效果的彰显：杜威价值论研究［D］. 上海：复旦大学，2005.

［18］郑国玉. 作为生活方式的民主：论杜威在政治哲学上的变革［D］. 上海：复旦大学，2010.

［19］周仕东. 科学哲学视野下的科学探究教学研究［D］. 长春：东北师范大学，2008.

（三）期刊论文

［1］保罗·基尔希纳，约翰·斯维勒，理查德·克拉克，等. 为什么"少教不教"不管用：建构教学、发现教学、问题教学、体验教学与探究教学失败析因［J］. 开放教育研究，2015，21（2）：16-29，55.

［2］柴西琴. 对探究教学的认识与思考［J］. 课程·教材·教法，2001，21（8）：16-19.

［3］陈峰. 新课程物理课堂探究教学实施中的问题解决［J］. 课程·教材·教法，2005，25（11）：52-55.

［4］陈刚. 论探究式教学实施的误区及应对方案［J］. 上海教育科研，2011（9）：56-60.

［5］陈亮. 朱德全. 数学探究教学的实施策略［J］. 数学教育学报，2003（3）：20-23.

［6］陈思宇，黄甫全. 提升教师的教学专业文化素养：论课语整合式学习教师的专业发展［J］. 教育发展研究，2014，33（6）：60-67.

［7］崔雪梅. 探究性教学的实施原则［J］. 山东教育科研，2002（10）：28，30.

［8］邓峰，钱扬义，刘丽明，等. 基于手持技术的"6S"化学实验探究教学模式［J］. 中国电化教育，2007（11）：74-79.

［9］邓永财. 试论探究学习与接受学习的融合［J］. 中国教育学刊，2003（11）：37-40.

［10］丁邦平. 探究式科学教学：类型与特征［J］. 教育研究，2010，31（10）：81-85.

［11］董素静. 科学探究教学存在的问题与建议［J］. 中国教育学刊，2010（4）：54-56.

［12］杜海燕. 中学生英语文化教学认识现状的调查及分析［J］. 中国教育学刊，2014（10）：64-66.

［13］方红霞. 高中物理科学探究教学的现状及其对策［J］. 教学与管理，2015（31）：72-74.

［14］方军，苏铁梅. 高中政治单元综合探究教学策略探析［J］. 现代中小学教育，2012（1）：24-26.

［15］方李莉. 文化生态失衡问题的提出［J］. 北京大学学报（哲学社会科学版），2001（3）：105-113.

［16］付美娜. 探究教学的特点和有效实施条件［J］. 教学与管理，2014
（26）：1-3.

［17］付庆红. 初中物理教学中有效探究教学的实施［J］. 现代教育科学
（中学教师），2013（5）：108.

［18］高潇怡. 科学教育中的探究教学模式发展述评［J］. 外国教育研究，
2007，34（3）：76-80.

［19］耿建. 高中物理探究教学的影响因素［J］. 教育理论与实践，2010，
30（11）：11-13.

［20］龚波. 课程改革呼唤教学文化的转型：从接受到批评［J］. 当代
教育科学，2005（17）：29-31.

［21］龚孟伟. 试论当代教学文化的形态与功能［J］. 课程·教材·教法，
2012，32（3）：38-44.

［22］龚孟伟，南海. 教学文化内涵新解及其结构辨析［J］. 山西大学
学报（哲学社会科学版），2010（4）：69-73.

［23］龚孟伟. 试论当代教学文化的唤醒、回归与自觉［J］. 课程·教材·
教法，2012（3）：38-44.

［24］郭华. 新课改与"穿新鞋走老路"［J］. 课堂内外：教师版（中等
教育），2010（6）：19-26.

［25］韩志安. 对"科学探究"教学的反思［J］. 中国教育学刊，2006
（3）：68-69.

［26］郝小洁. 在生物探究教学研究与反思的道路上前行［J］. 当代教育
科学，2014（20）：53-56，60.

［27］何李来. 研究性学习的文化学分析［J］. 贵州师范大学学报（社会
科学版），2003（6）：112-117.

［28］何善亮. 探究学习的存在价值及其实践限度［J］. 教育科学研究，
2009（9）：14-18.

［29］和学新，袁树娟. 教学的探究本性及其实现策略［J］. 课程·教材·
教法，2010（3）：15-21.

［30］洪丽敏. 数学探究教学根植教材的三个视角［J］. 教学与管理，
2015（7）：68-70.

［31］胡绪，徐学福. 实用主义探究教学价值取向研究［J］. 当代教育科
学，2012（19）：23-27.

［32］花奎. 高中数学微型探究教学的思考 ［J］. 上海教育科研, 2014 (3)：78-80.

［33］黄燕宁, 王磊. 教师探究教学观念系统的探查与分析 ［J］. 教师教育研究, 2014, 26 (3)：28-35.

［34］姜宏伟. 浅析初中数学探究教学的实施原则 ［J］. 数理化学习, 2013 (1)：27-28.

［35］姜涛, 廖伯琴. 方法与建模：两种竞争的探究教学模式评析 ［J］. 课程·教材·教法, 2012 (10)：89-94.

［36］蒋永贵, 项红专, 金鹏. 科学探究教学评价体系的建构与实践 ［J］. 课程·教材·教法, 2005 (12)：60-64.

［37］蒋永贵. 问道优质科学探究教学 ［J］. 教师教育研究, 2015, 27 (5)：60-65.

［38］晋银峰. 教学文化自觉：内涵阐释、意义探寻及实践路向 ［J］. 课程·教材·教法, 2010, 30 (11)：22-26, 95.

［39］李存生. 课堂文化共同体：有效课堂教学的实践路径 ［J］. 教育探索, 2014 (9)：22-24.

［40］李卯, 张传燧. 教师教学个性的湮没与凸显——从控制性教学文化向生成性教学文化转变的视角 ［J］. 教育理论与实践, 2014, 34 (34)：47-51.

［41］李乾明. 中国近代教学论的文化特征 ［J］. 教育研究, 2014, 35 (6)：142-147.

［42］李黔蜀. 试析探究教学的本质、特征及实施策略 ［J］. 山东教育科研, 2002 (8)：31-32.

［43］李森, 于泽元. 对探究教学几个理论问题的认识 ［J］. 教育研究, 2002 (2)：83-88.

［44］李树培. 学科探究教学问题辨析 ［J］. 全球教育展望, 2014 (1)：14-22.

［45］李秀萍. 教学文化：师生生活方式的构建及呈现 ［J］. 天津市教科院学报, 2006 (4)：48-50, 53.

［46］廖伯琴. 例析课程改革中探究式教学的功能 ［J］. 中国教育学刊, 2008 (1)：65-66.

［47］林众, 冯瑞琴, 罗良. 自主学习合作学习探究学习的实质及其关系 ［J］. 北京师范大学学报 (社会科学版), 2011 (6)：30-36.

［48］刘诚杰. 论合作探究学习的意义和策略［J］. 课程・教材・教法，2007，27（3）：22-24.

［49］刘建强. 任务驱动：科学探究教学的重要策略［J］. 教育研究与实验，2015（1）：81-85.

［50］刘庆昌. 教学文化的意义探寻［J］. 山西大学学报（哲学社会科学版），2008（2）：73-78.

［51］罗国忠. 对科学探究能力引导式评价的研究［J］. 上海教育科研，2007（1）：61-64.

［52］罗国忠. 科学探究能力的评价及其效度比较［J］. 教育科学，2013（1）：10-13.

［53］牟琴，谭良. 基于计算思维的探究教学模式研究［J］. 中国远程教育，2010（21）：40-45.

［54］宁连华. 数学探究教学中的"滑过现象"及其预防策略［J］. 中国教育学刊，2006（9）：47-48，58.

［55］邱佳. 教师因素对探究教学的影响［J］. 现代教育科学・普教研究，2010（2）：95-96.

［56］邱文教，赵光，潘晓卉，等. 基于教师视角的探究式课堂教学实证研究［J］. 中国大学教学，2018（9）：87-92.

［57］阙仁镇，杨玉辉，张剑平. 基于数字博物馆的历史文化探究教学：以西湖文化数字博物馆为例［J］. 现代远程教育研究，2013（5）：34-42.

［58］任长松. "探究"概念辨析［J］. 全球教育展望，2014（8）：3-11.

［59］王策三. 认真对待"轻视知识"的教育思潮一再评由"应试教育"向素质教育转轨提法的讨论［J］. 北京大学教育评论，2004，2（3）：5-23.

［60］王晶莹. 美国探究教学模式述评［J］. 上海教育科研，2010（4）：61-63，51.

［61］王磊，黄鸣春. 科学教育的新兴研究领域：学习进阶研究［J］. 课程・教材・教法，2014，34（1）：112-118.

［62］王文鹏. 数学探究教学实施中的制约因素分析［J］. 教学与管理，2011（9）：86-87.

［63］王秀玲. 有效探究教学三要素的思考［J］. 当代教育科学，2014（10）：47-49.

［64］韦冬余. 论施瓦布科学探究教学的基本内涵［J］. 全球教育展望，2015（4）：28-35.

[65] 韦冬余. 论探究教学中的引导性讨论 [J]. 全球教育展望，2014 (7)：8-13.

[66] 韦冬余. 论学科探究教学的基本涵义 [J]. 教学与管理，2014 (33)：123-125.

[67] 谢绍平，刘美凤. 论教师适应探究教学过程中的三要素 [J]. 中小学教师培训，2016 (2)：33-37.

[68] 谢绍平，刘美凤. 论理科教师探究教学行为的分类和内容 [J]. 教育评论，2016 (2)：130-134.

[69] 熊建新. 物理探究教学中引导学生合理猜想的策略 [J]. 教学与管理，2014 (28)：69-70.

[70] 熊士荣，徐进. 发现学习、接受学习、探究学习比较研究 [J]. 教师教育科学，2005 (2)：5-9.

[71] 胥炜，徐学福. 我国探究教学研究的现状与走向 [J]. 中国教育学刊，2014 (12)：55-58, 62.

[72] 徐学福，宋乃庆. 探究教学的模拟问题研究 [J]. 中国教育学刊，2001 (4)：45-48.

[73] 徐学福. 论探究学习的失范与规范 [J]. 教育学报，2009 (2)：21-25.

[74] 徐学福. 科学探究与探究教学 [J]. 课程·教材·教法，2002, 22 (12)：20-23.

[75] 徐学福. 美国“探究教学”研究30年 [J]. 全球教育展望，2001 (8)，57-63.

[76] 徐学福. 探究学习的内涵辨析 [J]. 教育科学，2002, 18 (3)：33-37.

[77] 许应华. 文化视角下化学探究教学案例的反思 [J]. 化学教育，2010, 31 (11)：25-27.

[78] 许应华. 高中生提出假设的质量水平的调查研究 [J]. 上海教育科研，2007 (7)：45-47.

[79] 薛颖. 协作探究学习策略在大学课堂教学中的实践探索 [J]. 教育与职业，2012 (26)：147-148.

[80] 严文法，李彦花. 美国科学探究教学的历史回顾与启示 [J]. 课程·教材·教法，2010, 30 (8)：107-112.

[81] 杨岭，朱德全. 超越技能的文化表征：体育教学的文化品格追寻 [J]. 教育研究，2014, 35 (10)：106-111.

［82］俞吾金. 对"创造教育"的前提性反思［J］. 探索与争鸣，2001（11），30-32.

［83］袁维新. 科学探究教学模式的反思与批判［J］. 教育学报，2006（4）：13-17，30.

［84］原东生. 初中物理科学探究教学现状与策略［J］. 课程·教材·教法，2008（5）：60-64.

［85］臧永建. 高中数学课堂诱思探究教学实施策略［J］. 现代中小学教育，2009（7）：49-51.

［86］张华. 论学科探究教学［J］. 教育发展研究，2014，33（12）：21-25.

［87］张杰艺，郭玉英，范佳午. 美国对科学探究教学的界定及分析框架简介［J］. 课程·教材·教法，2011（7）：97-100.

［88］张亦飞，陈秉初. 科学探究性学习的课堂教学评价标准［J］. 教育科学研究，2004（4）：24-26.

［89］赵长林. 解读杜威科学探究思想的深层结构［J］中国教育学刊. 2009（A1）：4-6.

［90］郑春和. 中学生物学探究教学模式的研讨［J］. 课程·教材·教法，2001，21（11）：39-44.

［91］钟启泉. 概念重建与我国课程创新：与《认真对待"轻视知识"的教育思潮》作者商榷［J］. 北京大学教育评论，2005，3（1）：48-57.

［92］钟志华，涂荣豹. 探究教学三要诀［J］. 中国教育学刊，2006（5）：61-64.

［93］周仕东，孙景霞，郑长龙. 在连堂课的科学探究教学实践与反思［J］. 中国教育学刊，2006（11）：48-50.

［94］周卫勇，曾继耘. 论教学文化危机与教师文化自觉［J］. 当代教育科学，2014（19）：13-16，53.

［95］朱福胜. 数学探究教学的主要特征与局限性［J］. 西南农业大学学报（社会科学版），2009（2）：212-215.

［96］左璜. 西方研究性学习研究的新进展及其启示［J］. 外国教育研究，2010，37（8）：42-47.

［97］左秀兰. 小学数学探究教育的研究［J］. 教育科学研究，1994（2）：41-43，36.

二、英文部分

［1］ABD-EHALICK F. Inquiry in science education：International perspectives [J]. Science Education, 2004, 88 (3): 397-419.

[2] ALBERTA LEARING. Focus on inquiry: A teacher's guide to implementing inquiry-based learning [M]. Edmonton: Author, Learning and Teaching Resources Branch, 2004.

[3] ANDY HARGREAVES. Changing teachers, changing times: Teacher' work and culture in the postmodern age [M]. London: Cassel Educational Limited, 1994.

[4] ZHANG B H, KRAJCIK J S, SUTHERLAND L M, et al. Opportunities and challenges of China's inquiry-based education reform in middle and high schools: Perspectives of science teachers and teacher educators [J]. International Journal of Science and Mathematics Education, 2005 (1): 477-503.

[5] MICHAEL C, JOHN C E, DANIEL D F. Inquiry based instruction in agricultural education programs: How it can be done! [J]. The Agricultural Education Magazine, 2011, 83 (6): 62-67.

[6] COSTENSON K, LAWSON A E, Why isn't inquiry used in more classrooms? [J]. The American Biology Teacher, 1986, 48 (3): 150-158.

[7] CRAWFORD B A. Embracing the essence of inquiry: New roles for science teachers [J]. Journal of Research in Science Teaching, 2000, 37 (9): 916-937.

[8] DEMBROW M P, MOLLDREM - SHAMEL J. Thinking about teachin through inquiry [J]. Reading Teacher, 1997, 51 (2): 162-164.

[9] DUCKWORTH E. The having of wonderful ideas and other essays on teaching and learning [M]. New York: Teachers College Press, 1996.

[10] DUIT R, TREAGUST D F, FRASER B J, et al. Learning in science-from behaviorism towards social constructivism and beyond [M]. International Handbook of Science Education, 1998.

[11] GERMANN P, HASKINS S, AULS S. Analysis of nine high school biology laboratory manuals: Promoting scientific inquiry [J]. Journal of Research in Science Teaching, 1996, 33 (5): 475-499.

[12] GOOD R. Artificial intelligence and science education [J]. Journal of Research in Science Teaching, 1987, 24 (4): 325-342.

[13] HARRIS C J, ROOKS D L. Managing inquiry-based science: Challenges in enacting complex science instruction in elementary and middle school classrooms [J]. Journal of Science Teacher Education, 2010, 21 (2): 227-240.

[14] HEWSON P W. A conceptual change approach to learning science [M]. European Journal of Science Education, 1981, 3 (4): 383-396.

[15] JOHNSTON J S. Inquiry and its contexts: John Dewey and the aims of education [D]. New York: University of Illinois at Urbana-Champaign, 2004.

[16] DEWEY J. Logic: The theory of inquiry [M]. New York: Henry Holt And Company, 1938.

[17] KEYS C W, BRYAN L A. Co-constructing inquiry-based science with teachers: Essential research for lasting reform [J]. Journal of Research in Science Teaching, 2001, 38 (6): 631-645.

[18] KU K Y L, HO I T, HAU KIT-TAI, et al. Integrating direct and inquiry-based instruction in the teaching of critical thinking: an intervention study [J]. Instructional Science, 2014, 42 (2): 251-269.

[19] FLICK L B. LEDERMAN N G. Scientific inquiry and nature of science [M]. London: Kluwer Academic Publisher, 2004.

[20] RICHARD L, GUCKENBERG T, OKHWA L. Comparative study of the cognitive consequences of inquiry-based logo instruction [J]. Journal of Educational Psychology, 1988, 80 (4): 543-553.

[21] GEJDA L M. Inquiry-based instruction in secondary science classrooms: A survey of teacher practice [D]. West Hartford: University of Hartford, 2006.

[22] MARSHALL J C, ALSTON D M. Effective, sustained inquiry-based instruction promotes higher science proficiency among all groups: A five-year analysis [J]. Journal of Science Teacher Education, 2014, 25 (7): 807-821.

[23] MARSHALL J C, JULIE S, CHRISTINE L, et al. Comparative analysis of two inquiry observational protocols: Striving to better understand the quality of teacher-facilitated inquiry-based instruction [J]. School Science and Mathematics, 2011, 111 (6): 306-315.

[24] MATTHEWS P S C, MKENNA P J. Assessment of practical work in Ireland: A critique [J]. International Journal of Science Education, 2005, 27 (10): 1211-1224.

[25] NATIONAL ACADEMY OF SCIENCE. Inquiry and the national science education standards [M]. Washington: National Academy Press, 2000.

[26] CELESTINE H P. Inquiry-based Instruction: Does school environmental context matter? [J]. Science Educator, 2012, 21 (1): 37-43.

[27] MARTHA D R. Inquiry-Based English Instruction: Engaging students in life and literature by Richard Beach; Jamie Myers [J]. Journal of Adolescent & Adult Literacy, 2002, 46 (4): 369-372.

[28] ROGOFF B. The cultural nature of human development [M]. New York: Oxford University Press, 2003.

[29] SCBWAB J J. The teaching of science: The teaching of science as enquiry [M]. Cambridge: Harvard University Press, 1962.

[30] SHEILA J S. Exploring an inquiry-based stance for planning and instruction in general music education [J]. General Music Today (Online), 2008, 21 (3): 13-17.

[31] SHE H C. The interplay of a biology teacher's beliefs, teaching practices, and gender based student teacher classroom interaction [J]. Educational Research, 2000, 42 (1): 100-111.

[32] BEVERLY S. Promoting inquiry-based instruction and collaboration in a teacher preparation program [J]. The Mathematics Teacher, 2007, 100 (8): 559-564.

[33] WELCH W W, KLOPFER L E, AIKENHEAD O, et al. The Role of inquiry in science education: Analysis and recommendation [J]. Science Education, 1981, 65 (1): 33-50.

附　录

附录一　探究教学文化生态访谈提纲（教师版）

尊敬的老师：

您好！我们正在做关于探究教学文化生态的研究，本研究以贵校为研究对象，以发掘探究教学在贵校的文化生态情况，为其他学校有效实施探究教学提供借鉴。作为一线教师，您对探究教学应该有相当深刻的理解和感受。因此，您的谈话将对本研究具有非常重要的意义，请给予支持。我会恪守科研道德，对访谈内容严格保密。衷心感谢您的支持与合作！

一、受访者基本信息

1. 性别：（　　　）

2. 年龄：（　　　）

3. 教龄（　　　）

4. 职称：（　　　）

5. 任教年级：（　　　）

6. 所教学科：（　　　）

7. 学历：（　　　）

二、访谈内容

1. 新课程改革开展十余年来，作为教育一线的教师，您认为新课程改革给您的工作带来了什么样的变化？（如果有变化，什么时候开始转变的？是什么原因促使转变发生的？）

2. 您如何理解新课程改革倡导的合作学习、自主探究的教学理念？您在教学中有没有运用过合作学习和探究学习的方式？有的话，能否举例说明您具体是怎样操作的？

3. 您认为在探究教学的过程中有哪些因素影响到实施探究教学，或者影响到探究教学的实际效果？

4. 您认为学校对探究教学的开展起到什么作用（积极的或消极的）？请举1~2个实例说明。

5. 您所在学校的学科教研活动多久开展一次？是如何开展的？您认为教研活动对教师改进教学有帮助吗？

6. 在您或您同事的日常教学行为中，有哪些教学行为是符合探究教学理念的？（举例说明）为什么您认为这样的活动属于探究教学？

7. 在课堂上您一般是如何与学生互动的？课余与学生又是如何互动的呢？在教学中您的作用和学生的作用分别是什么？

8. 探究的内容如何选择？

9. 您如何评价学生在探究教学中的表现？

10. 学校（教师或管理者）与家庭（家长）之间平时的联系与沟通情况如何？具体通过哪些途径？

11. 探究教学在学校所在的社区开展情况如何？在哪些情况下学校会选择到社区开展探究活动？开展之后对学生、家长、社区等产生什么效果？（有的话可具体举例说明）

附录二 探究教学文化生态访谈提纲（学生版）

尊敬的同学：

您好！我们正在做关于探究教学文化生态的研究，本研究以贵校为研究对象，以发掘探究教学在贵校的文化生态情况，为其他学校有效实施探究教学提供借鉴。您的谈话将对本研究有非常重要的意义，请予以支持。我会恪守科研道德，对访谈内容严格保密。衷心感谢您的支持与合作！

一、受访者基本信息

1. 性别：（   ）

2. 年龄：（   ）

3. 年级：（   ）

二、访谈内容

1. 在通常情况下，你喜欢哪种类型（引导语：讲授型、探究型、合作型……）的老师的课？为什么？

2. 你希望老师通过什么样的方式或手段来教授知识？

3. 你认为语文课和科学课的教学方法有什么不同？

4. 你们上课除了回答老师的问题，有机会自己提出问题吗？

5. 你认为语文学科有必要开展小组合作学习吗？为什么？

6. 家长与学校多久联系一次？通常在什么情况下会联系？

7. 你们学校有到社区开展教学活动吗？都有什么学科？以什么形式开展？

8. 你喜欢怎样的课堂形式？你喜欢的学习方式是什么？

9. 校领导参与过你们的教学活动吗？

10. 你们除了考试，还有其他的测评方法吗？有的话请举例说明。

11. 你们学校的特色学科是什么？你认为这个学科的特色是什么？

附录三 T小学教师访谈对象分布

附表 3-1 T小学教师访谈对象分布

学科	性别	学历	教龄/年	职称	编号
语文	女	本科	24	中一	I-T-24-YH
语文	女	中专	16	中二	I-T-16-WZQ
语文	女	硕士	10	中一	I-T-10-CJQ
语文	女	本科	25	中二	I-T-25-XQ
数学	男	本科	16	中一	I-T-16-WGP
数学	女	本科	7	中二	I-T-7-XY
数学	女	中专	16	中一	I-T-16-WHM
科学	女	本科	6	中二	I-T-6-CY
科学	男	研究生	7	中一	I-T-7-LGY
科学	男	研究生	8	中二	I-T-8-ZJ
科学	女	本科	9	中一	I-T-9-TQ
语文	男	本科	10	中二	I-T-10-LXW
科学	男	本科	12	中二	I-T-12-LJ

附录四　探究课堂观察记录

附表 4-1　探究课堂观察记录

编号	时间	地点	内容	任课教师姓名拼音代码
20150306-1	2015 年 3 月 6 日第三节	四年级一班	科学：生活中的静电现象	FYM
20150310-2	2015 年 3 月 10 日第四节	五年级四班	科学：橡皮泥在水中的沉淀	LQ
20150311-3	2015 年 3 月 11 日第三节	六年级四班	科学：放大镜	YTT
201503013-4	2015 年 3 月 13 日第三节	四年级一班	科学：简单电路	FYM
20150313-5	2015 年 3 月 13 日第四节	三年级五班	科学：磁铁有磁性	CY
20150317-6	2015 年 3 月 17 日第三节	五年级三班	科学：马铃薯在液体中的沉淀	LQ
20150330-7	2015 年 3 月 30 日第一节	二年级一班	语文：识字	SX
20150330-8	2015 年 3 月 30 日第二节	三年级五班	语文：惊弓之鸟	JKQ
20150330-9	2015 年 3 月 30 日第三节	五年级一班	科学：时间在流逝	TQ
20150331-10	2015 年 3 月 31 日第二节	三年级五班	数学：年月日	WHM
20150331-11	2015 年 3 月 31 日第三节	四年级五班	数学：长方形和正方形	WGP
20150402-12	2015 年 4 月 2 日第一节	四年级三班	科学：光是怎样传播的	LJ
20150402-13	2015 年 4 月 2 日第二节	五年级二班	科学：给冷水加热	LJ
20150420-14	2015 年 4 月 20 日第一节	四年级四班	综合实践：污水知多少	CY
20150428-15	2015 年 4 月 28 日第三节	四年级一班	综合实践：生活污水知多少	CY
20150430-16	2015 年 4 月 30 日第一节	五年级	科学：昼夜交替现象	ZJ
20150513-17	2015 年 5 月 13 日第一节	四年级一班	科学：导体和绝缘体	TQ
20150513-18	2015 年 5 月 13 日第四节	四年级三班	科学：各种各样的岩石	ZJ
20150514-19	2015 年 5 月 14 日第一节	四年级一班	科学：做个小开关	LJ
20150514-20	2015 年 5 月 14 日第三节	五年级一班	科学：昼夜交替现象	LGY
20150521-21	2015 年 5 月 21 日第二节	三年级一班	科学：测量水的温度	CY
20150521-22	2015 年 5 月 21 日第三节	六年级三班	科学：在星空中（一）	LGY
20150605-23	2015 年 6 月 5 日第四节	五年级三班	科学：热是怎样传递的	TQ
20150612-24	2015 年 6 月 12 日第二节	六年级一班	语文：杨氏之子	LXW

后　记

本书的正式出版得到了重庆市高校网络舆情与思想动态研究咨政中心的资金资助和支持。重庆市高校网络舆情与思想动态研究咨政中心执行主任、重庆英才·名家名师、重庆工商大学特聘教授杨维东研究员对本书提出了很多宝贵的意见和建议。西南财经大学出版社李特军、李晓嵩为本书的编校和出版付出了大量的精力和心血。

本书是在我的博士论文基础上修改而成的。感谢恩师孜孜不倦的教导，从论文选题的确定，到框架的调整以及定稿，每个环节无不渗透着恩师的智慧，是恩师教会了我如何做学术研究，如何做一个教育者和研究者。严谨治学的恩师徐学福教授是我学习的榜样。时时刻刻以恩师为榜样，在治学的道路上，踏踏实实做学问、堂堂正正做人是指引和支撑我在教育事业的道路上继续前进的灯塔。这样的恩情无法回报，唯有好好学习、认真工作，在学术上继续不断前行来报答恩师的期望。在工作和学术研究道路上，我将牢记恩师的教诲，学海无涯勤开路，本心持衷恒为韧。

教诲如春风，师恩似海深。恩师是我学业上的导师，师母是我生活上的导师，谢谢师母秦荣芳女士。14 年的相识相知，师母给予我诸多指导，从为人处事、言谈举止，到衣着打扮，师母都无微不至关心指导，不断提醒我该如何处理生活、学习、工作上的细节，让我显得更加自信大方。

论文开题报告会上，我有幸得到西南大学教育学部朱德全教授、李森教授、范蔚教授、张辉蓉教授的细心指导，使得论文研究得以顺利开展。在博士教育三人行活动中，我有幸得到罗生全教授、么加俐教授和兰英教授的悉心指导，他们为我的博士论文顺利完成保驾护航。

同窗数载凝聚无数美好瞬间，这些瞬间将永远铭刻在我的记忆之中。与2013 级的博士生同学崔友兴、马涛、马郑豫、王磊、陶丽、蔡红梅、杨亮英、李敏、吴晓英、徐小容、张亚丽、郑婉秋、陶蕾以及同门皮永生、金心红、马鹏云、文雄、李娟、李辉燕、张红霞等兄弟姐妹一起度过的美好时光，使我学会了如何在团队中更好地与他人相处。与程东亚、张良、李叶峰、张铭凯、欧阳修俊、谭天美、马蕾迪、魏明勤、程绍仁、罗丽君、吴叶林、廖敏等博士生的交流，开阔了我的学术视野，让我学会了享受阅读和研究带来的乐趣。吴灯、李昊天为我联系调研学校，为研究的进展提供最有力的帮助，甚为感激。

调研学校的唐巧老师、李老师、陈老师、桂月老师、张老师、余老师、曹老师、吴老师、肖老师和钱主任等为访谈提供了一手资料，让我深入课堂观察，在此深表感谢。

感谢浙江的张立春老师，虽然素不相识，仅仅是在教育教学联系群里知晓，然而张老师非常热情，为我掌握第一手英文资料提供了很多资源，真诚感谢。

来到重庆工商大学后，党政办公室、发展规划处的罗勇主任、宋明江副主任、蒋年韬副主任、冯吉光副主任始终给予我温馨的指导和帮助，这使我深感荣幸。

胥　炜

2020 年 5 月于重庆工商大学厚德楼